hanser**blau**

CIANI-SOPHIA HOEDER

VOM TELLERWÄSCHER ZUM TELLERWÄSCHER

DIE LÜGE VON DER CHANCENGLEICHHEIT

hanserblau

Für Opa.
Ohne dich wäre ich nicht.
Ganz Grünau!

2. Auflage 2024

ISBN 978-3-446-27742-7

Umschlaggestaltung: Anzinger & Rasp, München
Satz: Satz für Satz, Wangen im Allgäu
Druck und Bindung: GGP Media GmbH, Pößneck
Printed in Germany

MIX
Papier | Fördert gute Waldnutzung
FSC® C014496

INHALT

INTRO
DU BIST EIN ORIGINAL DEINER KLASSE

Als ich 14 Jahre alt war, ging ich mit meiner Mama das erste Mal zur Berliner Tafel. Wir nahmen unseren Einkaufstrolley, packten ein paar Tüten ein und machten uns auf den Weg. Das taten wir ein paarmal. Ich erzählte niemandem davon. Weder meinen Freund:innen noch in meinen Partner:innenschaften. Keiner Seele. Ich schämte mich. Meine Mama und ich waren arm. So wie jede Person, die dorthin ging. Manchen sah man es an. Anderen nicht. Damals hätten wir uns selbst niemals als arm bezeichnet. Armut war ein Schimpfwort. Ein Symbol des persönlichen Versagens. Etwas, wofür die jeweilige Person oder Familie selbst verantwortlich war. Wir, die Armen, sollten uns dafür schämen. Heute weiß ich, dass es sich um ein strukturelles Problem handelt, das gern als individuelles Versagen abgetan wird. Es geht um Klassen.

Was ist, wenn ich dir sage, dass dein Leben vorbestimmt ist? Dein Berufszweig, dein Vermögen, wo du lebst, was dich bewegt, was du ästhetisch findest, wen du liebst und heiratest – sogar wie alt du wirst. Dabei spreche ich nicht von einer spirituellen oder göttlichen Macht, sondern von sozialen Klassen. Wir werden in unser Schicksal hineingeboren. Das klingt absurd, fast schon wie eine Verschwörungstheorie, die sich eine Person mit einem Aluhut auf dem Kopf, im Keller sitzend, ausgedacht hat. Aber genau das Gegenteil ist der Fall. Weil wir im Mainstream nicht über Klassenungerechtigkeiten sprechen, sind viele Menschen anfälliger für Verschwörungstheorien und unrealistische oder rassistische Lösungen. Dabei ist die eigentliche Quelle des Unbehagens unsere ungerechte Gesellschaftsstruktur. Wir leben in einer Klassengesellschaft. Das bedeutet, die soziale Herkunft definiert den Verlauf eines Lebens. Nicht die Intelligenz, auch nicht der Fleiß oder die Sorgfalt, und es ist auch keine Frage der Motivation. Vielmehr sind es das Bankkonto der Großeltern, die richtigen akademischen Abschlüsse, Auslandsaufenthalte, die Klassenzugehörigkeit von Mama und Papa, der familiäre soziokulturelle Status, habituelle Sozialisierung, eine große Portion Vitamin B und Glück.

Mozart wäre kein Wunderkind geworden, wenn er nicht schon im Alter von vier Jahren Musikunterricht erhalten hätte. Ähnlich sieht es bei Marie Curie aus, deren Vater Mathematik und Physik unterrichtete. Pablo Picassos Papa war Kunstsammler, und Beyoncé Knowles bekam bereits im Alter von neun Jahren Gesangsunterricht. All diese Wunderkinder einen nicht nur ihre außergewöhnlichen Talente, sondern auch eine soziale Herkunft, die ihnen den Weg ebnete.

Das ist nicht neu. Ganz im Gegenteil. Klassengespräche haben eine lange Tradition. Immerhin ist Deutschland das Zuhause von Karl Marx und Friedrich Engels. Hier sind Gewerkschaften entstanden sowie Arbeiter:innenbewegungen und die DDR. Dieses Land wurde mithilfe von sogenannten Arbeitsmigrant:innen nach dem Krieg wieder aufgebaut. Es ist auch ein Ort, an dem Menschen sehr stolz auf Fleiß und harte Arbeit sind. Doch warum denken wir, dass Klassen gar keine Rolle mehr spielen? Warum sind wir so *klassenunbewusst* geworden?

Zwar stimmen viele Menschen darin überein, dass es ein Kind aus einem wohlhabenden Haushalt leichter im Leben hat, als eines, das in Armut aufwächst, aber im selben Atemzug halten sie an der Leistungsgesellschaft fest: An der Idee einer Gemeinschaft, in der Status, Einkommen und Einfluss von den gesellschaftlichen und wirtschaftlichen Leistungen eines Individuums abhängen. Nicht von der Familie. Dabei zeigen Untersuchungen, dass es in Deutschland sechs Generationen dauert, bis die Nachkommen einer wenig vermögenden Familie das landesweite Durchschnittseinkommen erreichen. Einmal in einer Klasse, wird es schwer, wieder aus dieser herauszukommen.

Wenn ich mit Menschen über Klasse spreche, merke ich, dass sie das Konzept grundsätzlich kennen, aber häufig nicht wissen, was es konkret bedeutet. Sie unterschätzen, welche Rolle die soziale Herkunft in unserer Gesellschaft spielt.

Wir denken, wir wären ein Original. Sind wir auch. Aber wir sind auch eine Manifestation unserer Klassensozialisierung. Unsere gesellschaftliche Position hat weniger mit unserer eigenen Genialität zu tun, sondern vielmehr mit unserer Klassenzugehörigkeit. Dieser Gedanke ist so deprimierend, dass wir uns lieber an die *Vom Tellerwäscher zum Millionär*-Devise klammern, statt tatsächlich in eine Restaurantküche hineinzuschauen. Dann würden wir feststellen, dass der Tellerwäscher meist einer bleibt. Es gibt Chancen, ja. Aber die Bedingungen sind ungleich verteilt und so bleibt der soziale Aufstieg die Ausnahme, nicht die Regel.

Wir wissen um das eine, ignorieren aber, was das bedeutet. Das ist unser *Klassenunbewusstsein*. Die Koexistenz von zwei gegensätzlichen Überzeugungen. Wir finden es zwar unfair, dass manche Menschen arm sind. Wirklich etwas daran ändern, tun wir aber auch nicht. Denn jeder Mensch ist seines Glückes eigener Schmied, heißt es. Wenn die Armen wirklich etwas an ihrem Schicksal ändern möchten, dann müssten sie sich einfach mehr anstrengen. So der Gedanke. Der natürlich nicht stimmt.

Mit einem vielschichtigen Blick schreibe ich dieses Buch. Als Schwarze Frau, die aus der prekären Schicht stammt.

Klasse war für mich lange Marx-Porträts, Blümchentapete, die DDR, linksgerichtete, meist *weiße*, akademisierte Männer, die Klassismus, Rassismus und Sexismus hierarchisieren. Die sogenannten *Brocialists*. Gespräche über Klasse wirkten exklusiv. Klassenprivilegierte Menschen, die sich mit Arbeiter:innen identifizieren, ohne selbst welche zu sein. Wodurch es sich anfühlte, als würden sie Arbeiter:innen sagen, was sie tun sollen. Wie und warum sie sich empören müssen. Diese mangelnde Diversität sorgte dafür, dass mir gar nicht bewusst war, dass Klassismus auch meine Lebenswelt formte. Der Kampf gegen Rassismus und Sexismus war greifbarer. Erst später realisierte ich, dass der eine Kampf gegen den anderen ausgespielt wird.

Natürlich könnten wir nun sagen: Na und? Dann gibt es eben Ungerechtigkeiten. Wenn es nicht soziale Klassen wären, dann würde es etwas anderes geben. Ist es nicht natürlich, dass eine Gruppe sich alles krallt und sicherstellt, dass es ihren eigenen Sprösslingen über viele Generationen gut geht? Würden wir nicht alle dasselbe tun, wenn wir am Drücker wären?

Es ist so: Ungerechtigkeit killt den Zusammenhalt. Sie demotiviert. Hoffnung hält uns als Gemeinschaft zusammen. Sie bewahrt uns vor Chaos. Auch wenn die Marketingmaschinerie uns täglich den absoluten Individualismus auftischt, funktioniert unsere Gesellschaft durch das Kollektiv. Wir brauchen einander. Doch aktuell leben wir in einer *Klassenparallelgesellschaft*.

Gleichzeitig schwindet die Wahlbeteiligung, die Wut gegenüber dem Establishment steigt sowie die Machtkonzentrierung der *Überwohlständigen*. All das wirkt sich auf unsere Demokratie aus.

Meine Angst ist, dass wir in die falsche Richtung gehen. Denn Black Lives Matter nährt sich aus einer Klassenwut. Pegida aber auch. Ihre Ziele sind unterschiedlich, so auch ihre Wut und Methoden. Die eine Gruppe sieht die Lösung in der Gerechtigkeit für alle, *weiße* und Schwarze. Die andere in der Gerechtigkeit nur für die *Weißen*.

Es gibt viele Exempel für mögliche Zukunftsszenarien. Das letzte Mal, als eine Familie sehr viel Wohlstand hortete und das Volk hungerte, entstand die Französische Revolution. Die Adeligen wurden geköpft. Als in Deutschland die Armut stieg und die Hoffnung erlosch, bot eine Gruppe eine einfache, faschistische Lösung an. Die Nazis. Soziale Ungerechtigkeiten werden schon seit Jahrhunderten als Mobilisierungsinstrument genutzt. Dabei könnten sie genau das Gegenteil sein. Eine Möglichkeit, aus der Vergangenheit zu lernen. Eine Motivation zur Veränderung. Eine Brücke hin zu einer besseren Zukunft.

Genau das ist das Ziel dieses Buchs. Es ist eine Einladung, sich mit dem eigenen, reflexartigen *Klassenunbewusstsein* auseinanderzusetzen. Es richtet sich nicht an Menschen, die von Armut betroffen sind. Sie wissen um Klassen. Immerhin müssen sie täglich die Nebenwirkungen unserer Gesellschaftsstruktur ausbaden. Es richtet sich an die Mitte (und vor allem an diejenigen, die glauben, in der Mitte zu sein, obwohl sie zu den Wohlständigen gehören). An die vermeintlich Unbetroffenen. An diejenigen, die *keine Klassen sehen*.

Es ist eine Analyse dessen, was definiert, in welchem Haus wir sitzen, wer uns darin begrüßt und worüber wir uns Sorgen machen. Ich beleuchte die soziale Herkunft vom Kindergarten bis zum Beruf. Dieses Buch decodiert unhinterfragte Narrative im Zusammenhang mit Moral, Scham und Kapital. Analysiert ökonomische Klassiker sowie zeitgenössische progressive Denker:innen.

Der erste Teil ist eine kurze Einführung und beantwortet die Frage, was Klasse ist. Der zweite Part setzt sich mit dem kollektiven und individuellen *Klassenunbewusstsein* auseinander. Warum reden wir so ungern über die soziale Herkunft? Woher stammt dieses Unwohlsein? Ich analysiere, wie stark Klasse eine Rolle im Alltag spielt. Von Dating über die Popkultur bis hin zu Essen und Feminismus. Der letzte Teil beschäftigt sich mit Lösungen. Wie können wir eine klassenbewusstere, chancengerechtere Gesellschaft werden? Und vor allem, warum ist das so wichtig?

Ich verhandle persönliche Anekdoten von unterschiedlichen Menschen im Zusammenhang mit Klasse, betrachte strukturelle Ungleichheiten und die deutsche Geschichte. Mithilfe von Statistiken, aktuellen wissenschaftlichen Ergebnissen, Expert:innen, Betroffenen und Unbetroffenen, brechen wir ein kulturelles Tabu: Wir reden über Klasse. Aber so richtig. Wir gehen in die Tiefe. Ins Unterbewusste.

Diese Seiten sind ein Ausdruck der Hoffnung. Die Aspiration hin zu einer gerechten Gesellschaft. Einer mit Zukunft. Nicht nur für ein paar. Sondern für alle.

KLASSEN SIND ÜBERALL

Was sind soziale Klassen überhaupt? Klasse ist ein Gefühl, aber auch ein soziologisches Konzept. Eine Lebensrealität und Kategorisierung zugleich.

Es ist der Blick auf das Bahnticket, das entscheidet, in welchem Wagenabteil eine Person einsteigt – zwischen mehr Platz und weniger Menschen, mit freundlichem Personal und Kaffee in Porzellangeschirr direkt am Sitzplatz oder einem Abteil mit unbequemen Sitzen, mehr Menschen und einem wackelnden, aufquellenden Pappbecher Kaffee. Doch es geht nicht nur um den Unterschied zwischen erster und zweiter Klasse – es ist die grundsätzliche Frage, ob eine Person sich überhaupt ein Bahnticket leisten kann. All diese unterschiedlichen Erlebnisse finden gleichzeitig statt. Wir bewegen uns in derselben Welt. Doch wir sind Lichtjahre voneinander entfernt. Klasse ist eine objektive Analyse und ein subjektives Erleben.

Sie definiert, wo eine Person einkauft, was sie isst und trägt, wie sie ihre Wohnung dekoriert, welche Filme sie schaut, welche Songs sie liebt, mit wem sie Sex hat und was ihre Lebensträume sind. Die eigene soziale Position, Lebenschancen und Selbstverwirklichung. Selbst der Zugang zu Psychotherapie ist eine Klassenfrage. Sie wurde ursprünglich nicht für die *prekäre Klasse* entwickelt.

Gern wird sich bei der Betrachtung von Klassen auf das Geld fokussiert, das eine wichtige Rolle spielt, allerdings geht es nicht nur um die sozioökonomische Stellung einer Person in unserer Gesellschaft. Es wirkt sich auch auf die gemeinsamen Interessen aus und auf das Zugehörigkeitsgefühl zu einer Gruppe, zum Beispiel über den Dialekt, die heißgeliebte Fußballmannschaft, den Lieblingsrapper, Wurst und Veggie, Bücher und Filme, Fast Food und Organic. All das spielt eine Rolle. Verstehe ich einen Witz, eine Geste, einen Code, eine Handlung?

Klasse beschreibt somit eine Einteilung von Menschen, die sich innerhalb einer Gesellschaft in Bezug auf Vermögen, Einkommen, Bildung und Beruf ähneln. Diese Aspekte beeinflussen ihre Lebenswelten, ihre Macht und das Prestige, das sie innerhalb einer Gesellschaft genießen. Klasse ist strukturell und individuell. Theorie und Praxis. Klasse ist allgegenwärtig. Sie betrifft uns alle. Aber sie trifft uns unterschiedlich hart.

I

WIE ALLES BEGANN

DIE EINEN PUTZEN, DIE ANDEREN DENKEN

An einem warmen Frühlingstag während der Corona-Pandemie machte ich mich auf den Weg zu einem Routinecheck bei meiner Hausärztin. Nach einem liebevollen Smalltalk gelangten wir zu einem Thema, das in diesen Zeiten das gute alte »Wettergeplänkel« ersetzte. Meine Hausärztin begann, sich über die Corona-Politik aufzuregen: »Was die da machen, ergibt vorne bis hinten keinen Sinn.«

Sie analysierte einzelne Maßnahmen, die ihrer Meinung nach Nonsens seien, und sprach über die Auswirkungen. Dabei wählte sie als Beispiel die Tochter ihrer medizinischen Fachangestellten. Das Homeschooling sei so schlecht, dass sie ihr Abitur nicht machen könne. »Wir reden hier von der zukünftigen Elite.« Woraufhin ich sagte: »Das ist schrecklich, aber nicht nur für Abiturient:innen, sondern für alle Jugendlichen gleichermaßen.« Sie fühlte sich ertappt beim Gedanken, nur einer Gruppe Mitgefühl auszusprechen, zuckte dann aber mit den Schultern, zeigte aus dem Fenster auf einen orangefarbenen Müllwagen der Berliner Stadtreinigung und sagte: »Verstehen Sie mich nicht falsch. Wir brauchen alle. Manche Menschen entscheiden Dinge für unsere Gesellschaft, und andere fegen die Böden. Das ist *natürlich* und wichtig für die Ordnung.« Sie lehnte sich in ihrem Stuhl zurück, hielt kurz inne und beendete ihre Ausführung mit dem Satz: »Alle sind ein wichtiger Teil unserer Gesellschaft.« Im Hintergrund stiegen drei Männer aus dem orangefarbenen Wagen, gekleidet in Anzüge derselben Farbe. Sie begannen, die Mülltonnen an den Straßenrändern zu leeren. Auf dem Wagen stand in großer Schrift »We kehr for you«.

Rosen sind rot, Veilchen sind blau. Die einen putzen, die anderen denken halt. Diese Botschaft habe ich bereits unzählige Male gehört, verpackt in unterschiedliche Formulierungen. Sei es in Bezug auf Sexismus, Frauen *kümmern* sich halt gern, oder in Bezug auf Rassismus, Schwarze Menschen sind physiologisch zum Arbeiten *gemacht*. Diese Aussagen stimmen natürlich nicht. Sie sind erfunden und gehören zu den vielen Geschichten, die ein Teil der Menschheit dem anderen verkauft. Die vermeintlich *natürliche Ordnung*. Andreas Kemper und Heike Weinbach weisen darauf hin, dass bereits der griechische Philosoph Aristoteles mit der *Natürlichkeit* von Klassen argumentierte. So schrieb Aristoteles:

> *Die Natur hat die Tendenz, auch die Körper der Freien und der Sklaven verschieden zu gestalten, die einen kräftig für die Beschaffung des Notwendigen, die anderen aufgerichtet und ungeeignet für derartige Verrichtungen, doch brauchbar für das politische Leben (…) Es ist so klar, dass es von Natur Freie und Sklaven gibt und dass das Dienen für diese zuträglich und gerecht ist.*

Er ist nicht der einzige *weiße* Mann, der ein Narrativ in die Welt setzt, um sich von jeglicher Verantwortlichkeit frei zu schreiben. Das tun noch immer viele. Diese Liebelei mit der *Natürlichkeit* verschleiert, dass Klassen ein menschengemachtes System sind. Dadurch wird etwas Ungerechtes als gerecht dargestellt. Weil was kann ein Mensch schon gegen etwas Naturgegebenes machen, das vermeintlich unveränderlich ist? Es ist essenziell für das Fortbestehen unserer Menschheit, uns der natürlichen Ordnung nicht zu widersetzen. Theoretisch. Denn wenn es mal um echte biologische Abläufe geht, wie die globale Erderwärmung, und nicht um Erzählungen, wie es bei sozialen Klassen der Fall ist, greift der Mensch eigentlich am laufenden Band in *natürliche* Prozesse ein.

Diese Doppelmoral demonstriert die Widersprüchlichkeit und die Willkürlichkeit, eine Ungerechtigkeit auf der Basis der Vernunft zu erklären.

Klassendebatten sind uralt und gleichzeitig brandaktuell. Aristoteles schrieb seinen Gedanken zur Natur von Klassen vor knapp 2400 Jahren nieder und ich sitze im Jahr 2022 im Behandlungszimmer meiner Ärztin, die diese Überlegung weiterhin als logisch empfindet und damit sogar rechtfertigt, dass die Bildung der einen Gruppe relevanter ist als die vieler anderer.

Willkommen im *Zeitalter des Klassenunbewusstseins.* Es ist generations- und ironischerweise auch schichtübergreifend. Klassenfragen werden aufgrund ihrer Tradition weiterhin als eine fast schon schicksalshafte Bestimmung betrachtet. Doch nur, weil eine Ungerechtigkeit über Jahrhunderte kultiviert wurde, macht es das nicht in Ordnung.

Mit dem Wirtschaftswunder, den technischen und sozialstaatlichen Veränderungen nach dem Zweiten Weltkrieg sollten Klassen eigentlich so was von gestern sein. Doch die soziale Herkunft spielt weiterhin eine Rolle. Zwar haben wir uns von dem Gedanken gelöst, dass es »natürlich« sei, manche Menschen zu versklaven, doch heute gibt es eine andere Argumentationsweise, die es uns erlaubt, die Tätigkeit der einen Person als weniger wert zu betrachten als die der anderen, und zwar: die Produktivität.

Adam Smith ist der Begründer der freien Marktwirtschaft. Er war, wie viele andere Philosophen, auf der Suche nach Gesetzen, mit denen er die Entwicklung der Menschen erklären konnte. Die Wissenschaft war auf dem Vormarsch und verdrängte die Religion als Glaubenssystem. Die damalige Zeit als Sinnkrise zu beschreiben, wäre eine Untertreibung. Smith wollte ein umfassendes Werk verfassen, das die Wirtschaft zu einer eigenständigen Wissenschaft macht. Ein Religionsersatz. Das ist ihm gelungen. Bis heute halten viele Menschen an Adam Smiths Lehre fest, wie auch meine Hausärztin.

Der Schotte war überzeugt, dass ein Metzger und ein Bäcker nicht backen und schlachten, weil sie ein großes Herz haben und etwas für die Gemeinschaft tun wollen, sondern aus Eigennutz. Weil der Mensch ein *Homo Oeconomicus* ist, auch *Economic Man* genannt. Der Supermarkt ist voll, weil wir egoistisch sind.

Smith teilte Tätigkeiten in zwei grobe Kategorien ein: in produktive und unproduktive. Produktiv ist, was wertsteigernd, greifbar und langfristig ist. Unproduktiv sind alle Tätigkeiten, auf die das nicht zutrifft.

> *So steigert die Arbeit eines Fabrikanten im Allgemeinen den Wert des Materials, das er bearbeitet, den seines eigenen Unterhalts und den des Gewinns seines Herrn. Die Arbeit eines Knechtes hingegen erhöht den Wert von nichts. Obwohl der Fabrikant seinen Lohn von seinem Herrn vorgestreckt bekommt, kostet er ihn in Wirklichkeit nichts, denn der Wert dieses Lohns wird im Allgemeinen zusammen mit einem Gewinn durch den verbesserten Wert des Gegenstands, auf den seine Arbeit verwendet wird, wiederhergestellt. Aber der Unterhalt eines einfachen Dieners wird niemals wiederher-*

gestellt. Ein Mann wird reich, indem er eine Vielzahl von Fabrikanten beschäftigt; er wird arm, indem er eine Vielzahl von Dienstboten unterhält. Die Arbeit des letzteren hat jedoch ihren Wert und verdient ebenso ihren Lohn.

Einer der Schlüsselgedanken von Adam Smith war beispielsweise die *unsichtbare Hand* – der Markt reguliert sich von selbst. In seinem Zuhause war die *unsichtbare Hand* die seiner Mutter. Smith lebte noch bis weit in sein Erwachsenenleben bei Margarete Douglas. Sie kaufte seine Lebensmittel, kochte, schnippelte, richtete ihm das Essen an, Douglas putzte das Haus, wusch seine Kleidung, faltete und legte sie für ihn bereit. Adam Smiths gesamtes Leben wurde für ihn organisiert, fast wie von Zauberhand.

Wenn Egoismus die Basis unserer Wirtschaftstheorie ist, dann lautet die Frage: Wie passt seine Mutter in diese Welt? Was motivierte Margaret Douglas dazu, Smith den Rücken frei zu halten, damit er *The Wealth of Nations (Der Wohlstand der Nationen)* verfassen konnte? Ein Schlüsselwerk unseres heutigen Wirtschaftssystems.

Unabhängig davon war all die Arbeit, die Smiths Mutter für ihn tat, für den Philosophen und Wirtschaftstheoretiker nicht wertlos, nur unproduktiv.

Ein Großteil der Care-Arbeit von Frauen wird bis heute in der Wirtschaft nicht berücksichtigt. Das, obwohl Kinder kriegen, sie versorgen und Familienmitglieder:innen zu pflegen, gewährleistet, dass mehr *Economic Men* auf die Welt kommen und Wirtschaftsbosse werden können. Frauen sind die *unsichtbaren Gebärmütter* und diejenigen, die für sie sorgen. Das Fundament der Wirtschaft. Ohne sie würde eigentlich gar nichts funktionieren. Damit der Mann egoistisch sein kann, muss die

Frau selbstlos sein. Er ist unabhängig, weil sie abhängig ist. Er ist frei, weil sie unfrei ist. Er kann sich auf dem Markt bewegen und handeln, weil sie sicherstellt, dass zu Hause alles geregelt ist.

Das häusliche Kochen, Putzen und Pflegen ist kein Teil des Bruttoinlandsprodukts. Eine Zahl, die den Wert aller Waren und Dienstleistungen eines ganzen Jahres misst. Für das BIP ist ein Autounfall beispielsweise gut für die Wirtschaft, weil ein neuer Auftrag entsteht wegen Reparaturen an den Fahrzeugen, aber die familiäre Care-Arbeit bleibt irrelevant. Das bedeutet, die Arbeit von Margaret Douglas, unseren Müttern, aber auch von Menschen wie dem damaligen Knecht, der für die Haus- und Hofarbeit zuständig war, Wartungen und Reparaturen übernahm, aber auch Feldarbeit, Viehhaltung und allgemein unterstützende Tätigkeiten im Zuhause tat, sind in unserer Gesellschaft selbstverständlich. Dinge, die eigentlich essenziell für Menschen sind, fast schon existentielle Bedürfnisse erfüllen. Selbstverständlichkeiten führen nicht zu viel Anerkennung. Sie sind halt nicht besonders. Vor allem gibt es sie seit vielen Jahrhunderten for free.

Das Argument ist, und hier schließt sich der Kreis zwischen Aristoteles und Smith, Frauen gehen ihren *natürlichen Verpflichtungen* nach. Sie sorgen sich, weil es ihrer Natur entspricht. Dadurch ist es in Ordnung, dass sie schlecht oder überhaupt nicht bezahlt werden. Sie können nicht anders. Wir dürfen sie nicht von ihrer natürlichen Bestimmung abhalten. Dadurch fallen sie automatisch aus der wirtschaftlichen Vernunft. Frauen sind keine *Economic Men.* Sie sind halt kein *Man.*

Katrine Marçal schreibt, dass es bei der Wirtschaft nicht unbedingt ums Geld geht, sondern vielmehr darum, wie wir Menschen betrachten. Zu Aristoteles' Zeiten wurde eine Person schlechter behandelt, weil sie wie ein Versklavter *aussah*. Dabei wurde sie zu einem gemacht. Menschen sind nicht einfach Versklavte, wir entwickeln als Gemeinschaft soziale und kulturelle Normen, die dann die gesellschaftliche Stellung, die Ausbeutung oder die bessere Behandlung legitimieren. Heute ist das anders. Die Ungerechtigkeit ist subtiler. Sie wird durch die wirtschaftliche Vernunft rationalisiert.

Die meisten Menschen würden damit übereinstimmen, dass die gesellschaftliche Struktur in der griechischen Antike ungerecht war. Zumindest für alle, die keine freien Männer waren. Wurde ein Mensch als Frau geboren oder als Versklavter, konnte die Person wenig tun, um als Bürger:in angesehen zu werden. Sie hatten weder ein Wahl- noch ein Mitbestimmungsrecht. Beide Gruppen konnten nichts an ihrem eigenen Schicksal ändern. Sie waren der Ungerechtigkeit ausgeliefert. Heute ist jeder Mensch ein:e Bürger:in. Dank feministischer Bemühungen, Antirassismus, Arbeiter:innenbewegungen und Dekolonialisierungsprozessen hat sich die rechtliche Gleichstellung in der modernen Zeit verbessert. Wir alle dürfen wählen und können grundsätzlich alles machen, was wir möchten. Prinzipiell ist unsere Gesellschaft gerecht. Wir haben die Wahl. So die Theorie.

In der Praxis sieht es aber wie folgt aus: Es sind Frauen, People of Color, Menschen mit Behinderung oder ältere Personen in prekären Lebensverhältnissen, die weiterhin am stärksten von Diskriminierung, Vorurteilen und sozialer Ungerechtigkeit betroffen sind. Es ist kein Zufall, dass ihre Handlungen als unprodukitv kategorisiert werden, weil sie schon von jeher ausgebeutet wurden. Adam Smiths Gedanke baut auf Aristoteles auf. Diejenigen, die im alten Europa bereits wirtschaftliche Macht hatten, bauten ihre Position mit der wirtschaftlichen

Vernunft weiter aus. Die Ressourcen und Chancen blieben weiterhin ungleich verteilt.

Was heute allerdings neu dazukommt, ist, dass Menschen, die beispielsweise arm sind, für ihr Schicksal verantwortlich gemacht werden. Denn wenn in einem System jeder Mensch grundsätzlich alles werden kann und eine Person trotzdem nicht erfolgreich ist, dann macht sie etwas falsch.

Heute geht es nicht um die Person, sondern wie viel Kohle ihre Arbeit bringt. Vor allem werden ihre Handlungen bewertet. Produktiv, unproduktiv. Profitabel oder nicht. Diese Dehumanisierung reduziert Menschen auf ihre wirtschaftliche Nützlichkeit, aber vor allem legitimiert sie den fortwährenden Machterhalt einer Elite.

Inzwischen wurden Smiths Theorien ergänzt. Trotzdem sind Wertsteigerung, Profite, Kosten-Nutzen-Rechnungen und vor allem das Eigeninteresse Aspekte, die in unserer heutigen Wirtschaft weiterhin eine wichtige Rolle spielen. Zu Smiths Zeiten war die Wirtschaft den Geistes- und Sozialwissenschaften zugeordnet. Anders als in den klaren Naturwissenschaften wie Biologie oder Physik, wo Experimente zu vorhersehbaren Ergebnissen führen, basiert die Ökonomie auf Theorien und Interpretationen. Der Physiker Murray Gell-Mann stellt die Frage: Was wäre, wenn Elektronen denken könnten? Während in der Physik ein Apfel bei jedem Experiment zuverlässig auf den Boden fällt, ist die Wirtschaft eine komplexe Erzählung, in der viele Menschen dennoch an sie glauben, als wäre sie ein unumstößliches Naturgesetz.

Aristoteles und Adam Smith zeigen nicht nur die Macht des Naturalisierungsgedanken, sondern auch von Kategorisierung. Frau: unproduktiv. Genau wie der Knecht. Wenn wir Kategorien immer wieder hören, glauben wir, sie seien naturgegeben.

Wir halten sie für selbstverständlich und stellen sie nicht mehr infrage.

Dieser Denkfehler, diese Schattenwirtschaft, diese Parallelgesellschaft, macht sich in Klassen bemerkbar. Der Hauswart befindet sich in einer ganz anderen Klasse als der Manager. Seine Arbeit ist unproduktiver als die des CEOs. Die Hausfrau verdient kein Geld, genauso wenig tut es die Frau des Bundespräsidenten. Es ist nicht so, als würden sie nicht den ganzen Tag arbeiten. Sie werden nur nicht dafür bezahlt. Der Bauer und die Handwerkerin sind in einer ähnlichen Klasse, so wie die Social Media Managerin, der Politiker oder die Anwältin einer anderen Schicht angehören. Smiths unproduktive Tätigkeiten werden heute von Menschen einer bestimmten Klasse durchgeführt. Menschen, für die es vermeintlich natürlich sei, zu pflegen, sich zu kümmern, zu putzen und zu sorgen. Dadurch ist es irgendwie in Ordnung, dass sie schlechter bezahlt werden und weniger Anerkennung erhalten. Denn sie machen es aus einer intrinsischen und fast schon göttlich-spirituellen Motivation. Der Beruf der Krankenschwester beziehungsweise der Pflegekraft, wurde früher von Nonnen übernommen. Sie taten es, um zu dienen. Ohne Geld. Ohne Anerkennung. Als Bestimmung. Dadurch ist ihre Zugehörigkeit zu einer bestimmten Klasse irgendwie gerecht. Weil sie sich dafür entschieden hatten oder es *natürlich* vorbestimmt war.

Eine Frau wird wie eine Frau behandelt, weil es Geschichten und Narrative darüber gibt, wie eine Frau ist. Eine Schwarze Person wird wie eine Schwarze Person behandelt aus genau demselben Grund. Klassen sind wieder nur das: Eine weitere Geschichte. Sie wird seit Jahrhunderten weitererzählt, wie beim Spiel *Stille Post*. Dabei sind die Details verloren gegangen und keiner kann sich so recht an den Ursprung erinnern. Klassen sind nicht einfach da. Sie sind konstruiert, nicht naturgegeben. Sie sind das Ergebnis eines menschengemachten Systems. Es gibt keine biologischen Unterschiede zwischen Menschen, die gern putzen, und denen, die gern denken. Es gibt Berufe, Vorlieben, Talente, Bedürfnisse und Träume. Aber vor allem einen Grund, warum manche Jobs von einer bestimmten Gruppe übernommen werden. Uns alle eint der Wunsch nach einem würdevollen Leben. Nach Gemeinschaft, Sicherheit, Freiheit und Selbstverwirklichung. Was wir werden, hängt zu oft eben nicht nur von diesen Bestrebungen ab, sondern von der sozialen Klasse und welche Startbedingungen wir haben. Jeder Mensch, der das ignoriert, verstärkt dadurch die Macht von Klassen.

Klasse ist eine Idee, die so fest im Bewusstsein der Gesellschaft verwurzelt ist, dass sie zur Tradition wurde. Zu einem festen Bestandteil unserer Kultur und zu einem natürlichen Gesetz. Wir stellen sie nicht mehr infrage. Und das macht sie gefährlich. Obwohl Klassen konstruiert sind, bestimmen sie unsere Realität. Klassen definieren unser aller Leben. Dieser Prozess zeigt, dass unser Denken Lebenswelten erschafft. Das ist gut und schlecht. Schlecht, weil wir eine Idee in eine Realität verwandelt haben. Gut, weil wir das wieder verändern können. Um diese Mauern einreißen zu können, müssen wir das Konzept Klasse entmystifizieren. Jeder Zauber verliert an Wirkung, sobald der Trick dahinter offenbart wird. Genau das werden wir nun tun.

WENN ALLE DIE MITTE SIND

»Für mich gibt es keine Klassen, nur Menschen«, lautete die Antwort einer Frau, als ich sie fragte, welcher sozialen Klasse sie angehört. Es gibt sie: die »Ich sehe keine Farben«-Antwort in Klassenversion. Natürlich sollte die soziale Herkunft keine Rolle spielen, aber die Realität ist, dass sie es tut. Diesen Umstand zu ignorieren, lässt ihn nicht verschwinden. Unwissenheit verstärkt Ungerechtigkeiten.

Die Definition von Klasse ist eine Sache. Sich selbst in dieses Navigationssystem einzuordnen, eine ganz andere. Dabei kollidieren Selbstwahrnehmung und reale Gesellschaftsstruktur. Einerseits leben wir in unserer Klassenbubble. Wir sehen unser Lebensmodell in unterschiedlichen Nuancen, weil wir meist mit Menschen mit einer ähnlichen sozialen Herkunft befreundet sind. Gleichzeitig sind die anderen immer reicher. Wir schauen nach oben. Manchmal auch nach unten, aber selten uns selbst an.

Wie oft stellen wir uns gegenseitig die Frage, wie es um unsere eigene Klassenzugehörigkeit steht?

Von den Personen, die ich im Rahmen dieses Buches befragt habe, antwortete eine mit der Gegenfrage: »Was für Klassen gibt es denn?« Womit sie das erste Problem von Klassengesprächen enttarnt: Die Unübersichtlichkeit. Es existieren viele Definitionen, Begrifflichkeiten sowie Unterformen, die sich mit *Schichten* (Geiger), *Milieus* (SINUS-Institut), *Zwiebeln* (Bolte), *Dörfern* (Dahrendorf) und der *nivellierten Mittelschicht*

(Schelsky), dem Gedanken, dass keine Unterschiede mehr existieren, befassen. Manche Modelle ähneln einander, andere widersprechen sich. Eine Theorie teilt Menschen nach Einkommen und Vermögen ein. Eine andere nach den akademischen Abschlüssen. Die meisten vermischen beides. Dabei kann der eine Indikator dem anderen widersprechen, wie das beliebte Beispiel des *arbeitslosen Millionärs* zeigt: Wie ordnen wir ihn ein? Nach seinem Einkommen? Dann würde er weiter unten landen. Oder nach seinem Vermögen? Dann gehört er vermutlich mit an die Spitze. Oder eine Mischung aus beidem? Zählt er dann zur Mitte?

Jedes Modell, das soziale Ungleichheit visualisiert, geht anders vor. Allerdings haben sie im Kern eine ähnliche Botschaft: Sie demonstrieren eine gesellschaftliche Hierarchisierung von Menschen auf der Basis ihres Einkommens, Vermögens und manchmal ihrer sozialen Herkunft und sie illustrieren diese, indem sie sich dem Bild eines *unten* und *oben* bedienen.

Das stellte ich auch durch ein Experiment fest. An einem warmen Herbstmorgen machte ich mich mit einem Mikro und einer Kamera auf den Weg. Meine Mission war es, mit unterschiedlichen Menschen auf den Straßen Berlin-Neuköllns über ihre Klassenzugehörigkeit zu sprechen. Ich hatte zwei Fragen vorbereitet: Welcher Klasse fühlst du dich zugehörig und warum? Nach zwei Stunden musste ich das Feld räumen. Ziemlich frustriert ging ich nach Hause. Was ich bei diesem Experiment feststellte, war: Von den vierunddreißig Befragten wusste die Mehrheit nicht, was es mit Klassen auf sich hat.

Ohne *Klassenbewusstsein* übernimmt die eine Seite keine Verantwortung und die Unübersichtlichkeit führt zu Überforderung auf der anderen. Das macht Klassengespräche exklusiv.

Es ist schwer mitzureden. Dadurch sagen viele Menschen lieber gar nichts und andere sehr viel.

Diese Schwammigkeit macht die Frage nach der sozialen Ungleichheit weniger greifbar. Sie macht sie zu einer Auslegungssache. Es fühlt sich so an, als könnte jeder Mensch arm oder reich sein oder eine Fee oder ein Pony, alles nur eine Frage der Definition.

Eine US-Studie zeigt, dass befragte Millionär:innen denken, dass sie zur Mittelklasse oder zur oberen Mittelschicht gehören. »Von den reichsten 10 Prozent glaubt keiner, dass er zu den reichsten 10 Prozent gehört«, stellt Dr. Martin Schürz in seiner Untersuchung fest. »Sie glauben alle, dass sie die Mitte sind.« Schürz forscht seit mehr als zwei Jahrzehnten zur Vermögensverteilung in Europa.

Im Prinzip ist es egal, ob ein:e Millionär:in sich in der Mitte einordnet. Denn diese Gruppe profitiert von der strukturellen sozialen Ungleichheit. Schwieriger wird es für diejenigen, die Nachteile dadurch erleben und unter diesen Mechanismen leiden. Sie werden ausgebeutet, ohne sich dessen bewusst zu sein oder schlimmer noch: Sie haben das Gefühl, dass sie für ihre eigene Ausbeutung selbst verantwortlich sind. Beide Gruppen sind *klassenunbewusst.*

Auch wenn viele wenig mit dem Begriff »Klasse« anfangen konnten, so hatte jeder der Befragten ein Gefühl für soziale Hierarchien, die sich im *Unten-Oben-Konzept* manifestieren. Eigentlich ist es eine klerikale Einteilung: Unten, Oben. Sommer, Winter. Tag, Nacht. Die Dualität der Dinge. Zwei Pole – Gegensätze – die für ein Gleichgewicht des Universums sorgen. Mond und Sonne. Klein und Groß. Leben und Tod. Es ist der katholische Gedanke, dass wer weiter oben sitzt, Gott näher ist. Dadurch muss diese Person weniger leisten, um in den

Himmel zu kommen, während diejenigen, die unten sind und sich näher am Boden befinden, fast schon kriechend wie Tiere, ihre irdische Existenz nutzen sollten und ordentlich ranklotzen, damit sie eventuell noch ein Ticket in das unendliche Paradies erhalten. Diese Bilder haben sich über Generationen in unser Bewusstsein eingebrannt, auch wenn nicht alle von uns heute religiös sind.

Das *Unten-Oben-Konzept* ist nicht wertfrei. Oben ist besser. Unten ist schlecht. Irgendwann wurde dann noch eine Mitte reingequetscht, die nun die beliebteste Antwort ist. Die meisten Personen, die ich fragte, welcher Klasse sie sich zugehörig fühlen, nennen das Dazwischen. Die Mitte. Sie klingt logisch. Zu sagen, dass ich der oberen Klasse angehöre, käme einer Prahlerei nahe, und alles andere wäre ein Eingeständnis, dass ich mein Leben auf dieser Erde nicht genutzt habe.

Deshalb ist es nachvollziehbar, dass viele Menschen die goldene Mitte nennen. Zudem entspricht dies der ökonomischen Klassifizierung, zumindest laut dem Institut der deutschen Wirtschaft in Köln. Wer über ein monatliches Nettoeinkommen von 1385 bis 2596 Euro in einem Singlehaushalt verfügt, gehört zur Mitte. Menschen zwischen 2597 und 4327 Euro gehören der einkommensstarken Mitte an. Zusammen machen sie fast 50 Prozent der Bevölkerung aus, so die Forschenden. Alle darunter sind von Armut bedroht und ab 4328 Euro gehören Personen zur oberen Klasse. Das sind die aktuellsten Daten, die vorliegen. Allerdings zeigt das World Inequality Lab in Paris, dass während der Coronapandemie das Vermögen der Milliardäre um mehr als 3,6 Billionen Euro gewachsen sei, während weitere hundert Millionen Menschen weltweit in die extreme Armut abgerutscht sind.

Die Mitte liegt zwischen Macht und Unmacht. Viel Geld

zu haben, ist erstrebenswert, aber ausschließlich nach Geld zu streben, ist oberflächlich und gierig. Wenn ich nicht viel Geld habe, kann ich es nicht teilen oder etwas verändern. Vermögen birgt Verantwortung. Darum muss sich die Mitte nicht kümmern. Die Reichen sind schuld. Die Armen sind betroffen, und die Mitte, die ist eben neutral. Doch dieses Achselzucken sorgt dafür, dass die Reichen genüsslich immer reicher werden und die Armen ärmer.

Eine große Anzahl an soziologischen Konzepten, die sich mit der sozialen Klasse beschäftigen, entstanden nach dem Zweiten Weltkrieg. Es war die goldene Ära des Kapitalismus. Der Beweis, dass der soziale Aufstieg nur eine Lochung auf der Arbeitskarte entfernt ist. Ziele wie ein Eigenheim, ein abbezahltes Auto trennten hart arbeitende Menschen zu dieser Zeit nur um ein paar Jahre. Sozioökonomisch lagen die Leute näher beieinander. Aspirationen waren realistisch. Die heutige Generation hingegen wird mit einem Sparbuch nicht mehr reich. Millennials sind die Ersten, denen es ökonomisch schlechter statt besser gehen wird. Ihre Einkommen können mit den steigenden Kosten nicht mithalten. Zudem steigt die Rentenlücke. Die Differenz zwischen der gesetzlichen Rente, dem, was eine Person einzahlt und in der Folge als Rente ausbezahlt bekommt, und der Summe, die sie letztlich im Alter tatsächlich braucht.

Der CDU-Bundeswirtschaftsminister Ludwig Erhard und der Ökonom Wolfram Langer veröffentlichten im Jahr 1957 das Buch *Wohlstand für Alle*. Sie wollten jeder Klasse mehr Wohlstand ermöglichen. Das geht ihrer Meinung nach nur mit einer freien Wirtschaft.

Dieser Gedanke reiht sich ein in die Arbeit des Soziologen Helmut Schelsky, der von der *nivellierten Mittelstandsgesellschaft* sprach. Schelsky war überzeugt, dass es kaum eine Bevölkerungsgruppe im Nachkriegsdeutschland gibt, die nicht von Aufstiegs- und Abstiegsvorgängen geprägt ist. Laut ihm existiert keine *Ober- und Unterschicht.* Wir gehören alle zur Mittelschicht. Mal sind wir oben, mal unten. Auch der Soziologe Ulrich Beck beschäftigte sich im Jahr 1986 mit der sogenannten *Wohlstandsexplosion* und dem *Fahrstuhleffekt.* Dabei analysierte Beck den Wandel des Arbeitsmarktes. Beck war nicht der Überzeugung, dass sich die Einkommensunterschiede zwischen Gut- und Schlechtverdienenden wesentlich verändert hätten, allerdings seien die Erhöhung des materiellen Wohlstands, der Zugewinn an Freizeit und die verbesserten Bildungschancen allen Bevölkerungsgruppen zuteilgeworden, sodass sich nun das gesamte gesellschaftliche Gefüge einige Etagen höher befindet. Ungleichheit gebe es, aber im Allgemeinen gehe es uns allen besser.

Diese Arbeiten, Slogans wie *Wohlstand für Alle* und der Umstand, dass die Nachkriegsgenerationen mit Schweiß und Fleiß eine kleine Immobilie besitzen konnten. All das potenzierte die Illusion, dass wir bereits in einer *post-klassistischen Gesellschaft* angekommen seien. Gespräche über soziale Klassen und Ungleichheit sind bei dieser Annahme so was von gestern. Bildung ist kostenlos, Aufstiegsgeschichten gibt es. Ende gut, alles gut. Allerdings konzentrierten sich die soziologischen Untersuchungen primär auf Westdeutschland. Viele Arbeiten klammerten den Osten aus. Dabei besteht weiterhin ein Unterschied. Auch drei Jahrzehnte nach der Einheit verdienen Arbeitnehmer:innen in Ostdeutschland durchschnittlich 100 Euro weniger pro Monat als ihre Kolleg:innen im Westen. Doch unabhängig von Ost und West gibt es keinen Wohlstand mehr für alle, sondern hauptsächlich für Erben.

Thomas Piketty wird als Karl Marx des 21. Jahrhunderts gehandelt. Der Vergleich liegt nahe, denn der französische Ökonom nannte sein viel zitiertes Werk bewusst *Das Kapital im 21. Jahrhundert*. Seine These darin lautet: Auf eine kleine Elite konzentriert sich das Vermögen, das verstärkt soziale Ungleichheit, macht den gesellschaftlichen Aufstieg zu einem Märchen und gefährdet die Demokratie.

Die Formel »Alles wird besser« stammt aus dem Zeitraum 1914 bis 1973. Dabei fanden Piketty und sein Team heraus, dass diese Phase eine Ausnahme statt die Regel war, denn in dieser Zeit passierte einiges: Zwei Weltkriege, die Große Depression, die Verstaatlichung ganzer Industrien. Das alles war teuer, daher gab es zu jener Zeit hohe Steuern. Das kratzte ordentlich am Vermögen der reichen Elite. Gleichzeitig sorgte ein hohes Wirtschaftswachstum nach dem Krieg für eine Produktionssteigerung, Gewerkschaften kämpften für gerechte Löhne und bessere Arbeitsbedingungen. In dieser Zeit lag das Wirtschaftswachstum höher als die Einkommen aus Vermögen. Heute ist es genau andersherum. Das macht unsere Gesellschaft ungerecht und sorgt dafür, dass die soziale Herkunft wieder eine größere Rolle spielt.

Seit Jahrzehnten wächst die Wirtschaft im globalen Norden nur noch langsam und die Bevölkerung noch weniger. Sie wird sogar kleiner. Dadurch steigt das Privatvermögen wesentlich stärker als die Löhne und Einkommen, weil es weniger Kinder in der Familie gibt und sich dadurch das Geld auf weniger Personen verteilt. Es konzentriert sich. Das bedeutet, dass ein großer Teil des Wohlstands in Deutschland nicht nach Leistung verteilt wird, sondern nach der Abstammung. Reich wird, wer reich ist.

Das ist der Grund für den Spruch: *Reiche werden reicher und Arme ärmer*. Der obere und untere Rand wächst. Die Mitte schrumpft laut den Berechnungen. Das wissen diejenigen, die bereits seit vielen Jahren von Armut betroffen sind, das spüren nun aber auch Menschen, die am unteren Rand der Mittelschicht sind.

»Wir gehören zur Unterschicht«, erklärt Manja und blinzelt in die Nachmittagssonne. Neben ihr steht ihr Freund Chris. Ich bin den beiden auf dem Weg zum Einkaufen begegnet. Den leeren Einkaufstrolley zieht Chris mit der linken Hand hinter sich her. Wir befinden uns auf dem hektischen Parkplatz, wo Menschen entweder zu Aldi oder Edeka eilen. »Wir sind beide Frührentner und da unsere Rente so großzügig ausfällt, gibt das Sozialamt freiwillig noch was dazu.« Manja grinst beklemmt und beendet ihren Satz mit: »Sprich Bürgergeld.«

Sie hat ein klares *Klassenbewusstsein*. Manja ist arm. Chris auch. Er steht neben ihr, schaut in die Ferne und lauscht Manja aufmerksam. Bei jedem Satz, den sie sagt, nickt er sanft. »Wir haben uns die Knochen wund gearbeitet als Krankenschwester und im Büro und sind aufgrund dessen erkrankt. Nun leben wir auf dem Niveau von Bürgergeld-Empfängern.« So wie unsere Gesellschaft gerade funktioniert, sei sie nicht mehr gerecht, so Manja. »Mit einem normalen Durchschnittsgehalt kann man sich nichts mehr leisten.«

Sie hat in der häuslichen Pflege gearbeitet, ist jeden Tag von Haus zu Haus gefahren. Die Arbeit war hart. Körperlich und mental. Das Gehalt reichte nur mit viel Mühe aus. Es fühlte sich an wie ein Teufelskreis. Bis nichts mehr ging. Jetzt sind Manja und Chris zu Hause.

Menschen, die arm sind, haben ein klares Verständnis von ihrer Situation und von Klassendynamiken. Einige Menschen, die im Wohlstand leben, auch. Nur können sie sich über sie erheben. Sie haben die Möglichkeit, diese Identität nicht ins

Zentrum ihres Daseins zu stellen. Das können arme Menschen nicht. Klassendynamiken grenzen ihre Welt ein. Machen sie klein.

Doch wer ist die Mitte? Der Handwerker aus der Provinz? Oder der Jurist aus der Metropole? Der Soziologe Andreas Reckwitz ist überzeugt, dass beide der Mittelklasse angehören. Nur hat sie sich verändert. Es gibt nicht mehr eine, sondern zwei. Durch den Wandlungsprozess unserer Industriegesellschaft hin zur Postindustrialisierung entstand eine neue Mittelklasse, so der Wissenschaftler.

Bis in die 1970er-Jahre hinein habe es nur eine Mittelklasse gegeben. Die Menschen dieser Klasse waren sich ziemlich ähnlich. Sie sind zur Schule gegangen, haben einen Haupt- oder Realschulabschluss gemacht, mit dem sie eine Lehre begannen, Kinder bekamen, ein Haus kauften, es abbezahlten und darin lebten. Mit dem gesellschaftlichen Übergang zur Dienstleistungsgesellschaft und der Bildungsexpansion, studieren nun mehr Menschen als früher. Das führt zu einer Bildungsinflation. Die Zahl geht aktuell wieder zurück, weil die Geburtenzahlen in Deutschland sinken. Trotzdem, ein Hochschulabschluss gehört nun zur Mitte. Dadurch sinkt die Anerkennung und der Wert der Abschlüsse der alten Mittelschicht.

Das führe dazu, dass es eine kleine Oberschicht, darunter zwei Mittelschichten und eine Unterschicht gebe, so Reckwitz. Die neue Mittelschicht profitiert von der Bildungsexpansion. Sie arbeitet in der Forschung und Entwicklung, in den Medien und Kreativberufen oder in Bereichen wie Medizin, Finanzen und Recht. Sie wohnt in der Regel in größeren Städten, reist viel und gern, ist pro Migration, aufgeklärt und feministisch unterwegs.

Die alte Mittelschicht hingegen lebt vor allem auf dem Land, hat Vorbehalte gegen die Globalisierung und verliert zunehmend an Prestige. Sie ist hervorgegangen aus den Industriearbeitenden, für die lokale Wurzeln, Disziplin und Fleiß noch immer hohen Stellenwert haben.

»Ich bin in der Mitte«, erklärt meine Mama, als ich sie frage, welcher Klasse sie sich zugehörig fühle. Wir kennen unterschiedliche Klassenrealitäten. Aus der Armut heraus zur Mittelklasse. Doch inwiefern trübt die eigene Geschichte, die tiefe Spuren hinterlässt, die Bewertung der eigenen sozialen Situation? Das wollte ich testen. Ich holte meinen Laptop und googelte »Zu welcher Schicht gehören Sie?« in Verbindung mit dem Wort »ZEIT«, um den Onlinerechner des Verlags aufzurufen. Der Bremer Soziologe Olaf Groh-Samberg und sein Team haben für das Bundesarbeitsministerium einen Rechner konzipiert, den die ZEIT in vereinfachter Form auf ihrer Seite anbietet. Sie sind nicht die Einzigen, es existieren einige Kalkulatoren. Innerhalb von drei Minuten kann jede Person mit einem Internetzugang herausfinden, wie es um die eigene Klassenzugehörigkeit steht. Manche fragen nach dem Wohnort oder nach Kindern. Meist geht es um das Einkommen und manchmal auch um das Vermögen. Im Prinzip schaffen die Internetrechner eine Sensibilisierung für den Umstand, dass wir in einer Gesellschaft leben, in der es eine soziale Hierarchisierung gibt. Das schärft das Bewusstsein und hilft dabei, sich selbst in dem Navigationssystem unserer gesellschaftlichen Dynamiken einzuordnen.

Ich schiebe den Laptop zwischen meine Mama und mich und lese die Fragen vor: »Wie hoch ist dein Haushaltseinkommen? Wie hoch ist dein Vermögen? Das Haus in dem du lebst, ist auch Vermögen, oder? Du lebst damit nicht zur Miete, aber es ist gepachtet. Es ist nicht dein Eigentum.«

Nacheinander beantwortet sie die Fragen, und schon poppt das Ergebnis auf. »Wohlstand?« Meine Mama ist still.

»Was sagst du dazu?«, frage ich sie.

Wir sind beide verwundert über das Ergebnis. Meine Mama ist Busfahrerin, sie hat keine großen Rücklagen, und das Grundstück, auf dem sie lebt, gehört ihr nicht. Es ist gepachtet. Das bedeutet, das Haus ist ihr Eigentum, aber nicht der Boden. Den hat sie nur für 99 Jahre. Der Onlinerechner ist unterteilt in die Kategorien Armut, Prekarität, untere Mitte, Mitte, Wohlstand und Wohlhabenheit. Zur Illustration werden kleine Personen abgebildet, darüber befindet sich die Überschrift *Deutschland in 1000 Personen*. Meine Mama ist fast ganz oben. Über ihr steht *Wohlstand*.

Meine Mama und ich hatten dunkle Zeiten. Buchstäblich. Zeitweise konnten wir den Strom nicht bezahlen, also wurde er abgestellt. Als meine Mama 35 Jahre alt war, kaufte mein Großvater eine heruntergekommene Gartenlaube mit ganzjährigem Wohnrecht in Berlin. Das Geld dafür hatte meine Mama nicht, aber mein Opa. Das macht meine Mama laut Rechner wohlhabend. So fühlt sie sich nicht. Sie ist Busfahrerin. Der Druck ist hoch. Durch viele Nachtschichten erreicht sie ein gutes Gehalt. Doch mit über 50 Jahren ist sie erschöpft von dem ständigen Wechsel zwischen Tag- und Nachtarbeit. Mal beginnt sie um drei Uhr nachts, mal mittags. Sie hat keine andere Wahl. Meist arbeitet sie über neun Stunden, weil sie jeden Tag an einem anderen Punkt den Bus ablösen muss. Eigentlich ist sie täglich über zwölf Stunden für die Arbeit unterwegs. Dann muss sie ihre Fahrgäst:innen durch den wahnsinnigen Berliner Verkehr navigieren. Sie erlebt gute Fahrten, aber auch welche, in denen sie angeschrien, beleidigt oder ausgeraubt wird. Das wird von Jahr zu Jahr mehr.

Wohlstand klingt nach Macht. Die hat meine Mama nicht. Sie könnte keine Person anrufen, um ein Gesetz zu ändern oder sich aus einer misslichen Lage freizukaufen. Jeden Tag fühlt sie sich schutzlos dem Berliner Verkehr ausgesetzt. Wenn ich sie besuche und wir Kaffee trinken, erzählt sie mir von den vielen Erlebnissen, die sie umtreiben. »Mein Kollege wurde so stark verprügelt, dass er im Koma liegt« oder »Ein Mann hat sich vor den Bus geworfen, den ein anderer Kollege fuhr. Der steht total unter Schock, muss aber trotzdem ran.« Stellen werden abgebaut, und gleichzeitig wird nach Busfahrer:innen gesucht. Die Angst, den Job zu verlieren, ist real. Ihr Bankkonto ist nicht mit riesigen Beträgen gefüllt. Sie hat keinen finanziellen Puffer.

Michael Hartmann war bis zu seiner Rente Professor für Soziologie an der Technischen Universität Darmstadt. Er beschäftigte sich mit der sozialen Herkunft, Chancengleichheit und dem Verhalten von Eliten. Wohlstand ist für ihn nicht das Häuschen der Großmutter, sondern wohlhabend sind Personen, die durch ihr Amt oder im wirtschaftlichen Kontext durch ihr Eigentum in der Lage sind, gesellschaftliche Entwicklungen maßgeblich zu beeinflussen. Das sind Regierungsmitglieder:innen, Spitzenmanager:innen, Unternehmer:innen großer Firmen, hohe Ministerialbeamte, Bundesrichter:innen, Intendant:innen, Chefredakteur:innen und Ähnliche. Meine Mutter zählt nicht dazu.

»Ich habe nicht das Gefühl, dass ich wohlständig bin, aber ich fühle mich mit dem Haus sicherer. Es ist alles, was ich habe.«

Meine Kindheit war davon geprägt, dass jedes Wochenende am Haus gearbeitet wurde. Meine Mama steckte all ihre Energie, Geld und Zeit dort hinein. Sie hatte zwei Jobs. Busfahren und das Haus. Arm ist sie nicht mehr. Sie kann in den Urlaub reisen. Obwohl sie das nie tut. Sie kann sich etwas Schönes kaufen. Was sie selten macht. Von Altersarmut ist sie trotzdem betroffen. So ergeht es vielen Frauen mit Kindern.

Ich schiebe den Laptop zu mir und sage: »Ich mache den Test auch!« Ich beantworte dieselben Fragen wie meine Mama und nach kurzer Zeit poppt wieder ein Ergebnis auf: *Die Mitte*. »Das fühlt sich auch komisch an«, antworte ich. Im Gegensatz zu meiner Mama kann ich aufstehen, wann ich möchte, Mittagspause machen, wie ich will. Ich arbeite von zu Hause, bin selbstständige Autorin, die über das gesamte Jahr bezahlt durch unterschiedliche Städte reist. Menschen lauschen meinen Gedanken auf Podiumsdiskussionen, lesen sie auf gedruckten Seiten oder im Internet. Ich habe zwei Hunde, eine kleine Mietwohnung in Berlin. Mir geht es gut. Besser, als es meiner Mama erging, als mein Geschwister und ich heranwuchsen. Ich bin nicht reich, fühle mich dennoch manchmal so, werde aber nervös bei steigenden Energiepreisen oder Briefen von meinem neuen Vermieter, der vor Kurzem meine Wohnung gekauft hat. Mich treibt der Gedanke um, dass er nach zwei Jahren Eigenbedarf anmelden kann und mich vor die Tür setzen könnte. Die gestiegenen Mieten in Berlin könnte ich mir nicht mehr leisten. Mit zwei Hunden wäre es ohnehin ein Desaster. Das macht mir Angst. Mein Arbeitsalltag ist komfortabler als der meiner Mama. Meine Rente wird es jedoch nicht sein. Geld ist ein Thema, aber es überschattet nicht mein Leben.

Ich habe eine Klassenreise gemacht, aber eine soziokulturelle, keine sozioökonomische. Zwar habe ich einen Studienabschluss im Vergleich zu meiner Mama, aber so viel mehr als sie verdiene ich dadurch aktuell auch nicht. Das liegt aber auch daran, dass ich selbstständig bin und mein Verdienst schwankt. Dieser Widerspruch ist für Menschen, die zum *Bildungsprekariat* gehören, extremer. Sie sind arm, trotz Bildung. All das soziale und kulturelle Kapital spiegelt sich nicht auf ihrem Konto wider. Ganz im Gegenteil. Sie leben prekär, müssen über die Runden kommen, auf ihr Geld achten, obwohl sie teilweise einen Doktortitel haben. Von der freiberuflichen Übersetzerin bis hin zum Dozenten an einer Hochschule. Die größte Herausforderung von Bildungsprekären ist, dass sie meistens in befristeten, unsicheren oder schlecht bezahlten Arbeitsverhältnissen stecken. Von wegen Bildungsversprechen.

Die Journalistin und Autorin Julia Friedrichs beschreibt in *Wir Erben,* wie sie beim Besuch von Arbeitskolleg:innen feststellte, dass sie sich im Gegensatz zu ihr eine Eigentumswohnung in deutschen Großstädten leisten konnten. Dasselbe Gehalt. Derselbe Job. Dieselbe Leistung. Doch ein wichtiger Unterschied. Diejenigen, die sich Eigentum kaufen konnten, hatten von ihren Familien ein Vermögen geerbt oder es früher ausgezahlt bekommen. Erben macht den Unterschied. Das spaltet die Mitte.

Genau deshalb kam als Ergebnis bei meiner Mama *Wohlstand* raus. Obwohl das nicht zutrifft. Der Rechner differenziert nicht zwischen Pacht und Eigentum.

Vielleicht ist es aber zu kurz gedacht, Menschen zu fragen, wie viel Geld sie verdienen. Eigentlich sollten wir fragen, *wie* sie es tun. Eine Ärztin, meine Mama und ich haben sehr unterschiedliche Leben, können unterschiedliche finanzielle Puffer aufbauen, aber was uns eint, ist: Wir müssen jeden Morgen aufstehen. Weil wir nichts besitzen, durch das wir Geld verdienen können. Deshalb verkaufen wir das Einzige, was wir haben: unsere Körper, Fähigkeiten, Expertise, Geschick. Kurz: unsere Arbeitskraft. Natürlich unterscheidet sich die Summe des Geldes, die wir dafür bezahlt bekommen, trotzdem sind wir alle Lohnarbeiter:innen. Auf uns lastet Druck. Wir *müssen* arbeiten.

Nach Karl Marx sind wir nicht die Mitte. Wir sind die *Working Class*. Er unterteilte Klassen in zwei Lager. Jene Menschen, die allein von ihrem Besitz leben, die *Bourgeoisie*, und jene, die nur überleben können, solange sie für Geld ihre Arbeitskraft verkaufen, die *Arbeiter:innen*. All jene, die über Produktionsmittel verfügen, wie eine Fabrik, Grund, Boden, Rohstoffe, Maschinen, haben in unserer Gesellschaft eine andere Stellung als jene, die gar nichts besitzen und das Einzige verkaufen, was sie haben. Es gibt allerdings Menschen, die keiner dieser Gruppen so richtig angehören. Das kann der Friseur sein, der einen eigenen Laden hat mit mehreren Mitarbeiter:innen. Was ihn zur *Bourgeoisie* macht. Aber mit dem er nicht genug verdient, um auf Bali zu entspannen und Erdbeer-Daiquiris zu schlürfen. Der Geschäftsführer muss selbst im Laden arbeiten, was ihn zur *Working Class* macht. Er ist also dazwischen.

Karl Marx' Gedanken sind über hundertfünfzig Jahre alt, fühlen sich aber aktueller denn je an. Für ihn hing Klasse maßgeblich mit Eigentum zusammen. Unsere Gesellschaft entwickelt sich wieder zu einer der Besitzenden und der Besitzlosen. Wir sind keine Industrienation mehr. Wir leben in einer Dienstleistungsgesellschaft. Über 70 Prozent der gesamtwirtschaftlichen Wertschöpfung wird in Deutschland durch diesen Sektor generiert. Somit gäbe es nach Karl Marx mehr Arbeiter:innen als je zuvor. Das kann die Bankangestellte, die Erzieherin oder die Beamtin sein, aber auch die Professorin oder die Journalistin. All jene, die letztendlich von nichts anderem als dem Verkauf ihrer Arbeitskraft leben.

In der marxistischen Theorie existieren klare Fronten. Die Herrschenden und die Beherrschten. Dadurch kann die Frage nach der Klassenzugehörigkeit eindeutig geklärt werden. Die anderen Modelle mit ihren verschiedenen Schichten und Strukturen sind weniger greifbar. Marx bot auch eine Lösung an. Ungerechtigkeit endet, wenn sich die Beherrschten gegen die Herrschenden erheben.

Der Kapitalismus produziert Benachteiligung. Das steckt in seiner DNA. Die Arbeiter:innenklasse erfüllt in unserer Gesellschaft die Aufgabe, die Profite der großen Konzerne aufrechtzuerhalten. Wobei Profit ein Euphemismus für Ausbeutung ist.

Über Klassen zu sprechen, ist kompliziert. Das eigene Leben zu betrachten, es zu bewerten, um es dann in eine Hierarchie einzuordnen, ist unangenehm. Klasse ist persönlich. Die Kategorien sind es nicht. Die Rechner und Modelle können Gesprächsöffner sein. Doch gleichzeitig gibt es noch nicht einmal eine eindeutige und kollektiv übereinstimmende Matrix. Das macht es verwirrend, über Klassenungerechtigkeiten zu sprechen. Und wenn es eine Sache gibt, die wir Menschen nicht mögen, dann ist es Ambivalenz.

Aktuell gibt es keinen wissenschaftlichen oder gesellschaftlichen Konsens darüber, ob es nun zwei Klassen, drei oder Hunderte gibt. Meine Mama und ich fühlen uns beide wie die Mitte, doch unsere Lebensrealitäten sehen sehr unterschiedlich aus. Welche Rolle spielt das Geld auf dem Bankkonto? Oder ist es vielmehr die Art, wie ich mein Einkommen verdiene? Werde ich täglich bei der Arbeit belästigt oder nicht? Sitze ich im geschützten Zuhause mit Café Latte oder wird mein Tagesablauf fremdbestimmt und bin ich auf der Straße allen Menschen ausgesetzt? Die Rechner unterschlagen diese Realitäten. Klassen sind nicht nur Ökonomie, sondern auch Werte, Würde und Selbstwertgefühl. Aber auch Erfahrungen, Verletzungen und Narben.

Aber heißt das nun, dass wir uns vom Klassenbegriff verabschieden müssen? Uneinigkeit verstärkt Klassenignoranz. Sie wird zum bequemen Alibi. Deshalb ist die marxistische Definition verführerisch. Sie ist simpel und irgendwie logisch. Ist die wahre Ungerechtigkeit nicht die, dass eine Person arbeitet und die andere für sich arbeiten lässt? Natürlich ist der Alltag einer Ärztin anders als der eines Supermarktverkäufers. Geld durch Lohnarbeit ist anders als Wohlstand. Lohnarbeit ist davon abhängig, dass die Person bis zur Rente mit dem gleichen Niveau weiterarbeitet. Diesen Stress hat eine Person mit Vermögen nicht. Denn wenn die Ärztin einen Burn-out hat und nicht mehr arbeiten kann, kann auch sie in die Prekarität abrutschen. Zumindest wenn sie kein Vermögen hat. Was ist, wenn der Supermarktverkäufer *just for fun* arbeitet, weil er mehrere Millionen Euro auf dem Konto hat?

Wir sind alle Arbeiter:innen. Doch es gibt weitere Aspekte, die unseren Alltag beeinflussen. Ob ich alleinerziehend bin und somit als einzige Person die Versorgendeposition in meiner Familie habe. Ob ich durch Rassismus oder Ableismus es schwerer habe, gewisse Jobs zu erhalten. Wir sind alle Arbeiter:innen, aber noch so viel mehr. Diese Intersektionalität wird in der marxistischen Lehre vergessen. Das ist fatal, weil Bewegungen, auch wenn sie unabhängig von unserer gesellschaftlichen Struktur agieren möchten, von ihr beeinflusst werden.

Was machen wir nun mit all diesen fast schon sich widersprechenden, aber auch manchmal ergänzenden Theorien?

Für dieses Buch nutzen wir die klugen Gedanken von unterschiedlichen Disziplinen. Wir vereinen marxistische Gedanken und soziologische Untersuchungen, berücksichtigen aber auch die Einteilung, denen sich die Menschen in meiner Straßenumfrage bereits bewusst waren. Das »Unten, Mitte, Oben«-Prinzip. Deshalb unterteile ich in fünf Klassen: In die prekäre

Klasse, die klassische Mitte, die aktuelle Mitte, wohlständige Klasse und die Überwohlständigen.

Bei der prekären Klasse handelt es sich um all jene, die auf der Straße leben oder keine Arbeit haben können oder möchten. Sie umfasst aber auch die *Working Poor*: Menschen, die arbeiten, aber denen ihr Lohn nicht zum Leben reicht. Die klassische Mitte, in Anlehnung an Andreas Reckwitz, meint die »alte Mittelschicht«. Allerdings sind Begriffe wie alt und neu in unserer kapitalistischen Gesellschaft wertend konnotiert. Neu ist gut. Alt nicht. Deshalb spreche ich von der *klassischen Mittelschicht*, was zurückgeht auf ihre traditionellen Werte und Berufe. Dabei kann ein:e Industriemeister:in manchmal mehr als eine studierte grafikdesignende oder journalistisch arbeitende Person in Berlin verdienen. Letztere gehören zur aktuellen Mittelschicht. Die zeitliche Unterstreichung zeigt, dass es sich um Menschen handelt, die von der Bildungsexpansion und weiteren Veränderungen profitieren. Zudem sind ihre Berufe entweder aufgrund von technologischen Innovationen neu entstanden wie zum Beispiel der Social-Media-Management-Bereich, oder sie müssen sich mit aktuellen Diskursen und Entwicklungen auseinandersetzen, zum Beispiel als Wissenschaftler:innen.

Auf die klassische und aktuelle Mittelschicht folgt die Klasse der Wohlständigen. Ihr Verdienst bewegt sich entsprechend der Kategorisierung des Instituts der deutschen Wirtschaft in Köln bei über 4000 Euro netto pro Monat, allerdings kann dieser auch darunterliegen, wenn sie aufgrund ihres Amtes oder ihres Berufes in einer machtpolitischen Position sind. So kann ein:e Schreiner:in 5000 Euro netto pro Monat verdienen, der Chefredakteur einer renommierten, überregionalen Zeitung weniger, aber trotzdem hat Letzterer vielleicht die Nummer des

Regierungschefs in seinem Handy gespeichert. Er hat einen direkten Zugang zur Macht durch seinen Job. Seine Gedanken und Worte werden von mehreren Menschen gelesen. Das kann aber auch die Influencerin sein, die eine Million Personen mit ihrem Kanal erreicht. Mehr als das auflagenstärkste Magazin Deutschlands, der *Spiegel*.

Unabhängig vom Verdienst, Abschlüssen und beruflichem Prestige gehören alle genannten Klassen der *Working Class* an. Alle Menschen dieser Klassen müssen einer Lohnarbeit nachgehen. Ob sie nun 100 Euro pro Monat verdienen oder 10 000 Euro.

Anders verhält es sich mit denjenigen, die nicht arbeiten müssen. Die letzte Klasse unserer Matrix. Die Erben. Nicht Großmutters Häuschen, sondern Millionenbeträge – ob in Aktien, Cash oder in Form von Unternehmen oder gar Wirtschaftsimperien. Die Überwohlständigen. Dieser Begriff stammt aus Martin Schürz' Buch *Überreichtum*. Bei den Überwohlständigen handelt es sich um eine Gruppe von Menschen, die so viel Geld besitzen, erben, verwalten, dass sie Gesetze ändern können. Deren Entscheidungen die Jobs von mehreren Hunderten, gar Tausenden Arbeitenden beeinflussen. Menschen, die einen riesigen Stab an Mitarbeitenden haben, die ihnen unterstehen. Wenn sie einen Beruf ausüben, tun sie es nicht, weil sie es müssen, sondern weil sie es möchten. Überwohlständige herrschen, und das schon seit Generationen. Und werden dabei vor allem eins: noch reicher und mächtiger.

Diese Kategorisierung dient nicht dazu, Menschen auf etwas zu reduzieren, sondern dazu, die unterschiedlichen Lebensrealitäten zu illustrieren. Vor allem hilft es, aus dem eigenen Klassenunbewusstsein herauszutreten. Um sich und sein Umfeld einzuordnen. Nicht um zu limitieren, sondern zu diskutieren. Lasst uns über Klasse sprechen.

II

KLASSEN-
UNBEWUSSTSEIN

DU WIRST NICHT REICH, DU BIST ES

»Ich bin die Rache, ich bin die Nacht, ich bin Batman«, lautet ein ikonischer Ausspruch der gleichnamigen Comicfigur, die ein fester Bestandteil unserer Popkultur ist. Batman wandelt in seinem Fledermauskostüm durch die dunklen, feuchten Gassen von Gotham City. Die Figur wurde 1939 vom Künstler Bob Kane und dem Autor Bill Finger geschaffen. »Es ist nicht, wer ich darunter bin, sondern was ich tue, das mich ausmacht«, deklariert der *Ritter der Nacht*. Batman ist kein:e Superheld:in im eigentlichen Sinn. Er verfügt über keinerlei übernatürliche Kräfte wie Superman oder Wonder Woman, sondern nutzt seine Intelligenz, Willenskraft, hartes Training und technische Hilfsmittel, um Verbrechen in Gotham City zu bekämpfen. Seine eigentliche Identität ist Bruce Wayne. Dieser Name stammt vom schottischen Freiheitskämpfer Robert the Bruce und dem US-amerikanischen Nationalhelden Mad Anthony Wayne. Als Kind musste der junge Bruce Wayne nach einem Theaterbesuch mitansehen, wie ein Straßenräuber seine Eltern, Thomas und Martha Wayne, in einer dunklen Gasse erschoss. Das prägte ihn nachhaltig. Seine Trauer und Schmerz verwandelten sich in Rache. An dem Grab seiner Eltern legte der Junge einen Schwur ab. Im Hintergrund thront die Skyline der düsteren, gefährlichen Stadt Gotham. Unter einem Regenschirm, geschützt vor dem wütenden Regen, steht Bruce vor dem grauen Stein und den frisch versiegelten Gräbern seiner

Eltern. Er werde seine Heimatstadt Gotham City von jeglichen Verbrechen befreien, schwört er sich. Damit beginnt seine Reise.

Nach einer großzügigen Spende übersieht das zuständige Sozialamt den jungen Waisen, wodurch Bruce von Alfred Pennyworth, dem Butler der Familie, aufgezogen wird. Er zieht in sein Herrenhaus Wayne Manor und beginnt bei den besten Kampfkünstler:innen der Welt zu trainieren. Bruce studiert Kriminalistik, Chemie, Mathematik, Physik und Technik. Seine Motivation ist, der weltbeste Kriminalist, Nahkämpfer und Athlet seiner Zeit zu werden, mit dem Ziel, diese Fertigkeiten im Kampf gegen das Verbrechen einzusetzen. Im wahren Leben gibt sich Bruce Wayne als reicher Schnösel und Frauenheld. Das soll als Fassade dienen, um seine Geheimidentität zu verbergen.

Abends Batman, tagsüber Milliardär. Bruce Wayne ist in dieser fiktiven Welt der reichste Mann der Welt. Statt sich jedoch Gedanken darüber zu machen, warum Menschen in dieser dystopischen, düsteren Stadt, die an New York City erinnern soll, kriminell sind und auf diese Weise gegen ungerechte Strukturen vorzugehen, schnappt er sich ein Kostüm und tritt Verbrecher:innen in den Hintern. Im Prinzip kämpft er gegen das System, auf das sich sein Wohlstand stützt.

»Ich trage eine Maske. Und diese Maske dient nicht dazu, zu verbergen, wer ich bin, sondern um das zu schaffen, was ich bin«, deklariert er. Zugegeben, Batman präsentiert sich nicht als Held, sondern eher als ein Mann der Rache. Aber auch als jemand, der sich dazu berufen fühlt, der Kriminalität in Gotham ein Ende zu bereiten. Er rettet, aber so wie er es für angemessen hält. Er richtet über Gut und Böse. Definiert, was gerecht und ungerecht ist. Wer Schutz verdient. Er herrscht, bestimmt. Ohne andere einzubeziehen. Undemokratisch. Denn er hat die Macht und die Mittel dafür.

Wir leben in einem Zeitalter, in dem wir uns mit einem Milliardärssohn identifizieren sollen, der strukturelle Probleme lösen könnte, aber sich stattdessen dazu entscheidet, den *Ritter der Nacht* zu spielen.

»Welcome to my crib«, säuselt Mariah Carey in die Kamera und drückt die schwere Tür ihrer sich über mehrere Etagen erstreckende New Yorker Wohnung auf, um das Kamerateam von MTV hereinzulassen. Als Millennial bin ich mit einer medialen Überrepräsentation von exzessivem Reichtum aufgewachsen. Reich sein war cool. Erstrebenswert. Arme Menschen waren eine in Reality-TV gegossene Projektionsfläche, über die man lachen sollte. So ist es noch immer. Reichtum ist sexy. Armut ist peinlich und lustig. Beides ist unterhaltend und grotesk. Durch die Unterhaltungsmedien wurde es zu einem gesellschaftlich akzeptierten Verhalten, seinen Überwohlstand zu demonstrieren. Vor allem in den USA. Die popkulturelle Dominanz Nordamerikas exportierte nicht nur Shows und Filme in die ganze Welt, sondern mit ihnen auch Symboliken und Werte. Heute möchte jeder reich sein. Der serielle und filmische Boom von Grunder:innenstorys verstärkt diese Aspiration. Wir schauen uns moralisch heikle Entstehungsgeschichten an, wie *Pain Hustlers*, ein amerikanisches Krimi-Drama aus dem Jahr 2023, das die Geschichte des Unternehmens Insys Therapeutics erzählt, das durch den Verkauf von Schmerzmitteln Millionen verdiente, bis es in einen Strafprozess verwickelt wurde. Oder wie die des von Elizabeth Holmes gegründeten Biotech-Unternehmens Theranos in *The Drop Out.* Vom Time-Magazin wurde Elizabeth 2015 zu einer der hundert einflussreichsten Personen der Welt gezählt. Ihr Vermögen betrug 4,5 Milliarden. Nur gab es einen Haken. Der Blutschnelltest, den ihr Blutlaborunternehmen entwickelt haben sollte, der angeblich 240 Krankheiten innerhalb von wenigen Minuten nachweisen konnte, war unwirksam. Sie hatte gelogen und die ganze Welt im Glauben gelassen, er würde funktionieren. 2022 wurde Holmes zu einer Haftstrafe von elf Jahren und drei Monaten verurteilt. Gegen das Urteil hat sie Berufung eingelegt.

Willkommen im goldenen Zeitalter des zügellosen Kapitalismus und des Scammings. Betrügereien sind medial omnipräsent. Sie werden unterhaltend cineastisch nacherzählt. Von Dokumentationen wie dem *Fyre Fraud* oder *Der Tinder-Schwindler* bis hin zu fiktionalisierten Nacherzählungen von realen Betrügenden, wie *Hustlers* oder der Serie *Inventing Anna*. Nächstenliebe, Bescheidenheit und Fürsorglichkeit sind hier obsolet. Millionen von Menschen schauen weltweit Leonardo DiCaprio dabei zu, wie er in der Einstiegsszene von *The Wolf of Wallstreet* Kokain vom Hintern einer Frau snieft. Der Film basiert auf der Autobiografie vom Brooker Jordan Belfort und soll den Alltag an der Wall Street demonstrieren. Für die einen grotesk und abschreckend, für die anderen eine ansprechende Aspiration.

Gier ist verlockend und gilt heute als festes Kriterium, um erfolgreich zu sein. Gesetze zu brechen, andere Menschen hinters Licht zu führen und mit dem Leben von vielen weiteren zu spielen, ist ein Kollateralschaden, der auf dem Weg nach oben zu vertrösten ist.

Bell hooks schrieb, dass Reichtum schon immer Prestige und Macht bot, jedoch wurden die Werte eines Landes nicht allein von den Reichen bestimmt. Heute ist das anders.

Gegen die Immoralität von Überwohlständigen wurde

schon immer gewettert, doch in unserer hedonistischen Gesellschaft haben alternative Entwürfe an Prestige verloren. Es fühlt sich an, als gäbe es keine. Weder die Kirche, die Synagoge noch die Moschee können mit ihren Appellen an die Menschlichkeit die Mehrheit der Gemeinschaft im Globalen Norden überzeugen. Liebe deinen Nächsten wie dich selbst oder hilf den Armen und Unterdrückten, sind Modelle, die nicht mehr in der Mitte praktiziert werden. Das sind naive Fantastereien für Träumer:innen, die keinen Bezug zur rauen und harten Realität unserer Welt haben, heißt es. Für weiche Menschen mit einem zu zarten Gemüt. Fürsorglichkeit wird als naiver Idealismus für desillusionierte Hippies abgetan. *Gutmensch* ist inzwischen eine Beleidigung. Auch fernöstliche Philosophien und Religionen wie der Buddhismus, mit seinen eigentlich an Gemeinwohl orientierten Werten, bilden keine Gegenkraft zum kapitalistischen Streben nach Überwohlständigkeit. Stattdessen boomen Konsumverzichtkonzepte wie Minimalismus, FIRE-Modelle (Financial Independence, Retirement early) oder Frugalismus. Die Motivation hinter diesen Ideen ist keine klerikale oder soziale, sondern vielmehr wird Nachhaltigkeit als ein Argument für persönliche finanzielle Freiheit genannt. Diese Möglichkeit hat nur die aktuelle Mittelklasse. Damit rettet sie nicht die Welt, sondern nur sich selbst. Eine vermeintlich nettere Version des *Economic Man.* »Mit 40 habe ich dann genug zur Seite gelegt, um für den Rest meines Lebens von meinem Ersparten und dessen Kapitalerträgen leben zu können«, schreibt der 32-jährige Oliver auf seinem Blog *Frugalisten. Reicher Leben.* In sieben Jahren hat er sein Ziel erreicht. Dahin kommt der gebürtige Braunschweiger, indem er 70 Prozent seines Einkommens in ETFs investiert. Das tut er schon, seitdem er 18 Jahre alt ist. Von den 2000 Euro Einkommen gehen

1400 direkt in Aktien. Die Exchange Traded Funds sind börsengehandelte Indexfonds. Es handelt sich dabei um kostengünstige Wertpapiere, die Kleinanleger:innen die Möglichkeit bieten, in den großen, globalen Märkten zu investieren. Der MSCI World-Index gehört zu den beliebtesten. Dabei handelt es sich um einen internationalen Aktienindex mit Unternehmen aus 23 Industrieländern wie Apple, Amazon, Tesla oder Microsoft. Darauf finden sich auch Unternehmen, die mit Drogen, Chemie oder Waffen handeln. Es gibt aber auch nachhaltige und *sozialere* Fonds, wie den *terrAssisi-Aktienfonds,* der mit einem Augenzwinkern nach Franz von Assisi benannt wurde, der in freiwilliger Armut lebte und den Franziskanerorden gründete. Dementsprechend sind darin Unternehmen enthalten, die den christlichen Werten entsprechen.

Sollten wir der Dominanz von klerikalen Konzepten in der Mitte der Gesellschaft hinterhertrauern? Nicht unbedingt. Allerdings gibt es kein Gegengewicht zum zügellosen Kapitalismus. Kein Dazwischen. Heute sind wir unseres Glückes eigene:r Schmied:in. Die Verantwortlichkeit für das Individuum steigt, während das Verantwortungsgefühl für die Gemeinschaft sinkt. Dadurch ist es verständlich, dass Menschen sich selbst schützen möchten und nach Sicherheit streben, vor allem wenn das vorherrschende Bild vermittelt, dass jeder sein eigenes Ding macht. Ist man nicht doof, wenn man nicht geizt, hortet, betrügt oder lügt?

Wer nicht aufsteigt, ist selbst schuld. Viele Überwohlständige haben die nächste Ebene des Hamsterkaufes erreicht. Sie teilen nicht. Außer um Steuern zu sparen. Das ist ungerecht, und die Folgen spüren wir bereits. Der Hass dem Establishment gegenüber steigt, Korruptions- oder Betrugsskandale in der Wirtschaft und Politik verbessern das nicht. Die CDU/

CSU-Maskenaffäre, bei der sich Landes- und Regierungsabgeordnete einige Tausende von Euro dazuverdienten. In einer Zeit, in der Menschen in Kurzarbeit waren oder ihre Jobs verloren und andere Überstunden bis zur Erschöpfung machten, steckten sich diejenigen, die eigentlich die Interessen der Bürger:innen repräsentieren sollten, die Taschen voll. Oder die große deutsche Fintech-Hoffnung *Wirecard*, bei der sich nach hartnäckiger Untersuchung der *Financial Times* herausstellte, dass es sich um ein Betrugsunternehmen handelte, einem Zuhause für Geldwäsche und Gangster. Bis dahin verdienten die Gründer Milliarden. Der Finanzbehörde ist das nicht aufgefallen.

Es ist nicht so, dass Überwohlständige beliebt sind. In Deutschland gibt es immer noch die Verknüpfung zwischen Leistung und Arbeit. Erben wird dabei als unfair betrachtet. Das Problem ist allerdings, dass trotz Kritik an den Überwohlständigen in unserer Gesellschaft konsequent in ihrem Interesse gehandelt wird. Eine wissenschaftliche Studie des Max-Planck-Instituts für Gesellschaftsforschung in Köln zeigt: Entscheidungen des Bundestages stimmen häufig mit den Einstellungen der oberen Einkommensschichten überein. Somit ist Überwohlstand eine Gefahr für die Demokratie. Zu viel Geld resultiert in einer Machtverschiebung.

Mit Überreichen zu sprechen, ist nicht leicht. Ich habe es über mehrere Monate versucht. Habe immer wieder unterschiedliche Überwohlständige kontaktiert, doch die meisten lehnten ein Gespräch direkt ab, oder wenn sie zustimmten, sagten sie kurz vor dem Termin ab.

Über Deutschlands Überreiche wissen wir nicht allzu viel. Sie halten sich bedeckt. Auch aus Schutz.

»Wenn Sie zwölf Tage in einem Kleiderschrank gesessen

und um Ihr Leben gebangt haben, dann reduzieren Sie ganz zwangsläufig Ihre öffentlichen Auftritte«, sagte ein langjähriger Vertrauter von Theo Albrecht gegenüber dem *Spiegel*. Theo Albrecht wurde im Jahr 1971 entführt.

Die Albrecht-Brüder sind weltberühmt. Sie haben den Lebensmittelladen ihrer Mutter übernommen und ihn mit ihrem Discounterprinzip zu einem der erfolgreichsten Handelskonzerne der Welt gemacht – Aldi. Theo und Karl Albrecht sind Milliardäre. Diese Tatsache entdeckten der damals 47-jährige Anwalt Heinz Joachim Ollenburg und sein 39-jähriger Komplize Paul Kron in dem Buch *Die Reichen und Superreichen in Deutschland*. Ollenburg hatte Spielschulden und fasste die Idee, Theo Albrecht zu entführen und ein Lösegeld von sieben Millionen Mark einzufordern.

Die Geschichte liest sich wie ein Krimi, nur dass es sich um eine reale Familie handelt.

Am 29. November 1971 lauerten die beiden Entführer Theo Albrecht vor der damaligen Aldi-Nord-Zentrale auf. Als dieser in sein Auto steigen wollte, bedrohten Ollenburg und Kron ihn mit einer Pistole. Zunächst glaubten die beiden nicht, dass es sich um den milliardenschweren Aldi-Titanen handelte. Er sah ihrer Meinung nach zu unglamourös aus mit seinem Anzug von der Stange, also fragten sie ihn nach seinem Personalausweis. Nach dieser Identitätsbestätigung verschleppten sie Theo Albrecht in die Kanzlei Ollenburgs im Stadtzentrum von Düsseldorf.

Insgesamt 17 Tage. Solange mussten Theo Albrecht und seine Familie bangen. Die Lösegeld-Verhandlungen mit den Entführern, die per Brief und Telefon geführt wurden, gestalteten sich als zäh. Der damalige Ruhrbischof Franz Hengsbach überbrachte die sieben Millionen Mark – die höchste Summe, die bis dahin je in der Bundesrepublik gezahlt wurde – auf einem düsteren Feldweg in zwei Koffern. Nach 24 Stunden wurde Theo Albrecht unversehrt freigelassen. Zumindest körperlich. Abgesehen von einem Statement nach der Entführung sprachen Theo Albrecht und seine Familie kein Wort mehr mit der Presse. Die Albrechts zogen sich aus der Öffentlichkeit zurück.

War nicht das Buch der Grund, warum die Entführer überhaupt auf die Idee kamen, Theo Albrecht zu kidnappen? Die letzte öffentliche Nachricht zur Entführung hing mit der Steuerklärung des Aldi-Nord-Gründers zusammen. Die sieben Millionen Lösegeld wollte dieser von der Steuer absetzen. Dem stimmte das Finanzamt nicht zu.

Die Oetkers, Reemtsmas und Schleckers – all diese Familien haben nicht nur ihren hohen Wohlstand gemeinsam, sondern auch die Erfahrung, dass schon einmal ein Mitglied aus ihrer Familie entführt wurde. Genau genommen wird in Deutschland jede Woche eine Person entführt, erklärt Frank Roselieb, Direktor des Instituts für Krisenforschung in Kiel. »Eine Entführung ist das einzige Verbrechen, bei dem man mit einer einzigen Tat eine Million Euro verdienen kann«, so Roselieb, der Familien und Unternehmen bei Entführungen berät.

Im Vergleich zu Mexiko, wo Banken eine Abteilung für Lösegeldforderungskredite eingerichtet haben, sind Entführungen in Deutschland überschaubar. Trotzdem macht es deutlich, warum sich Menschen mit viel Geld in der Öffentlichkeit zurückhalten. Sie wollen nicht zur Zielscheibe werden. Doch das wird nicht der einzige Grund sein, warum Überwohlständige nicht mit mir sprechen möchten.

»Weil es bequemer ist, sich nicht zu reflektieren«, erklärt Marlene Engelhorn. Die 29-jährige Germanistikstudentin ist die Enkelin der 94-jährigen Traudl Engelhorn-Vechiatto. Das

Vermögen der Engelhorn-Vechiatto-Familie wird laut Forbes auf 3,4 Milliarden Euro geschätzt.

Marlene hat in den letzten zwei Jahren ordentlich für Schlagzeilen gesorgt. Sie plant, 90 Prozent theys Millionenerbes zu spenden. Doch nicht nur das. Marlene kritisiert Überwohlständigkeit und findet, dass Erben nicht fair ist. »Man wird nicht reich, weil man arbeitet. Man wird reich, weil man es ist.« Durch diesen Satz bin ich auf sie aufmerksam geworden. Zu Beginn unseres Gesprächs hat Marlene mir verkündet, dass sie gewisse Vorurteile gegenüber den Menschen aus theys eigener Klasse hat. Diese definiert Marlene als »herrschende, besitzende und vermögende Klasse«.

Sie sind die wahrhaft Überreichen, die wir selten zu Gesicht bekommen. Keine Mariah Carey oder ein Wall Street Broker mit einer fast schon pathologischen Leidenschaft für Prostitution und Kokain, die sich hochgearbeitet haben. Diese Neureichen sind zwar genauso wohlständig, haben aber den habituellen Duktus der Elite noch nicht aufgesaugt.

Marlene ist und spricht über Menschen, deren Familien schon immer reich waren. Generationeller Überwohlstand. Sie haben so viel Geld, dass sie politische Abläufe beeinflussen können, über Tausende Jobs richten. Sie herrschen, haben Macht. Die sogenannten ein Prozent. Genau mit ihnen möchte ich sprechen, doch sie nicht mit mir.

Marlene überrascht das nicht. »Klassenprivilegien gehen tief. Sie sind subtil. Sie prägen einen fürs Leben. Alles, was man als normal definiert, basiert auf der jeweiligen klassenspezifischen gesellschaftlichen und familiären Sozialisierung. Sich mit den eigenen Klassenprivilegien auseinanderzusetzen, bedeutet alles, was man als normal definiert, zu zerlegen und zu hinterfragen. Wie viel von dem Erlebten hat wirklich mit mir selbst statt mit den eigenen Privilegien zu tun? Das ist kompliziert. Es ist schmerzhaft.«

Marlene hat das bereits erfahren. Als sie sich für die Universität Wien entschied, kam die Erbin erstmals in Berührung mit Menschen aus unterschiedlichen Klassen. Das ist für Personen mit Marlenes sozialer Herkunft eigentlich ungewöhnlich, sie gehen selten an eine öffentliche Universität.

»In meiner Klasse ist es nicht vorgesehen, sich unter die *Anderen* zu mischen. Wir bauen uns einen privaten Bildungsweg, einen privaten Gesundheitssektor, eine private Mobilität aus Privatjets. Wir sitzen in exklusiven Klubs, mit viel zu hohen Mitgliedschaften, die dafür sorgen, dass nur ganz bestimmte Menschen hineinkönnen. Wir bleiben unter uns.« Marlene nicht. Das hat theys Augen geöffnet.

Ähnlich wie bei mir, hat Marlene Engelhorn die eigene Klassenidentität nicht infrage gestellt. Bis wir in eine andere Welt eintauchten und uns Klassenunterschiede dadurch erst richtig bewusst wurden. Dabei muss ich an Platons berühmtes Höhlengleichnis denken. Es handelt von einer Person, die in einer Höhle lebt. Darin sieht sie nur den Schatten von Dingen und empfindet das Gesehene als einzige Realität. Sobald die Person allerdings heraustritt und das Tageslicht erblickt, wird sie zwar von den Informationen überflutet und möchte am liebsten zurück in die gewohnte Welt, wieder in die Dunkelheit flüchten, doch sie erkennt auch, dass sie lediglich das Abbild einer Realität sah.

Das verändert alles. Die Person selbst, aber auch ihre Beziehungen. Würde sie wieder in die Höhle zurückkehren und den anderen von ihren Entdeckungen berichten, würden sie diese Menschen für verrückt halten.

»Erst in Gesprächen mit anderen habe ich bemerkt, dass die

Selbstverständlichkeiten der allermeisten Menschen, die mich umgeben, anders sind als meine«, sagt Marlene. »Die Erfahrung, neben dem Studium arbeiten zu müssen, weil sich die Miete nicht von allein bezahlt, ist Vermögenden fremd«, erklärt Marlene. »Da gilt die Regel: Was neben dem Studium gemacht wird, poliert den Lebenslauf für den ohnehin gesicherten Karriereweg.« Marlene hat auch schnell gemerkt, dass die wenigsten sich ihr Studium nur aussuchen, weil es interessant ist und dann damit gearbeitet werden kann. Die Entscheidung stellt sich als deutlich existenzieller dar, wenn der Arbeitsmarkt nicht den roten Teppich ausrollt, der klassenprivilegierte Schritte federt. »Ich habe sehr liebe Menschen in meinem Umfeld und bin sehr dankbar für all die Beziehungen, die mir mit unglaublicher Geduld begegnet sind. Ich habe schon sehr viel Blödsinn erzählt.«

Dabei war ein Gespräch mit einem jungen Mann besonders prägend für Marlene. Er berichtete, dass seine Eltern aus der Arbeiter:innenklasse kommen. Sie begannen sich auszutauschen. Über Geld. Als Marlene die Summe theys Erbes nennt, läuft die Konversation noch flüssig. Doch dann begann sie darüber zu sprechen, wie stark es sie belastet, das Geld loszuwerden. »Er sagte mir, dass er jetzt kurz rausgehen und eine rauchen muss. Es war ihm zu viel. Danach ist er wieder hereingekommen und hat mir den Satz hingeknallt: Du versuchst auch nur, aus deinem Käfig auszubrechen, aber vergiss nicht, er ist aus Gold. Das hat gesessen. Recht hatte er allerdings«, erklärt Marlene.

»Es ist mir unangenehm, aber gleichzeitig glaube ich, dass es wichtig ist, darüber zu sprechen. Die eigenen Klassenprivilegien zu hinterfragen, ist äußerst schmerzhaft. Weil man alles hinterfragen muss. Das ist aber wichtig, um überhaupt die Dynamiken von Klassen zu begreifen. Das rüttelt an der eigenen Identität.«

In Platons Geschichte handelt es sich bei der Person in der Höhle um einen Menschen, der gefangen gehalten wird. Somit suggeriert der Philosoph, dass die Perspektive der Gefangenen etwas durch eine dritte Gewalt Orchestriertes ist, die er jedoch nicht definiert. Freiheit bedeutet also zu verstehen, dass man eine konstruierte Realität auferlegt bekommt, selbstständig aus dieser herauszutreten und mit eigenen Augen auf die Welt zu blicken. Aber auch zu verstehen, dass man nicht nur eine verzerrte Realität gesehen hat, sondern auch nur einen Teil der Realität. Doch um den Prozess des Verstehens antreten zu können, braucht es Ressourcen, Zugänge, einen Weg heraus, aber auch einen Vorgeschmack auf eine andere Welt.

Bei Marlene war der Weg aus der Höhle die staatliche Uni. Damit brach sie den Status quo theys sozialer Herkunft und kam in Kontakt mit Menschen anderer Klassen. Doch wie war das überhaupt möglich? Müssen Überwohlständige nicht in die Fußstapfen des Familienunternehmens treten?

Nicht alle.

Bei Marlenes Erbe handelt es sich nicht um ein Unternehmen, sondern um Vermögen. Der verstorbene Mann ihrer Großmutter war ein Urenkel des BASF-Gründers Friedrich Engelhorn, das heute über 111 481 Mitarbeiter:innen beschäftigt. Er war außerdem Mitgesellschafter der Boehringer-Mannheim-Gruppe, die 1997 für 11 Milliarden Dollar an den Pharmakonzern Hoffmann-La Roche verkauft wurde. Traudl Engelhorn-Vechiatto, Marlenes Großmutter, soll durch diesen Verkauf 2,45 Milliarden Dollar bekommen haben. Somit besitzt Marlene Vermögen ohne Verpflichtung.

»Ein Originalzitat einer Person in meiner Familie lautet:

Wenn du Straßenkehrer werden möchtest, weil du so gerne in der Nacht die Sterne anguckst – was eine arge Romantisierung eines harten Berufs ist –, dann soll ich das machen. Was nicht dazugesagt wurde: Es ist immer genug Vermögen da. Aber nur dadurch kann es egal sein, was für ein Einkommen ich im Endeffekt habe. Nur dadurch kann ich machen, was ich will. Man gründet vielleicht etwas, bastelt sich einen Job, wie es einem passt, reist. Man kann tun, was auch immer einem gefällt, weil man es bezahlen kann«, erklärt Marlene.

Dieses Gefühl ist mir fremd. Geld war in meiner Familie nie da, thematisch dadurch aber allgegenwärtig. Wie muss es sich wohl anfühlen, wirklich alles tun zu können, was man möchte? Würde ich arbeiten? Bestimmt. Aber was würde ich tun? Wäre ich noch hier? Oder an einem Strand in der Sonne?

Ist es nicht die Angst vor der nächsten Inflation, vor noch einem unvorhersehbaren Ereignis, das die kleinen Ersparnisse auffrisst, die stresst? Obwohl es Menschen gibt, die nicht einmal einen solchen kleinen Puffer auf der Bank haben. Ich ignoriere den Brief der Deutschen Rentenversicherung, der einmal im Jahr in meinem Briefkasten lauert und mir zeigt, wie mickrig meine Rente ausfallen wird. Das aber auch nur, wenn ich 35 Jahre so weiterarbeite. Obwohl ich jetzt schon erschöpft bin und viel zu viele Überstunden mache. Wie würde es sich anfühlen, wenn diese Gedanken, diese Schwere von meinen Schultern genommen würden? Worüber würde ich überhaupt nachdenken?

»Wenn man nicht vermögend ist, klingt die Aussicht auf ein Multimillionenvermögen unvorstellbar. Bei mir trat keine Entlastung oder ein Freiheitsgefühl ein. Ich gehöre zum reichsten Prozent. Wir schauen nicht auf Geld als ein Mittel, das unsere Bedürfnisse befriedigt, sondern es ist eine Selbstverständlichkeit, dass wir alles Nötige bezahlen können. Geld ist ein

Machtmittel, das alle Möglichkeiten, die noch weiter gehen, real werden lassen kann. Es war also auch nie wichtig zu wissen, ob ich genug Geld habe, um mir zu leisten, was ich tue. Ich musste es mir nur aussuchen. Man würde erwarten, dass ich mich freue oder dankbar wäre, doch stattdessen habe ich mich über mein Erbe geärgert. Denn ich musste mich nun entscheiden. All meine tollen Vorstellungen von sozialer Gerechtigkeit können nur Hand und Fuß haben, wenn ich meine Position in der Gesellschaft reflektiere und hinterfrage.« Marlene möchte es nicht Verantwortung nennen, denn für sie ist dieser Begriff ein Euphemismus für Macht. »Niemand zwingt einen, vermögend zu sein. Jeder Mensch, der vermögend ist und das Ganze als belastend empfindet, kann sein Vermögen rückverteilen.«

So begann theys Reise. Mit der Frage: Wie gebe ich das Geld weg? Spenden, Impact-Investment, Stiftungen, das Geld von der Bank abholen, in einen Sack packen und es willkürlich Menschen auf der Straße überreichen, ihnen vielleicht Autos schenken à la Oprah? Doch all das ist undemokratisch. Das stört Marlene. Am Ende würde sie entscheiden. Wieder am Drücker sein. Walten, richten und herrschen. Marlene möchte, dass theys Vermögen umverteilt wird, ohne zu entscheiden, wo es hineinfließt. Ganz demokratisch. Durch Steuern. Das geht nicht in Österreich. Dort gibt es keine Erbschaftssteuer. In Deutschland schon, allerdings mit vielen Schlupflöchern.

Bereits das alte Ägypten und Römische Reich hatten eine Erbschaftssteuer, in Deutschland existiert sie jedoch erst seit 1906. Genauso lang wird an ihr herumgeschraubt. Nicht um die Mitte zu entlasten, sondern die Überwohlständigen.

Der Vater und die Mutter haben hart gearbeitet, das verdiente Geld wurde versteuert. Dann legen sie es an, kaufen eine

Immobilie. Alles Investierte steigt an Wert, und das daraus gewachsene Geld möchten sie an ihre Kinder weitergeben. Darauf soll nun noch einmal eine Steuer drauf?

So entwickelten sich Freibeträge. Für Eheleute betragen sie 500 000 Euro. Die Steuerhöhe wird auf Basis des Verwandtschaftsgrades berechnet. Diese Regelungen gehen von einem biologistischen und heteronormativen Familienkonzept aus. Heirat wird strukturell bevorzugt.

Darüber hinaus ist das Internet gefüllt mit Tipps und Tricks, um die Erbschaftssteuerlast auf legale Weise so klein zu halten wie möglich. Schenkung, Stiftungsgeld oder Nießbrauchdepot, sind nur einige Beispiele dafür.

Jedes Jahr werden schätzungsweise 200 bis 300 Milliarden Euro vererbt oder verschenkt. Für vererbte Betriebe werden nur sehr selten Steuern fällig. Dabei besteht ein großer Teil der Vermögen in Deutschland aus Firmenanteilen. Das macht auch Sinn, denn damit hängen nicht nur große Summen an Geld zusammen, sondern vor allem Arbeitsplätze. Gleichzeitig bietet dieser Umstand Unmengen an Schlupflöchern.

Laut einer OECD-Studie machen die Einnahmen aus der Erbschafts- und Schenkungssteuer aktuell gerade einmal 0,52 Prozent des gesamten Steueraufkommens aus. Durch Tricks, Schlupflöcher und die steuerliche Bevorzugung von Überwohlständigen entgehen Deutschland jährlich mindestens 5,1 Milliarden. Kritiker:innen argumentieren, dass die Summe von den Lohnsteuereinnahmen von 278,2 Milliarden Euro aus 2022 im Vergleich wie Peanuts klingt. Aber wie sagte mein Opa so schön: Kleinvieh macht auch Mist. Mit dieser Summe könnten der Bundesgerichtshof, das Bundesministerium für Justiz sowie das Bundesministerium für Umwelt, Naturschutz und Co finanziert werden.

Doch es geht dabei nicht nur um die Summe, sondern vielmehr um den Umstand, dass je höher das Erbe in Deutschland ist, desto mehr kann eine Person bei den Steuern tricksen, und umso mehr Geld entgeht dem Staat. Selbst der Bundesfinanzhof hat entschieden, dass die Regelungen verfassungswidrig sind, weil sie zu viele Ausnahmen zulassen. Warum zahlen diejenigen, die mehr haben, weniger und die, die weniger haben, mehr?

Die Erbschaftssteuer trifft nicht Omis Häuschen, wie so schön betont wird. Trotzdem sind die Gespräche aufgeladen. Es wird schnell von *Neiddebatte* gesprochen, dabei ist es eine *Angstdebatte* der Überwohlständigen. Steuern haben eine gesellschaftspolitische Aufgabe: Umverteilung. Teilen bedeutet, dass Geld für Schulen, Straßen und Krankenhäuser da ist. All das brauchen Unternehmen, damit Arbeitnehmer:innen auf ihre Jobs vorbereitet sind oder überhaupt zur Arbeit erscheinen können.

Wohlstand entsteht nicht in einem Vakuum, sondern durch die Gemeinschaft. Es gibt kein Unternehmen, das nicht mit der Hilfe von Arbeiter:innen seinen Betrieb aufgebaut hat und aufrechterhält. Trotzdem bekommen die reichsten 10 Prozent unserer Gesellschaft derzeit ihr Erbe fast geschenkt.

Aufholen ist unter diesen Umständen schwierig. Deutschland gilt als Land der Sparer:innen, die Realität aber sieht anders aus. Knapp 30 Prozent der Haushalte hat gar keine Rücklagen. Das liegt nicht daran, weil sie nicht gut im Sparen sind. Um Geld wegzulegen, brauche ich genug Einkommen. Untersuchungen zeigen, dass Haushalte mit einem höheren Einkommen regelmäßig sparen.

Während sich vor zehn Jahren die breite Öffentlichkeit über das 17 Millionen schwere Jahresgehalt des damalign VW-Chefs

Martin Winterkorn empörte, erhielt Zalandos Co-Gründer Rubin Ritter zum Abschied im Jahr 2021 eine Vergütung von 89 Millionen Euro.

Dabei muss ich an einen Comic denken, den ich vor einigen Jahren entdeckte. Darin sitzen zwei Männer an einer Theke. Sie trinken Bier und beginnen sich zu unterhalten. Es geht um ihre Gehälter. Der eine Mann erklärt, dass er ein sechsstelliges Jahresgehalt erhält, während der andere ein fünfstelliges bekommt.

»Aber ich bin Manager«, erklärt er und ergänzt: »Ich habe sehr viel Verantwortung. Das ist stressreich.«

Daraufhin fragt er den anderen Mann, was er denn beruflich mache. Dieser antwortet: »Ich bin Rettungssanitäter.«

Die Frage der Verantwortung ist eine Definitionsfrage. Hat der Manager mehr Verantwortung als der Rettungssanitäter? In Deutschland werden die Einkommen nach einem Beitragsprinzip geregelt. Nach dem Verhältnis zwischen In- und Output. Je mehr ich arbeite, desto mehr Geld erhalte ich – so die Theorie. Je vermeintlich komplexer meine Fähigkeiten sind, desto mehr ist mein Input wert, und desto höher wird mein Output. Je mehr meine Funktion dazu beiträgt, dass ein Unternehmen seine Ziele erreicht, desto höher wird mein Gehalt. Ein:e Manager:in ist in dieser ökonomischen Gleichung relevanter als ein Mensch, der täglich das Leben von einzelnen Personen rettet oder die nächste Generation erzieht.

Beitragsprinzip klingt irgendwie fair. Ich gebe etwas hinein und erhalte etwas zurück. Doch der Input von Menschen wird unterschiedlich bewertet. Er unterliegt der freien Marktwirtschaft. Obwohl die Politik mit Mindestlöhnen dagegensteuert und Gewerkschaften für die Rechte von Arbeitnehmer:innen einstehen, verdient in der Bundesrepublik ein CEO im Durchschnitt 300-mal so viel wie ein:e Arbeiter:in. Nur zum Vergleich: 1965 verdiente ein CEO 20-mal so viel wie durchschnittlich Arbeitende. Bei Frauen kommt noch der *Gender Pay Gap* hinzu. Sie verdienen im Schnitt weiterhin pro Stunde 18 Prozent weniger als Männer. Ihr Input ist nicht gleich viel wert. Die Argumentation der Managendenwelt lautet: Die Knappheit bestimmt das Geld. Je seltener – unter kapitalistischen Bedingungen – meine Fertigkeiten sind, desto mehr Geld erhalte ich. Doch um sich überhaupt zu so einer Rarität ausbilden lassen zu können, gibt es einige Hürden, die für eine Auslese sorgen. Dadurch bleiben letztlich die am höchsten bezahlten Jobs in der eigenen Klassenfamilie. Dadurch ist es kein Beitrags-, sondern ein Klassenungleichheitsprinzip.

Doch es ist nicht nur der Stundenlohn, der für unterschiedliche Haushaltskassen sorgt. Das Deutsche Institut für Wirtschaftsforschung stellte fest, dass Arbeitnehmer:innen mit hohen Stundenlöhnen heutzutage mehr Stunden pro Woche arbeiten im Vergleich zu ihren Kolleg:innen mit niedrigen Stundenlöhnen. Nicht weil die einen mehr arbeiten möchten, sondern weil die anderen es nicht können. Es gibt laut dem Institut einen Unterschied zwischen gewünschtem und tatsächlichem Erwerbsumfang. Oft entspricht die tatsächliche Arbeitszeit nicht den Vorstellungen, insbesondere bei Müttern, die im Durchschnitt weniger Stunden arbeiten, als sie eigentlich möchten.

Die einen verdienen weitaus mehr als die anderen. Das bringt unser gesamtgesellschaftliches Gefüge ins Wanken. Mehr Geld für alle, resultiert in mehr Geld für alle. Mehr Geld für wenige, sorgt für eine Imbalance.

Egoismus, Horten und sich des Kollektivs zu entziehen, killt nicht nur den gemeinschaftlichen Zusammenhalt, sondern auch den Wohlstand. Ob Batman, Dokumentationen über Betrügereien oder MTV Cribs – wenn die Werte und Perspektive einer Gruppe zum Mainstream werden, dann entwickeln sich alle anderen Mechanismen auch in diese Richtung – wie die Steuerpolitik, Lohnpolitik, Kultur, individuelle und gesamtgesellschaftliche Ziele. Es entsteht ein *Bias,* ein Ungleichgewicht.

Dabei möchte ich nicht das Bild eines:einer käuflichen und korrupten Politiker:in heraufbeschwören. Diese gibt es, aber mir geht es darum, die strukturelle Machtungleichheit zu veranschaulichen. Lobbyismus gehört zur Demokratie dazu. Doch wer mehr Geld hat, ist hierbei klar im Vorteil. *Überwohlständige* können Stiftungen gründen, Universitäten sponsern, Studien in Auftrag geben, teure Werbekampagnen starten und natürlich auch gut ausgebildetes und bestens vernetztes Personal einkaufen, das für ihre Anliegen eintritt. Das resultiert in Gesetzen, die vorteilhaft für *Überwohlständige* ausfallen. Damit eine Demokratie überhaupt demokratisch ist, muss Macht gleichmäßig verteilt sein. Jede Stimme sollte – unabhängig ihrer Klassenzugehörigkeit – gleich viel wert sein. In der Realität sieht das anders aus. Und führt zu Politikverdrossenheit. Der Gedanke dabei lautet, warum partizipieren, wenn meine Perspektive irrelevant ist?

Der Ökonom Till van Treeck ist überzeugt, dass Milliardär:innen an der Finanzkrise schuld sind. Ärmere Bürger:innen richteten ihren Konsum an dem der Reichen aus – von Bildung bis zum Wohnraum – und verschuldeten sich. Schließlich brach das Kartenhaus durch die spekulative Preisblase der US-Immobilienmarktes zusammen, riss erst die Banken, dann den Rest der Wirtschaft in den Abgrund.

Wir sollten in keiner Welt leben, in der Menschen, weil sie verschuldet sind, andere kidnappen. Und in der unsere Gehälter Lichtjahre voneinander entfernt sind.

Nicht nur zu Marlene Engelhorn und mir passt Platos Höhlengleichnis. Es eignet sich für uns alle. Manche mehr und andere weniger stecken wir in unserem Klassenhabitus fest, ohne dass wir ihn als solchen erkennen. Wir empfinden ihn als allgemeingültige *Norm*. Das ist gefährlich, denn wir starren auf eine verzerrte Realität.

Die Lösung könnte in einer Idee, die Marlene aktuell testet, liegen. Die in Wien Lebende hat 27 Millionen Euro geerbt. Im Januar 2024 hat sie das Konzept »Guter Rat für Rückverteilung« gestartet. Nicht Marlene wird entscheiden, was mit dem Geld passiert, sondern ein Gremium, das aus »50 zufällig ausgewählten Menschen«besteht, die möglichst gut die österreichische Bevölkerung abbilden sollen, im Hinblick auf Geschlecht, Herkunft und Einkommen. Einen Monat nach der Verkündung haben sich bereits über 1200 Menschen beworben. Es ist ein spannendes soziologisches Konzept. Der Versuch einer demokratischen Umverteilung. Nicht eine Person entscheidet, sondern die Gemeinschaft.

Die Autorin Chimamanda Adichie warnt in »The danger of a single story« davor, sich nur auf eine Perspektive zu verlassen. Wenn wir das tun, neigen wir dazu, falsche Annahmen zu machen und unvollständige Schlussfolgerungen zu ziehen, was zu Missverständnissen führen kann. Es ist wichtig, verschiedene Blickwinkel zu berücksichtigen, um eine umfassendere und nuanciertere Sicht auf eine Situation zu bekommen. Unser Klassenhabitus ist unsere *single story*. Vor allem Überwohlständige stecken in ihrer *single story* fest und sind klassenunbewusst. Wenn ich nie in Kontakt mit dem realen Leben der prekären Klasse komme, kann ich gar nicht erkennen, wie ungerecht unsere Gesellschaft ist oder dass es so viel mehr Gründe gibt, warum sie auf der Position sitzen, auf der sie sind.

Um aus der Höhle herauszukommen, müssen wir den ersten Schritt machen. Das gelingt uns nur mithilfe von Gesprächen. Vor allem mit Personen außerhalb des eigenen Klassenhabitus, um unsere schichtbedingte *Normalität* zu hinterfragen. Das ist mühselig, aufwühlend und unbehaglich. Aber auf der anderen Seite gibt es so viel mehr. Mehr Perspektiven, mehr Geschichten, mehr Leben.

Systemisch muss aber auch einiges passieren. Wir dürfen uns nicht an den ein Prozent orientieren, sondern an allen anderen. Der entfesselte Kapitalismus muss stärker gebändigt werden. Dafür gibt es einige Lösungen. Von Gremien zur Rückverteilung über höhere Erbschaftssteuern bis hin zu Gehältern, die angeglichen werden müssen sowie keine unverhältnismäßigen Abfindungen mehr.

BILDUNG IST KEINE LÖSUNG. SIE IST EIN PROBLEM

»Wir waren sehr lange arm«, sagt meine Mama. Im Alter von einundzwanzig brachte sie mich zur Welt. Mein Vater war ziemlich schnell aus den Familienportraits verschwunden, und somit gab es nur noch uns beide. Nicht nur physisch, sondern auch finanziell. Als ich zur Welt kam, arbeitete meine Mutter als Friseurin. Sie liebte die Kreativität, sah den Beruf aber als Zwischenstopp, denn ihr unrsprünglicher Wunsch war es, als Maskenbildnerin am Theater zu arbeiten. Dafür fehlten ihr die passenden Kontakte, und als sie dann mit mir schwanger wurde, hatte sie keine Zeit zum Netzwerken. Sie war gezwungen, ganz neue Prioritäten zu setzen.

Eine Friseurin verdient heute im Schnitt 1500 Euro netto pro Monat. In Berlin, Hamburg oder München kann sich eine Person mit diesem Gehalt kaum über Wasser halten. Meine Mama musste mit diesem Geld nicht nur für sich selbst sorgen, sondern auch für mich.

Wenn sie heute auf ihren beruflichen Weg zurückblickt, wird ihr klar, wie stark ihre Familie sie beeinflusste. »Bei meinen Eltern gab es kein Bewusstsein für ein Studium oder das Abitur. Ich sollte eine Lehre machen, so wie sie. Größere Träume oder andere Lebensmodelle waren nicht erstrebenswert«, sagt Mama.

Ein Großteil der Rechner, die Menschen in soziale Klassen einteilen, fokussieren sich primär auf die ökonomische Differenz. Dabei wird der soziale Status, welche Berufe die Eltern haben, ob sie zur Uni gegangen sind und das Prestige, das daraus resultiert, ignoriert. Bildung wird häufig als Lösung für soziale Ungerechtigkeit präsentiert. Dabei stellte der Bildungsforscher Klaus Klemm im Auftrag des Deutschen Gewerkschaftsbundes (DGB) fest, dass Deutschlands Bildungssystem unsozial ist. Im Herzen wussten wir das schon immer, erstmals offiziell belegt wurde es 2001 mit dem sogenannten PISA-Schock, an dem sich in den letzten Jahren allerdings nicht allzu viel verändert hat: Der aktuelle Bericht zeigt, dass Schüler:innen in Deutschland so schlecht wie noch nie abschneiden.

Im Auftrag der Organisation für wirtschaftliche Zusammenarbeit und Entwicklung, kurz OECD, untersucht die internationale Schulleistungsstudie Pisa, *Programme for International Student Assessment*, weltweit die Kompetenzen von 15-Jährigen beim Lesen, in Mathematik und den Naturwissenschaften. Seit 2001 wissen wir, dass in keinem anderen PISA-Land die soziale Herkunft und die Schulbildung derart stark miteinander verknüpft sind wie in Deutschland. Das heißt, die schulische Entwicklung eines Kindes ist nicht unabhängig vom Bildungsstand seiner Eltern, sondern hängt davon ab.

Wenn die Familie eines Kindes studiert hat, wird ihr Nachwuchs das auch tun. Wenn nicht, ist die Chance sehr gering, dass die Kinder die Uni von innen sehen. In Zahlen bedeutet es, dass nur 27 Prozent der Grundschüler:innen aus einem Nichtakademiker:innenhaushalt später ein Studium beginnen. Bei Akademiker:innenkindern sind es 79 Prozent. Diese Fakten stehen in starkem Kontrast zur *Bildungsnation Deutschland*. Bildung ist doch eigentlich die Lösung?

Es beginnt schon in der Kita. Das Bundesinstitut für Bevölkerungsforschung stellte fest, dass je höher der Bildungsabschluss der Eltern ist, desto eher kriegen ihre Kinder einen Kitaplatz. Sie werden bevorzugt.

Nicht nur hier. Ein Kind aus einer Akademiker:innenfamilie hat bei gleicher kognitiver Fähigkeit und Lesekompetenz eine 3,81-mal größere Chance auf eine Gymnasialempfehlung als eines aus einer Facharbeiter:innenfamilie.

Meine Großeltern wussten das. Ein Arbeiter:innenkind aus dem Osten wird nicht ernst genommen. Sie dachten, dass es besser für meine Mama wäre, sich auf einen soliden Beruf zu fokussieren und darin fleißig zu arbeiten. Keine hohen Wellen zu schlagen oder aus der Reihe zu tanzen. Sie sollte sich ihrem Schicksal fügen. Immerhin hat das für meine Großeltern gut funktioniert.

Vor vielen Jahren saßen meine Oma und ich zusammen auf einer Bank in ihrem Garten und sprachen über meine Mama. Es war ein sonniger Tag, und wir blickten auf die liebevoll gepflegten Rosen meines Opas, auf die er sehr stolz war. Mit einem lachenden Kopfschütteln sagte meine Oma: »Deine Mutter und ihre ganzen Ideen.« Sie zog ihre Stirn in Falten und blickte in die Ferne: »Ich hatte immer Angst, dass sie von der Realität enttäuscht sein wird.« Träume, so meine Oma, könne man sich in unserer Klasse nicht leisten. Das sei etwas für all diejenigen, die auch die nötigen Ressourcen haben, um sie sich zu erfüllen. Nicht für Arbeiter:innenkinder.

Meine Familie mütterlicherseits wuchs in der Deutschen Demokratischen Republik, kurz die DDR, in Ostberlin auf. Meine Mama teilte sich mit meiner Tante ein kleines Zimmer. Der Raum war fünf Quadratmeter groß. Bis ins Jahr 1983, lebten sie in einer Welt, in der alle gleich waren. »Alle hatten dieselbe

Wohnung, dasselbe Geld, dieselben Klamotten«, so Mama. Mit der Ankunft in der BRD ändert sich einiges. Meine Großeltern waren damals 38 und 40 Jahre alt. Meine Tante 17, meine Mutter 13. Mit drei Koffern lebten sie in Westberlin in einer Einzimmerwohnung. Ohne Vermögen. Sie mussten von vorn beginnen. Es wurde enger. Vier Personen in einem einzigen Raum, der Küche, Wohn-, Ess-, Kinder- und Schlafzimmer in einem war. Die Toilette befand sich draußen. Eine Dusche gab es nicht, die baute der Bruder meines Opas, mein Großonkel, erst nachträglich ein.

»Papa fand schnell einen Job als Fliesenleger, und Mutti begann bei der BVG zu arbeiten«, erklärt Mama. Das taten beide bis zu ihrer Rente. Die gesamte Familie blieb in Westberlin, und bis meine Mama auszog, lebte sie mit ihnen in einer Neubausiedlung in einem Hochhaus.

»Meine Ausbildung begann ich in einem Haarsalon in einem Einkaufszentrum in der Nähe. Es war schrecklich. Meine Chefin machte mich den ganzen Tag herunter. Damals war mir nicht bewusst, dass es nicht in Ordnung war, dass jemand so mit mir sprach. Für mich und mein Recht einzustehen, ist etwas, zu dem ich in jener Zeit nicht fähig war. Das musste ich noch lernen.«

Meine Mama wusste, sie musste da raus. Sie hörte sich um und suchte nach Alternativen. Als sie fündig wurde, wechselte sie die Arbeitgeberin und begann in einem Studio zu arbeiten, in dem sie liebevoll empfangen wurde. »Es war einer der schönsten Orte, an denen ich jemals gearbeitet habe. Wir wurden wie eine Familie behandelt.«

Als ich, ihre Tochter, dazukam und es keinerlei finanzielle Unterstützung vonseiten meines Vaters gab, reichte das Geld, das davor schon viel zu wenig war, noch weniger aus. Meine

Mama entschied, dass sie einen neuen Job brauchte, damit sie mehr Einkommen erhielt, um uns zu versorgen. Deshalb entschloss sie sich, ihr Abitur nachzuholen.

In Deutschland leben mehr als acht Millionen Familien mit minderjährigen Kindern. Davon sind 18 Prozent alleinerziehend, das bedeutet, dass die Mütter oder Väter mit ihren Kindern allein in einem Haushalt leben. In neun von zehn Fällen ist das die Mutter.

Frauen aller Altersgruppen sind in Deutschland stärker armutsgefährdet als Männer. Das hängt mit unseren geschlechtsbedingten Rollenbildern zusammen. In den 50er-Jahren verfestigte sich das westdeutsche Bild der patriarchalischen Familie. Der Vater war der Ernährer. Er brachte das Geld rein, war wenig zu Hause. Wenn er heimkam, wartete schon eine Mahlzeit auf ihn. Die Frau kümmerte sich um den Haushalt und die Kids. Manchmal ging sie arbeiten, natürlich nur halbtags. Aus diesem veralteten Bild resultiert unsere aktuelle Struktur. Da Frauen nur etwas zum Haushaltsgeld beisteuern sollten, verdienen sie bis heute in »klassischen Frauenberufen«, wie Erzieherin oder als Pflegefachfrau, strukturell weniger Geld als Männer. Nicht nur das. Der Ausbau der Kinderbetreuung basiert auf diesem sexistischen und klassistischen Familienbild, das zwar sukzessive verändert wird. Allerdings sind Kitaplätze weiterhin rar. Obwohl die Zahl der unter Dreijährigen, die in einer öffentlich geförderten Kita oder bei Tageseltern betreut werden, seit 2015 von 693 000 auf 829 000 gestiegen ist, fehlten im Jahr 2021 342 000 Plätze – rund 60 Prozent mehr als noch vor fünf Jahren.

Meine Mutter war eine alleinerziehende Frau. Diese Doppelbelastung machte unseren Alltag extrem schwer. Wenn ich mich an eine Sache in meiner Kindheit erinnere, dann, dass meine Mama immer gearbeitet hat und wenig zu Hause war.

Diese Erfahrung teile ich mit vielen anderen. Arbeiter:innenkinder sind viel allein. So erging es selbst meiner Mama. »Meine Eltern waren nie da. Die Kinder aus der Nachbarschaft und ich haben den ganzen Tag gespielt«, erklärt sie.

Mamas Eltern hatten keine Zeit. Sie selbst später auch nicht für mich. In meinem direkten Freund:innenkreis gab es Haushalte, in denen ein Elternteil zu Hause war. Das war dann meistens die Mutter. Sie stand für Fragen zur Verfügung, half bei den Schulaufgaben oder kochte eine Mahlzeit. Das konnten sich nicht alle Familien leisten, lediglich diejenigen, bei denen ein Gehalt für alle Münder ausreichte. Ab und an begegnete ich Haushalten, die wunderbar in das patriarchalische Bild passten. Die Mutter arbeitete halbtags, der Vater in Vollzeit. Manchmal besuchte ich aber auch Familien, in denen die Mutter oder der Vater oder beide ständig zu Hause waren. Dann wurde im Kinderzimmer flüsternd gefragt: »Warum sind deine Eltern *immer* zu Hause?«

Arbeiter:innenkinder lernten früh, nach unten statt nach oben zu kritisieren.

Strukturelle Vorteile entstehen auf verschiedenen Ebenen. Psychologische und soziologische Untersuchungen haben bereits in den 1990er-Jahren einen Zusammenhang zwischen schulischen Leistungen, dem sozioökonomischen Status der Kinder und dem Erziehungsstil der Eltern aufgedeckt. Leider gibt es keine vergleichbaren Daten für heute.

Die Forscher:innen Betty Hart und Todd Risley begleiteten unterschiedliche Familien aus diversen Klassen und dokumentierten, wie viel zwischen Eltern und Kind geredet wurde. Das taten sie in den 1990ern über drei Jahre lang. Dabei entdeckten sie einen Unterschied: Vierjährige aus Familien, die arm waren, bekamen hochgerechnet 13 Millionen Wörter zu hören – Kinder aus der Mitte und überwohlständigen Familien dagegen 45 Millionen.

Auf der Basis dieser *Wortlückentheorie* wurden weitere Studien durchgeführt. Im Jahr 2018 entdeckte ein Team der Harvard University und des MIT, dass es weniger auf die Wortmenge ankommt, sondern vielmehr auf die Anzahl der Gespräche zwischen Kindern und Eltern. Dies, so das Team, beeinflusse die neuronale Sprachverarbeitung.

Auch das Team um Dr. Annette Lareau stellte in seiner Untersuchung in den 2000er-Jahren fest, dass Familien unterschiedliche Erziehungsstile haben, die sich auf den schulischen und beruflichen Erfolg ihrer Kinder auswirken. Eltern aus der Mittelklasse und Überwohlständige sehen in ihren Kindern ein Projekt. Sie reden viel mit ihren Sprösslingen. Weniger »Basta« und mehr Debatten. Sie betrachten es als ihre Pflicht, ihren Kindern all ihr Wissen zu vermitteln. Der Nachwuchs wird zum Posaunenunterricht gefahren, die Eltern sind beim Fußballspiel dabei, feuern und spornen an. Falls es Missstände in der Schule oder im Verein gibt, kümmern sie sich darum. Lareau nennt diesen Erziehungsstil *concerted cultivation,* zu deutsch »abgestimmte Kultivierung«. Dabei bedienen die Forscher:innen sich bewusst der gärtnerischen Metapher. Diese Kinder sollen über ihre Eltern hinauswachsen.

Der Ansatz der *concerted cultivation* ermutigt Kinder, Erwachsene als ihresgleichen zu betrachten. Der Nachwuchs entwickelt ein gewisses Anspruchsdenken, weil sie sich im Umgang mit Erwachsenen früh wohlfühlen. Es fällt ihnen auch leichter, Menschen infrage zu stellen. Sie sehen sich als gleichwertig an.

Dieser Form der Kindererziehung werden kulturelle Vorteile zugeschrieben, da sie in Familien mit höherem Einkommen angewandt wird und sich umgekehrt auf den sozialen Habitus von Kindern auswirkt. Kinder aus diesen Haushalten zeigen oft größere soziale Fähigkeiten in sozialen Situationen, die Formalität oder Struktur erfordern. Das hilft ihnen später im Leben, ob beim Gespräch mit Behörden, Arbeiten in Institutionen, Einstehen für ihr Recht oder Dinge-Einfordern. Das zeigt uns, dass diese Kids institutionelle Strukturen kennenlernen und verstehen. Das ist ein essenzieller Aspekt ihres kulturellen Kapitals. Dadurch fühlen sie sich in Schulen und Unis wohler.

In meinem Umfeld gab es eine einzige Bekannte, die nach der *concerted cultivation* erzogen wurde. Wir waren als Teenager:innen eine Clique. Eigentlich stammen wir alle aus derselben Klasse. Unsere Eltern waren Sekretärinnen, Busfahrerinnen, Taxifahrer, Hausmeister, Rettungssanitäter, Pflegekräfte, Krankenschwestern oder Bürokauffrauen. Abgesehen von einer Freundin, Marie. Ihr Vater war Akademiker und arbeitete in einer großen Firma. Ihre Mutter war Hausfrau. Sie lebten in einem Haus, was an sich schon ein Klassenstatement ist in Berlin, und wenn wir bei ihr übernachteten, waren wir fasziniert von ihrem Leben. Das Frühstück wurde von ihrer Mutter zubereitet. Wir mussten nicht mithelfen, sondern wurden dazugerufen, wenn alles fertig war. Mit Croissants und frisch gepresstem Orangensaft – nicht aus der Packung – erinnerte der Tisch an eine Tafel. Wir waren begeistert. Doch sobald wir in ein Brot bissen, begann etwas, das wir aus unserem Elternhaus nicht kannten. Ihre Mutter wusste über alles Bescheid. Wie es in unseren Haushalten lief, ob jemand einen Job verloren hatte, Gewicht zu- oder abnahm, wie es bei jeder einzelnen Person am Tisch um die Schulnoten stand. Auch über Dinge, die wir unserer Freundin Marie im Vertrauen erzählt hatten. Unsere intimsten Erfahrungen wurden an dieser Essenstafel ausgebreitet und genüsslich diskutiert. Für uns war es ungewöhnlich, für Marie war es normal, ihren Eltern alles zu berichten. Für uns fühlte es sich weniger nach Interesse an, sondern vielmehr nach Kontrolle. Marie musste jeden ihrer Schritte mit ihnen teilen, jede Entscheidung erläutern. Sie musste sich erklären, wenn ihre Schulnoten nicht gut waren. Ihr Terminkalender war gefüllt mit außerschulischen Aktivitäten, sodass sie fast alle Verabredungen mit uns verpasste. Maries Eltern wollten sie auf ihre strahlende, erfolgreiche Zukunft vorbereiten. Sie hatte keine Zeit, eine Jugendliche zu sein. Meist hatte Marie lediglich an einem einzigen Tag der Woche am Wochenende Zeit, weshalb wir ab und an bei ihr übernachteten, um mehr Zeit mit ihr verbringen zu können. Jedes Mal, wenn wir ihr Haus verließen, fiel die Anspannung, die ein fester Teil ihres Familienalltags war, von uns ab. Unsere Eltern interessierten sich für uns und unser Leben, aber sie kontrollierten uns nicht. Marie sollte erfolgreich werden. Sozial aufsteigen. Ihre Mutter gab uns auch zu verstehen, dass wir – die Arbeiter:innenkinder – ein schlechter Einfluss für Marie – das Nicht-Arbeiter:innenkind – waren. Wir wurden geduldet und belächelt. Die Kontrolle galt nicht nur ihr, sondern auch uns. Damals empfanden wir eine Mischung aus Mitleid und Faszination. Wir hatten das Gefühl, dass Marie keine Ahnung vom Leben hatte, und das wünschten wir uns manchmal auch. In Watte gepackt zu werden. Nicht entscheiden oder zu viel denken zu müssen. Alles vorgefertigt und perfekt angerichtet zu erhalten. Wir hingegen mussten immer mit anpacken.

Ihre Eltern beobachteten vor allem mich mit Argwohn. Als sie allerdings erfuhren, dass ich ein Studium begann – die Einzige, abgesehen von Marie, aus unserer Clique –, änderte sich ihr Tonfall mir gegenüber. Sie lächelten mich mehr an, interessierten sich für meine beruflichen Ziele. Ihre Eltern waren auf einmal freundlicher zu mir. Hier erlebte ich zum ersten Mal, dass Menschen mich anders behandelten, sobald sie erfuhren, dass ich studierte.

Einen weiteren Erziehungsstil, den Dr. Annette Lareau identifizierte, ist der *natural growth*, welcher primär in Arbeiter:innenfamilien stattfindet. Der Alltag der Kinder zeichnet sich durch einen unstrukturierten Tagesablauf aus. Sie kreieren sich ihre eigenen Aktivitäten, um sich zu beschäftigen. Dementsprechend sind sie nicht darauf vorbereitet, in einem stark vorgegebenen Umfeld, wie auch die Schule eines ist, zu funktionieren. Die Eltern in diesen Haushalten haben weniger Zeit, weniger Geld und können weniger Hilfestellung geben. Dementsprechend bleibt den Familien wenig Kapazität, um sich um die schulischen, geschweige denn die außerschulischen Aktivitäten ihrer Kinder zu kümmern. Sie vertrauen den Institutionen. Den Expert:innen. Denjenigen, die letztlich die anderen Kinder bevorzugen.

Meine Mama erwartete nicht von mir, dass ich studierte. Oft wusste sie gar nicht, was für eine Prüfung ich gerade schrieb oder was genau in meinem schulischen Alltag geschah. Als ich dreizehn Jahre alt war, kam mein Geschwister dazu. Somit hatte meine Mama noch mehr zu tun. Ich auch. Sie hatte nicht die Zeit, wie Maries Eltern, mich zum Klavierunterricht oder zum Sport zu fahren. Was ich sowieso nicht tat, weil wir uns solche Dinge nicht leisten konnten. Entweder lernte meine Mutter für einen Abschluss oder sie arbeitete. Zwischenzeitlich hatte sie drei Jobs. Entscheidungen wurden nicht intensiv besprochen. Ich kam nach Hause und verkündete meine nächsten Schritte.

Unsere Konversationen sahen in etwa so aus: »Mama, ich werde mein Abitur machen.« Woraufhin sie antwortete: »Super, Schatz.« Nach dem Abschluss kam ich zu ihr und verkündete: »Ich werde meinen Bachelor machen.« Ihre Antwort: »Toll!« Schließlich deklarierte ich: »Mom, ich ziehe nach London und mache dort meinen Master.« Spätestens da schaute sie mich verwundert an.

Meine Mutter freute sich über meinen Weg. Doch meine Erziehung war ein klassischer *natural growth.* Bei diesem Stil sind Familien zwar der Überzeugung, dass sie sich um ihren Nachwuchs kümmern sollten, aber sie glauben auch, dass Kinder auf natürliche Weise erwachsen werden, ohne dass sich die Erwachsenen zu sehr einmischen. Den Kindern wird nicht das Gefühl gegeben, dass sie Anspruch auf Unterstützung haben, wie es bei einer *concerted cultivation* der Fall ist. Sie müssen allein zurechtkommen und sich viele Dinge selbst erschließen.

Wie lange das nachwirkt, wurde mir erst mit 32 Jahren bewusst, als ich das erste Mal in meinem Leben ein Stipendium erhielt. Für mich war es ein großes Ereignis, etwas Besonderes. Sobald Stipendiat:innen von einer Stiftung Geld erhalten, folgen Pflichten. Eine davon ist, an Veranstaltungen dieser Häuser teilzunehmen. Bei einem dieser Events konnte ich die anderen Stipendiat:innen aus diesem Jahrgang kennenlernen. Wir trafen uns an einem kalten Winterabend in einem Restaurant in Neukölln, bei dem ein Gericht im Durchschnitt stolze 25 Euro kostete, inzwischen vermutlich 35 Euro. Alle waren smart, witzig, selbstbewusst und hatten beeindruckende Lebensläufe, die sie herunterratterten, während wir an unseren Drinks nippten. Ich mochte sie auf Anhieb. Wir hatten eine gute Zeit. Alle am Tisch waren es gewohnt, über die verschiedenen Stationen in ihrem Leben zu sprechen. Es war Teil ihrer Identität. Jede Person war besonders, und doch hatten sie alle eines gemeinsam: Ihr Studium, ihre Reisen, ihr gesamtes Leben wurden über Jahre – zum Teil mehr als zehn Jahre – von Stiftungen bezahlt. Eine Person lebte in Madagaskar, eine andere in Delhi, viele hatten Zwischenstationen in den USA und Großbritannien hinter sich. Alles durch Stipendien finanziert. Da saß ich, die alle drei Monate dem BAföG-Amt dabei zuschauen musste, wie sie mir den Mindestsatz meines Studienkredits per Lastschriftverfahren vom Konto abbuchen, während mir gegenüber Menschen genüsslich lachten und entspannten, die primär aus überwohlständigen Familien oder aus der neuen Mittelklasse stammten, schuldenfrei waren und nun den richtigen Lebenslauf hatten, um sich einen gut bezahlten Job zu sichern. Unsere Gespräche bewegten sich zwischen Kryptowährungen, ETFs und ob ein Leben in Brooklyn oder in Manhattan besser sei (ganz klar Brooklyn). Auf dem Weg nach Hause musste ich das Erlebte sacken lassen. Ich spürte eine tiefe Wut. Zunächst richtete sie sich gegen mich selbst. Warum wusste ich nichts von alldem? Hätte ich besser recherchieren müssen? Doch wenn ich ehrlich bin, war ich mehr als überfordert, als ich mit dem Studium begann. Keine:r in meiner Familie hatte bis dahin studiert. Auch nicht in meinem Freund:innenkreis. Ich fühlte mich isoliert. Als ich meine BAföG-Unterlagen das erste Mal anschaute, wurde mir erst bewusst, dass es sich – zumindest zur Hälfte – um einen Kredit handelte. Einen zinslosen zwar, von dem Studierende nie mehr als 10 010 Euro zurückzahlen müssen – aber auch das ist keine kleine Summe und sorgt für unterschiedliche Bedingungen, wenn ein Teil nach dem Studium erst mal mehrere Tausend Euro Schulden hat und ein anderer nicht. Gleichzeitig konnte ich mich glücklich schätzen, dass ich überhaupt BAföG bekam. Ganz anders lief es bei meiner besten Freundin. Sie hatte kein

Anrecht auf diese staatliche Unterstützung. Ihre Eltern lebten getrennt, waren aber noch verheiratet. Eine Scheidung konnten sie sich nicht leisten. Ihr Vater war Hausmeister, ihre Mutter Pflegefachkraft. Zusammengerechnet lagen ihre Gehälter über der BAföG-Grenze. Getrennt lebend war es finanziell jedoch sehr schwierig für ihre Eltern, und sie konnten ihr kein Geld für das Studium geben. Daher entschied sich meine Freundin dafür, einen Privatkredit aufzunehmen. Letztlich studierte sie zwei Semester, brach ab, doch zahlen muss sie dafür auch zehn Jahre später noch immer. Während ich die kalte Stadtluft ein- und kleine warme Luftwölkchen ausatmete, realisierte ich, dass sie und ich es nicht besser wussten. Wir hatten keine Ahnung, dass es Stipendien gibt. Die jungen Menschen, die am Tisch mit mir in dem Restaurant saßen, hingegen schon.

Klasse ist nicht nur Geld. Es ist Wissen, Zugang zu Informationen und Institutionen, aber auch der entsprechende Look, um von mächtigen Institutionen wie Stiftungen unterstützt zu werden. Der Soziologe Pierre Bourdieu stellte in seinen Untersuchungen fest, dass das Bildungswesen, soziale Ungleichheiten und Klassenprivilegien nicht etwa abbaut, sondern wiederholt. Auch die französische Philosophin Chantal Jaquet schreibt, wie das System des Schulunterrichts die bestehende Ordnung reproduziert, indem es den Kindern der herrschenden Klassen den Weg weist, die besten Abschlüsse zu erhalten und anschließend dank ihres kulturellen Kapitals die besten Plätze in der Gesellschaft einzunehmen. Dazu tragen auch Stipendien bei. Stiftungen verlangen viele Stationen im Ausland, besonderes Engagement und verdammt gute Noten. All das muss eine Person sich leisten können. Dafür braucht es Zeit und Energie oder jemanden, der sich bereits auskennt und einem vieles rüberschiebt.

Wie wäre die Studienzeit meiner besten Freundin verlaufen, wenn kein fetter Kredit auf ihren Schultern gelastet hätte? Ohne die vielen Jobs, um über die Runden zu kommen? Oder den mentalen Druck und die Akklimatisierungsphase, um in einer Institution, die ihr so fremd war, zurechtzukommen?

Beide Erziehungsstile, *concerted cultivation* und *natural growth* bringen Vor- und Nachteile, so die Forscher:innen. Kinder, die mit dem *natural growth*-Stil groß werden, sind kreativer und selbstständiger. Sie übernehmen früh Verantwortung, wirken älter und weiser. Vielleicht ist das der Grund, warum Menschen aus der klassischen Mittelschicht früher heiraten oder Häuser kaufen. Ein Großteil von ihnen startet bereits im Alter von sechzehn Jahren Vollzeit ins Berufsleben. Studierte beginnen meist erst mit Mitte zwanzig. Das ist teilweise bis zu einem Jahrzehnt später.

Das Paradoxe daran ist aber auch, dass ich mit fünfundzwanzig, als ich meine erste Festanstellung begann, mehr Geld pro Monat verdiente als meine Mutter, die zu jener Zeit Mitte vierzig war und bereits zweieinhalb Jahrzehnte arbeitete.

Dr. Lareaus Team stellte bei den *concerted cultivation*-Kids fest, dass die Kinder ein übersteigertes Anspruchsdenken aufwiesen. Sie tendierten zu einem potenziell respektlosen Verhalten gegenüber Autoritätspersonen, verfügten über mangelnde Kreativität und über eine psychosomatische Unfähigkeit, zu spielen oder zu entspannen.

Trotz dieser Nachteile für die Kinder, die mit einer *concerted cultivation*-Erziehung groß werden, zeigt sich ganz klar: Ihre Vorteile helfen ihnen, in der Welt, in der wir leben, erfolgreicher zu werden. Es demonstriert aber vor allem, dass es die Erziehungsstile sind, die das Machtgefüge in unserer Gesellschaft prägen. Diejenigen, die ganz oben sind, wissen, was es braucht, damit ihre Sprösslinge mindestens genauso erfolgreich werden wie sie. Diesen Vorsprung nutzen sie und gewährleisten dadurch, dass ihr familiärer Status erhalten bleibt.

Dieser Prozess muss gar nicht unbedingt bewusst ablaufen oder mit dem Gedanken, dass sie es den Kindern aus der prekären oder klassischen Mittelklasse schwerer machen möchten. Sie wissen nur nicht über die Lebensrealität von diesen Familien Bescheid.

Systematisch bevorzugt zu werden, fühlt sich nicht wie ein Vorteil an, sondern als hätte man es sich selbst erarbeitet.

Dabei ist es logisch, dass ein Kind, das von der Schule nach Hause kommt, wo es ein Familienmitglied vorfindet, das Essen kocht und bei Schulaufgaben hilft, bessere Chancen hat, als eines, das den Haushalt machen muss, weil die Mutter zu viel gearbeitet hat, Essen für sich und die Geschwister vorbereiten, Bruder und Schwester dann auch noch von der Schule oder der Kita abholen und auf sie aufpassen und zwischendurch irgendwie Zeit finden muss, um sich um die eigenen Schulaufgaben zu kümmern.

Beide Kinder haben dieselben Chancen, aber unterschiedliche Lebensbedingungen, die darüber bestimmen, ob sie diese Möglichkeiten überhaupt nutzen können.

Modelle wie die von Dr. Lareaus und ihrem Team sind zwar praxisbasiert, neigen jedoch zur Verallgemeinerung. Natürlich gibt es auch Eltern aus der prekären und klassischen Mittelklasse, die mit ihren Kindern Hausaufgaben machen oder sie bei ihren Entscheidungen einbeziehen. Und auch in überwohlständigen Familien gibt es Eltern, die sich nicht um ihre Kinder kümmern. Stichwort »Wohlstandverwahrlosung.«

Es geht auch nicht darum, ob die einen Eltern ihr Kind mehr

lieben als die anderen. Die meisten Familien, unabhängig von der sozialen Klasse, wollen das Beste für ihren Nachwuchs. Ist das nicht der Gedanke beim Kinderkriegen? Der Wunsch, dass sie es gut haben.

Deshalb entschloss sich meine Mama dazu, ihr Abitur nachzuholen. Sie glaubte ganz fest an den Gedanken, dass Bildung die Lösung ist.

Aus dem jeweiligen Schulsystem auszubrechen, ist schwer. Um dieser sozialen Ungerechtigkeit entgegenzuwirken, wurden der zweite und dritte Bildungsweg eingeführt. Der zweite Bildungsweg dient der Weiterbildung für Menschen, die nicht mehr schulpflichtig sind, aber ihren mittleren Schulabschluss, die Fachhochschulreife oder die fachgebundene oder allgemeine Hochschulreife erlangen möchten.

Zudem können Meister:innen oder Fachwirt:innen unter bestimmten Voraussetzungen direkt in ein Studium einsteigen. Dasselbe gilt für Personen mit einer abgeschlossenen Berufsausbildung und mehrjähriger Berufserfahrung. Das wäre der dritte Bildungsweg.

Allerdings hat die Bezeichnung »zweiter« und »dritter« auch einen Zweite-und-dritte-Klasse-Beigeschmack und wird von der Bundesregierung in der statistischen Erfassung auch gern mal vergessen. Die Studienberechtigtenquote wird vom Statistischen Bundesamt ermittelt und lag im Jahr 2020 bei rund 47 Prozent. Allerdings werden in dieser Berechnung lediglich 18–21-jährige Menschen inkludiert, die einen Abschluss an einer allgemeinbildenden oder beruflichen Schule erworben haben, mit dem sie sich an einer Hochschule einschreiben können. Das Centrum für Hochschulentwicklung (CHE) kritisiert diese Art der Berechnung, weil Personen, die beispielsweise älter als 21 Jahre sind und über den zweiten Bildungsweg ihre Studienberechtigung erlangen, oder Menschen, die direkt vom Beruf an die Uni wechseln, überhaupt nicht berücksichtigt werden. Dann wären aktuell nämlich bis zu 80 Prozent der Bevölkerung studienberechtigt.

Doch nur weil so viele Menschen theoretisch studieren können, gehen nicht alle an die Uni. Das ist ein weiterer Fehlgedanke der Chancengleichheit. Zwar ist das Studium in Deutschland größtenteils kostenlos, das bedeutet allerdings nicht automatisch, dass jeder Mensch es sich leisten kann. Vollzeit zur Uni zu gehen bedeutet auch, kein Geld verdienen zu können.

Trotz der Nachteile entschied sich meine Mama dafür, wieder zur Schule zu gehen. Sie dachte, mit dem richtigen Abschluss würde ihr ein sozialer Aufstieg gelingen, aus dem mehr Geld für sie und mich resultieren würde.

Es begann eine harte Zeit für sie. Drei Jahre Abendschule bis zum Abi. Von da an bestand ihr Leben aus Nebenjobs, Schule, einem Kind und leider auch aus einer geringen Unterstützung von ihren Eltern. »Für sie arbeitete ich nicht genug. Ich war quasi arbeitslos. Das war für meine Eltern das Allerschlimmste. Bildung war unwichtig, doch nicht viel zu arbeiten, dafür schämten sie sich. Das machten sie mir klar«, erklärt meine Mama.

Meine Großeltern waren pragmatische Menschen. Sonst wären sie vermutlich nicht weit gekommen. Obwohl sie mit 40 Jahren ihr Leben in der BRD komplett von vorn aufbauen mussten, hatten sie in ihren 70er-Jahren ein abbezahltes Haus in Berlin. *The German Dream*. Bildung schön und gut, aber das Geld auf dem Konto spielte für sie eine größere Rolle. Es ging ihnen nicht um Luxus oder Reichtum. Für sie ging es vielmehr darum, dass ihre Kinder fähig waren, Geld für Lebensmittel zu haben oder ein Kleidungsstück ersetzen zu können, wenn es kaputt geht. Ein Diplom verstaubt an der Wand oder in der Ablage. Was bringt mir Wissen, wenn ich nicht genug zu essen habe?

Zudem ignorierten sie die Lebensumstände meiner Mama. Meine Großeltern gaben ihr das Gefühl, dass sie selbst daran schuld sei, alleinerziehend zu sein. Nun müsse sie halt ranklotzen.

Bis heute wird Frauen die Verantwortung in heterosexuellen Konstellationen übertragen, dafür zu sorgen, dass eine Beziehung oder Ehe gelingt. Dabei ist Beziehungspflege keine Einbahnstraße. Unsere geschlechtsspezifischen Rollenbilder sorgen dafür, dass es die Schuld der Frau ist, wenn der Mann geht. Es gilt als Zeichen, dass sie als Frau versagt hat. Sie hätte sich mehr Mühe geben müssen, um den Mann zu halten. Dass sie nun alleinerziehend ist, hat sie somit selbst verschuldet. Dafür kann es dann auch kein Mitgefühl geben.

Nun stammen die Eltern meiner Mama aus der DDR. Dort arbeiteten alle. Dadurch erkannten sie dieses Problem nicht an. Sie sahen nicht die Dynamiken, in denen ein sexistisches und klassistisches Familienbild systematisch bevorzugt wird, oder wie beeindruckend es von meiner Mama war, den zweiten Bildungsweg überhaupt anzutreten.

Meine Mama schaffte ihr Abitur. Danach arbeitete sie in unterschiedlichen Jobs. Geldsorgen waren trotzdem ein fester Bestandteil unseres Alltags. Sie waren konstant präsent, beraubten uns unserer Leichtigkeit und Hoffnung, auch wenn wir versuchten, die Schwere zu ignorieren und weiterzumachen, als würden sie nicht jeden unserer Schritte beeinflussen. Der zweite Bildungsweg führte nicht direkt zum sozialen Aufstieg. Trotzdem machte das Abitur etwas mit ihrem Selbstwert und half ihr, sich von den Werten ihres Elternhauses zu befreien.

Meine Mama entschied sich für ihre eigene Richtung, nicht die ihrer Familie. Letztlich beeinflusste sie vermutlich auch meinen Weg. Vielleicht hätte ich ohne ihre Erfahrungen nie studiert. Immerhin sah ich meine Mutter meistens über ein Buch gebeugt oder bei der Arbeit. Von nichts kommt nichts, war ihr liebster Spruch.

Bildung ist gut und wichtig. Darauf schwören alle einstimmig in Deutschland und machen die Schule und Uni zur Wunderwaffe für alles. Als wäre es eine Art magisches Pulver, das man über jedes gesellschaftliche Dilemma streuen kann. Der Titel des Essays von Aladin El Mafaalani lautet *Bildung allein ist für kein Problem die Lösung*. Darin nennt er einige Beispiele: Beim Klimawandel entpuppen sich höhere Bildungsabschlüsse als mögliche Umweltsünder, denn je höher das Ausbildungsniveau, desto stärker fällt der ökologische Fußabdruck eines Haushalts aus. Ebenso beweist die Wirtschaftskriminalität, dass die gefährlichen Schurken weniger Menschen ohne Abschluss sind, sondern eher diejenigen mit den schicken Diplomen. Und auch Populismus ist keine Schulbankfrage. Eher andersherum. In unseren Parlamenten scheinen populistische Parteien regelrecht akademische Titel zu sammeln.

Bildung war noch nie die Lösung. Sie wird stattdessen immer mehr zum Problem. Wir erleben eine »Umschichtung nach oben«. Das bedeutet, dass Menschen ohne Abschluss es schwerer haben, Jobs zu finden. Studienabschlüsse werden immer mehr zum Standard, obwohl Akademiker:innen mit 18,5 Prozent eine Minderheit in Deutschland sind.

Für meine Großeltern reichte Fleiß noch aus, auch bei meiner Mama funktioniert das gerade noch so, bei meiner Generation sieht das alles ganz anders aus. Die Formeln von einst ergeben nicht mehr dieselbe Gleichung.

Bildung gibt uns das Gefühl, alles wäre fair. Aber wenn die soziale Herkunft über den Erfolg in diesen Institutionen bestimmt und nicht andersherum, zeigt uns das genau das Gegenteil: Das Bildungssystem ist ein Alibi. Die Erlaubnis, die eine Klasse zu bevorzugen und die andere zu benachteiligen. Abschlüsse, Zertifikate und Co. werden als zentrale Grundlage zur Legitimation unserer Ungleichheit genutzt. Denn wenn jemand keinen Studienabschluss hat, ist es gesellschaftlich akzeptiert, dass diese Person schlechter bezahlt wird. Es wird sogar erwartet. Und wir finden es gerecht. Wenn ich in dieser Institution nicht erfolgreich bin, muss ich mein Leben lang dafür härter arbeiten. Hochschulabsolvent:innen verdienen durchschnittlich fast doppelt so viel wie Menschen mit einer Ausbildung.

Bildung ist kein Märchen. Keine Wunderwaffe. Kein Alleskönner. Bildung ist ein Albtraum. Zumindest für die Klassen, die durch dieses System benachteiligt werden. Für alle anderen ist es genau das, was sie brauchen. Eine vermeintliche externe Institution, die ihnen die Erlaubnis gibt zu walten, zu richten, zu informieren, zu regieren, zu führen. Als Sahnehäubchen kriegen sie auch noch mehr Geld, Prestige und Anerkennung. Es lässt die Elite die Elite bleiben. Keiner stellt das infrage, weil wir denken, dass wir ja grundsätzlich alle dieselben Chancen haben. Der eine gewinnt, der andere verliert halt.

SOZIALER AUFSTIEG? ABER BITTE NUR IN HÄPPCHEN

Selbst zum Feind werden. So fühlt sich der Klassenübergang für Maimouna Jah an. Aus der Armut zum Bildungsbürger:innentum. Reich ist sie nicht. Geld spielt immer noch eine Rolle. Beim Einkaufen muss weiterhin auf die Preisschilder geschaut werden, doch die Jobaussichten sind vielfältiger. Sie hat eine Wahl. Das war bei ihren Eltern nicht der Fall.

»Ich wäre gerne noch das *Proletariat,* aber ich muss mir eingestehen, dass ich inzwischen zum *Bildungsbürger:innentum* gehöre.«

Bei Klassen geht es nicht nur ums Geld. Es geht um Identität, Zugehörigkeit, Habitus und kulturelle Codes.

Maimouna ist 33 Jahre alt. Sie ist in Frankfurt mit ihrer Zwillingsschwester aufgewachsen. »Ich bin das Kind von zwei Gambier, die nach Deutschland gekommen sind. Mein Vater ist als politischer Zufluchtsuchender und Student hierhergekommen, meine Mutter hatte ihn damals besucht und ist geblieben«, erklärt sie.

Mit der Beziehung zwischen ihren Eltern klappte es nicht. Sie trennten sich. Dadurch wuchs Maimouna mit ihrer Zwillingsschwester allein bei ihrer Mutter auf. Das Geld war meist zu knapp. Ihre Mutter musste komplett von vorn anfangen.

»Ihre ganzen Abschlüsse wurden in Deutschland nicht anerkannt. Die von meinem Vater auch nicht«, erinnert sie sich. Ihre Mutter machte ihren Abschluss noch einmal. Für Deutschland. Es war ein langer Weg, mit zwei Kindern, viel Arbeit und dem kulturellen Ankommen. Doch sie zog es durch. Dementsprechend war es Maimounas Mutter wichtig, dass ihre Kinder nicht dieselbe Doppelbelastung tragen müssen wie sie. Sie sollten es leichter haben. Besser.

»Meine Mama sagte immer, ich sei zu klug, um nicht sozial aufzusteigen. Es wäre eine Schande, wenn ich das nicht nutzen würde«, erinnert sich Maimouna. »Meine Schwester und ich haben meiner Mama erst vor Kurzem gestanden, dass wir Angst hatten, ihr unsere Dreien zu zeigen«, gibt sie lachend zu.

Auf ihren Bachelorabschluss in empirischen Sprachwissenschaften und historischer Ethnologie ist Maimouna stolz. Bildung ist ihr wichtig. Das hat sie von ihrer Mutter. Obwohl sie prekär aufwuchs, mangelte es an einer Sache nie in ihrem Haushalt: Bücher. Deshalb konnte sie bereits vor der Einschulung lesen. »Vorlesen liebe ich immer noch«, erklärt sie lächelnd.

Ihre Biografie entspricht der vieler Migrakindern, die auf eine erfolgreiche Hochschulausbildung in Deutschland zurückblicken: Der soziale Aufstieg ist ihnen mit harter Arbeit gelungen, aber meist hängt das mit dem sozialen Status ihrer Eltern im Herkunftsland zusammen. Maimounas Eltern gehörten zum Bildungsbürger:innentum, wie sie erklärt. Intergenerationale soziale Mobilität funktioniert unabhängig von nationalen Grenzen.

Geschichten wie Maimounas sind beliebt. Im Feuilleton und in der Popkultur sowieso. Der *German Dream* ist ein etabliertes Bild, das in unendlichen Variationen im Mainstream zirkuliert. Vor dem PC hockende Codierer:innen, die das nächste Facebook programmieren, oder das Waisenkind, das als Schachgenie in jedem Wettkampf abräumt. Vom Tellerwäscher zum Millionär. Es ist eine Held:innengeschichte, in der eine

Person die soziale Norm, die bestehenden Strukturen und Erwartungen überschreitet.

Das Konzept des *self-made man*, einer Person, die aus einfachen oder ärmlichen Verhältnissen stammt und sich aus eigener Kraft, Fleiß und harter Arbeit in eine höhere soziale Klasse hocharbeitet, stammt aus den USA und wurde durch eine Rede von Frederick Douglass im Jahr 1859, in der er den Begriff zum ersten Mal verwendete, geprägt.

»Ihr habt gesehen, wie ein Mensch zum Sklaven gemacht wurde. Ihr sollt sehen, wie ein Sklave zum Menschen wird,« schrieb der Schriftsteller und Abolitionist in seiner Autobiografie *Narrative of the Life of Frederick Douglass, an American Slave.*

In seiner Jugend als Versklavter an der Ostküste von Maryland betrachtete Douglass die Segelboote auf dem Chesapeake und dachte sich: »Ihr seid die Engel der Freiheit, die mit schnellen Flügeln um die Welt fliegen. Ich bin in eisernen Banden gefangen! Ach, wäre ich doch frei.«

Douglass beschreibt einen Schlüsselmoment in seinem Leben. Er saß mit einer Frau eines Haushaltes, in dem er dienen musste, an einem Tisch. Sie erklärte sich bereit, ihm das Lesen beizubringen. Als ihr Mann das herausfand, machte er ihr klar, dass das nicht ging: »Ein N– sollte nichts anderes kennen, als seinem Herrn zu gehorchen – zu tun, was man ihm sagt. Das Lernen würde den besten N– in der Welt verderben. Wenn du diesem N- das Lesen beibringst, wird er nicht mehr zu halten sein. Es würde ihn für immer untauglich machen, ein Sklave zu sein.«

Der Mann sollte recht behalten.

»Von diesem Moment an verstand ich den Weg von der Sklaverei in die Freiheit«, schreibt Douglass in seinen Memoiren. »Ich machte mich mit großer Hoffnung und dem festen Vorsatz auf den Weg, lesen zu lernen, koste es, was es wolle.«

Und das tat er. Von da an tauschte Douglass sein Essen gegen die Lernmaterialien der *weißen* Jungen und verschlang Buch um Buch. Er war hungrig nach Wissen, aber vor allem nach Freiheit.

Einige Jahre später floh er in den Norden. Douglass war fasziniert vom Konzept der Selbstverbesserung. Über seine Lebenserfahrung hielt er einen populären Vortrag, den er *Self-Made Men* betitelte. Darin erklärt er: »Wir können den Erfolg hauptsächlich mit einem Wort erklären, und dieses Wort ist Arbeit, Arbeit, Arbeit. Nicht flüchtige und unbeständige Anstrengung, sondern geduldige, ausdauernde, ehrliche, unablässige und unermüdliche Arbeit, in die das ganze Herzblut gesteckt wird.«

Heute wird der Begriff »self-made«, ohne *man*, inflationär verwendet. So war die 25-jährige Kylie Jenner im Jahr 2018 das Titelgesicht des US-amerikanischen *Forbes Magazine* und darunter stand *Self-made-Milliardärin*. Kylie Jenner gehört zur Kardashian-Jenner-Familie, ist ein Reality-TV-Star und Kosmetikunternehmerin. Laut Forbes, verwendete Jenner 250 000 Dollar ihrer Model-Einnahmen, um 2015 eine Reihe von Lippenpflegesets auf den Markt zu bringen. 2020 verkaufte sie 51 Prozent von *Kylie Cosmetics* an das börsennotierte Unternehmen Coty Inc. und kassierte so etwa 540 Mio. US-Dollar.

»Kylie Jenner als *Self-made-Milliardärin* zu bezeichnen, ist so, als würde man behaupten, man habe eine Suppe selbst frisch zubereitet, weil man eine Dose geöffnet und sie wieder aufgewärmt hat,« schrieb die Twitter-Nutzerin Harnidh, nachdem die Coverstory veröffentlicht wurde. Schließlich stammt Jenner aus einer wohlhabenden Familie, die sie schon als Teenagerin mit *Keeping Up With the Kardashians* zu einer Berühmtheit machte. Die 250 000 Euro für ihr Unternehmen basieren auf dem sozialen Kapital ihrer Eltern. Deren Netzwerk. Das ihr gut bezahlte Modelaufträgte einbrachte. Die *Forbes*-Definition stimmt nicht mehr mit der von Frederick Douglass aus dem 19. Jahrhundert überein. Stattdessen wird in der Businesswelt eine Person als *self-made* bezeichnet, wenn sie ein eigenes Unternehmen aufbaut, anstatt ein Familienunternehmen zu übernehmen oder das Vermögen zu erben. Schenken fällt dabei natürlich raus. Auch der »kleine Kredit«, der mal in schwierigen Zeiten überwiesen wird, der bei Donald Trump 1 000 000 US-Dollar betrug, oder eine »kleine« Unterstützung, wie sie Jeff Bezos von seinen Eltern in Form von 250 000 Euro erhielt, als es bei Amazon mal nicht so gut lief.

Inzwischen musste *Forbes* korrigieren, dass Kylie Jenner keine Milliardärin ist. Ihre Familie flunkerte, was die Umsätze von Kyle Cosmetics anging. Stattdessen ist sie »nur« Multimillionärin. Unabhängig davon stellt sich die Frage, was Frederick Douglass wohl von unserer heutigen Definition von *self-made* halten würde? Mit seiner Rede wollte er vermutlich nicht klassisistische Strukturen verstärken, sondern durchbrechen. Seine Worte gaben Hoffnung in einer Zeit, in der die Versklaverei immer noch die US-amerikanische Realität bestimmte. Schwarze Vorbilder waren rar. Sie spendeten Kraft und Hoffnung.

Frederick Douglass hielt seine Rede über fünfzigmal in den USA, Kanada und Großbritannien. Sie bot nicht nur einen Ausweg für diejenigen, die von struktureller Diskriminerung betroffen waren, sondern auch für all jene, die davon profitierten. Es ist angenehmer, Frederick Douglass und seiner Geschichte mit Happy End zuzuhören, als ein System infrage zu stellen, das korrupt ist. Er bot das perfekte Alibi. Wenn jeder Mensch es mit einer gehörigen Portion Fleiß schaffen kann, sind diejenigen, die herrschen, fein raus. Denn wenn Douglass es geschafft hat, können es auch die anderen, und dann ist die Frage der sozialen Ungleichheit nur eine Frage der Geduld. Somit muss nichts weiter getan werden.

Douglass' Geschichte ist der Blueprint. Der Archetyp. Die Originalgeschichte der *self-made person.* Sie funktioniert bis heute, weil sie im Kern wahr, aber vor allem faszinierend ist. Es ist beeindruckend, dass sich ein Mann in einer Zeit, in der Schwarze Menschen wegen kleiner Vergehen getötet wurden, selbst aus der Versklaverei befreite. Es ist spektakulär, dass er sich mit dem Lernmaterial fremder Kinder selbst das Lesen beibrachte. Seine Geschichte ist durch und durch beeindruckend. Und sie ist nicht normal.

Vergleicht man Kinder in Deutschland, dann gelingt nur neun Prozent der Kinder aus Elternhäusern mit geringem Einkommen der Aufstieg in die höchste Verdienstgruppe. Ganz anders sieht es für Kinder von Eltern mit hohem Verdienst aus: Die Hälfte von ihnen wird später einmal gut verdienen.

Seit Jahrzehnten wächst die Wirtschaft in den meisten Industrieländern im Globalen Norden nur noch langsam und die Bevölkerung kaum noch. Das Privatvermögen ist dadurch wesentlich stärker gestiegen als die Löhne und Einkommen. In den 1970er-Jahren war das Vermögen der Deutschen doppelt so hoch wie das jährliche Volkseinkommen. 2010 war es schon viermal so hoch. Nicht für die Mitte, sondern für die Überwohlständigen. Durch Arbeit wird kaum jemand noch wohlhabend. Das liegt daran, dass vor allem diejenigen, die arbeiten, gründen oder Geld in Geschäften ausgeben, die meisten Steuern zahlen. Wohlstand entsteht nicht durch Arbeit. Wohlstand entsteht durch Wohlstand. Wir leben in einem neuen ökonomischen Feudalismus, so der Harvard-Ökonom Richard Freeman.

Der Glaube an die Chance, die eigene soziale Herkunft zu überwinden, spendet Hoffnung, auch wenn sie eigentlich gering ist. Das ist immer noch besser, als keine Alternative zu haben. So hat die Journalistin Elena Everding vom *Spiegel* den Psychotherapeuten Stephan Lermer gefragt, warum Menschen Lotto spielen, obwohl die Gewinnchancen so klein sind. »Es ist so, jeder Mensch hält sich für einmalig. Er denkt: Eigentlich steht mir das schon zu, dass ich mal vom Glück belohnt werde.« Dann fange er an, irrational zu werden, sagt der Glückspsychologie-Experte: »Beim Glücksspiel sage ich dann: ›Ich gebe dem Schicksal mal eine Chance.‹«

Natürlich ist der Vergleich zwischen einem sozialen Aufstieg und einem Lottogewinn drastisch. Immerhin steigen mehr Menschen auf, als beim Lotto gewinnen. Doch was bedeutet sozialer Aufstieg überhaupt? Von den Beherrschten zu den Herrschenden überzugehen? Unter den wenigen zu sein, die einen Platz am Tisch der Entscheidenden gewonnen haben? Erfolgreich im Beruf sein? Viel Geld haben? Ein großes Haus oder doch eher eine Villa? Dem Kind Klavierunterricht finanzieren können, nicht auf die Bank-App linsen müssen, bevor das Wochenende beginnt, im Biomarkt statt beim Discounter shoppen oder genug Geld fürs Alter haben?

Sozialer Aufstieg meint nicht, von ganz unten an die Spitze zu gelangen, sondern es handelt sich bildlich gesprochen um ein Treppchen, auf dem man eine Stufe höher kommt. Ein

Schritt. Nicht vom Tellerwäscher zum Millionär. Eher vom Tellerwäscher zum Koch. Sozialer Aufstieg bedeutet nicht, ein soziales Maximum zu erreichen, sondern sich um eine Position zu verbessern.

Auch wenn das wenig erscheint, ist dieser Weg kompliziert, und das vor allem aus einem Grund: Weil es nicht nur die Möglichkeit braucht, sondern überhaupt die Richtung. Um vorwärtszukommen, brauche ich einen Zugang. Vielleicht sogar ein Vorbild. Wir sehen auf dem Instagramkanal des Onkels zwar, wie er Urlaub auf den Fidschi-Inseln macht, doch wie er so viel Geld verdienen konnte, wissen wir nicht.

Arbeiter:innenfamilien verbringen meist viel Zeit mit anderen Menschen aus ihrer Klasse, genau wie die Überwohlständigen unter sich bleiben. Wohlstand ist teilweise sichtbar, aber wie Personen nun genau dort hingekommen sind, nicht. Zwar gibt es Sachbücher, die vermeintliche Geheimtipps von den ökonomisch supererfolgreichen Menschen teilen, doch die kleineren Schritte bleiben dabei verborgen.

Deshalb gehen Menschen zu *Deutschland sucht den Superstar* oder zu anderen Reality-Shows, weil diese Formate einen nachvollziehbaren Weg zum vermeintlichen Wohlstand bieten. Ein Castingformular ausfüllen, et voilà, schon geht es auf die Bühne. Daher träumen mehr Kinder aus prekären und klassischen Mittelklasse davon, zu singen, Fußball zu spielen oder zu tanzen, anstatt einen Doktor in Maschinenbau zu machen oder Quantenphysik zu studieren. Weil dieser Weg leichter nachvollziehbar ist. Wer gut Fußball spielt, kann damit Geld verdienen. Wer gut singt, wird dadurch reich. Wer gut aussieht, jettet als Model um die Welt.

Um das Treppchen überhaupt zu finden, braucht es wenigstens eine Person im Umkreis, die sich bereits auf dieser Stufe befindet und einen fröhlich hinaufwinken kann. Das müssen nicht die eigenen Eltern sein. Das kann auch die Tante sein, die ein- oder zweimal im Jahr vorbeikommt und begeistert von ihrer neuen Stelle als Ingenieurin berichtet, oder der Lehrer, der dem Schüler anerkennend erklärt, dass sein Aufsatz toll war und er doch darüber nachdenken soll, Journalist zu werden. Oder auch die entfernte Cousine, die alle drei Jahre vorbeischaut, weil sie als Dolmetscherin um die Welt reist. Erst dann nimmt der Gedanke Gestalt an, sich an der Uni zu bewerben oder ein Praktikum in der Firma des Onkels zu machen. Es besser zu haben, als die eigenen Eltern. Sie vielleicht stolz zu machen oder ihnen zu danken für die Opfer, die sie erbringen mussten. Oder auch einfach, um rauskommen.

Dieser Gedanke treibt auch Maimouna an, die sehr viel Liebe und Zärtlichkeit für ihre Mutter empfindet, aber auch ihre hohen Erwartungen spürt.

»Migra-Druck«, lachte meine Freundin Haben, als ich sie einmal fragte, warum sie sich solch einen Stress mit der Arbeit macht. »Meine Eltern haben alles gegeben, damit ich und meine Brüder es besser haben können. Da muss ich mir Mühe geben. Ich habe keine andere Wahl«, erklärte sie.

Die Ökonomin Betiel Berhe widmet der neuen migrantischen Mittelschicht ein ganzes Buch. Sie wurden gerufen, die Migrant:innen. In den 1950er- und 1960er-Jahren, damit sie die Arbeit erledigen, die *weiße* Deutsche nicht (mehr) machen wollten. Berhe schreibt, dass in der Vorstellung der *weißen* Dominanzgesellschaft »ein Zusammenleben nur dann möglich ist, wenn *weiße* Deutsche die Ordnung diktieren«. Diese Ordnung findet sich noch heute in der Verteilung von Arbeit und damit auch von Wohlstand wieder. Siebzig Jahre später sind es immer noch Migrant:innen und deren Nachkommen, die für wenig Geld und unter schlechten Bedingungen arbeiten. Sie sichern damit den Sozialstaat, und dennoch erwartet man von ihnen Dankbarkeit.«

Weil Jobs und Bedingungen für Menschen mit Migrationshintergrund oft mies sind, starten viele einfach selbst ein Unternehmen. Inzwischen sind es rund 21 Prozent der Gründer:innen in Deutschland, was bei einem Bevölkerungsanteil von 18 Prozent viele sind.

Maimounas Bedürfnis aufzusteigen wurde von der Ungerechtigkeit von Klasse und *Race* beeinflusst, aber auch von dem Gedanken, dass diese Möglichkeit für ihre Eltern gar nicht bestand. »Dafür gab es viel zu viele bürokratische Hürden«, erklärt sie. Ohne die entsprechenden Abschlüsse war die Tür zu vielen Berufen verschlossen. Da ihnen die im Heimatland erworbenen Abschlüsse jedoch aberkannt wurden, waren sie gezwungen, Jobs im Niedriglohnsektor anzunehmen. Dadurch können Menschen schnell in die Erwerbsarmut rutschen und zu den *Working Poor* werden. Das sind Menschen, die trotz Arbeit nicht von ihrem Einkommen leben können. Davon sind immer mehr Menschen betroffen, rund 9,6 Prozent der Erwerbstätigen in Deutschland. Das entspricht in etwa 4,1 Millionen Menschen. Das können beispielsweise Hilfsarbeiter:innen, Kraftfahrer:innen, Köch:innen, Beschäftigte in sozialen Berufen, Bürokräfte, Friseur:innen, Reinigungskräfte oder Verkäufer:innen sein. Die Erwerbsarmut beziehungsweise »Armutsgefährdungsschwelle« lag in Deutschland zuletzt bei 15 000 Euro netto im Jahr für Alleinstehende und 31 500 Euro netto bei Paaren mit zwei Kindern.

Die *Working Poor* sind vor allem Personen unter 25 Jahren, Migrant:innen, Frauen, gering Qualifizierte, Arbeitnehmer:innen ohne abgeschlossene Ausbildung, Arbeitnehmer:innen in Zeitarbeit sowie in Minijobs.

Erwerbsarmut ist ein weiteres Beispiel, welches demonstriert, dass Leistung in Deutschland nicht über die soziale Realität entscheidet. Es gibt Menschen, die arbeiten viel und sind arm, und es gibt Menschen, die arbeiten überhaupt nicht und sind reich.

Maimounas Mutter hatte kein Vitamin B: Kein soziales Kapital in Form einer Familie vor Ort, die generationellen Wohlstand in Deutschland aufbauen konnte und sie daher finanziell unterstützen. Ganz im Gegenteil. »Meine Mama unterstützt ihre Eltern finanziell schon, seitdem sie 26 Jahre alt ist. Sie tut es weiterhin«, so Maimouna. »Das werde ich nicht müssen, weil sie es selbst kann.«

Deshalb musste Maimouna aufsteigen. Es stand gar nicht zur Debatte. Das war die Hoffnung, die wärmte und im harten Alltag Kraft spendete. Dem Verzicht der Eltern einen Sinn gab. Durch die Omnipräsenz von sozialen Aufstiegsgeschichten fühlt sich der Weg nach oben wie die Norm an. Ohne Erklärung, wie genau der Aufstieg funktioniert. Das suggiert allen anderen Migra- sowie Arbeiter:innenkids, die nicht aufsteigen, dass sie Verlierer:innen sind. Alle, die in der Klasse ihres Elternhauses feststecken oder nicht mindestens dasselbe leisten, bemühen sich nicht genug. Dadurch verdienen sie ihre Misere, sind selbst daran schuld. Dabei ist das Nicht-Aufsteigen die Regel. Darüber täuscht die Allgegenwärtigkeit sozialer Aufstiegsgeschichten jedoch hinweg.

Das verschleiert, wie groß die soziale Ungerechtigkeit tatsächlich ist.

Die Idee des Aufstiegs durch Bildung entstand erst Ende des 19. Jahrhunderts. »Sie ist also vielleicht 130, 140 Jahre alt«, sagt der Bildungsforscher Heinz-Elmar Tenorth. »Erst seit dieser Zeit kann man sich in der deutschen Nation, aber auch in den westlichen Gesellschaften insgesamt vorstellen, dass es die Chance gibt, die Herkunftsschicht zu verlassen und über Bildungs- und Lernprozesse in andere Lebenswelten, Berufsperspektiven, Handlungsmöglichkeiten, aufzusteigen als die, die man vom Elternhaus her kannte.«

Der Gedanke des *Aufstiegs* selbst wird nicht infrage gestellt. Er gilt als universeller Wunsch. Dabei sollte die Lösung eigentlich nicht sein, dass Einzelne aufsteigen können, sondern dass es allen gut geht. Dass es keine Armut gibt oder Menschen, die arbeiten und trotzdem nicht über die Runden kommen. In Wahrheit geht es gar nicht darum aufzusteigen. Sondern um Autonomie. Um ein Leben frei von Existenzängsten und Prekarität. Geld ist in einer kapitalistischen Gesellschaft die einzige Möglichkeit, um sich ein Stück Freiheit zu erkaufen. Ohne bleibt das Individuum fremdbestimmt. Bildung als kulturelles Kapital kann zu mehr Einkommen führen. Viele Untersuchungen zeigen, je höher die Bildung, desto geringer ist die Wahrscheinlichkeit, arbeitslos zu werden. Wir wollen keine Yacht oder einen Ferrari. Wir wollen am Morgen ohne Existenzängste aufwachen.

Manchmal ist das Streben nach dem sozialen Aufstieg ein Überlebensinstinkt. »Es ist ein Ticket in andere Räume. Eine Art Schutz«, erklärt Maimouna und ergänzt: »Ich kann mich noch an eine Situation erinnern, da stand ich neben einem Putzeimer in Köln und habe auf meine Freundin gewartet. Dann liefen zwei Jungs an mir vorbei, als ich gerade versuchte, eine Tür aufzumachen, die aber verschlossen war. Daraufhin meinte der eine zum anderen: ›Guck mal, die Putzfrau kriegt die Tür nicht auf!‹ Sie lachten. Ich drehte mich erschrocken um und meinte: ›Ich bin keine Putzfrau!‹ Das war für mich ganz schlimm. Ich hatte eine Nachbarin, die Putzkraft war, und ich weiß noch, dass das für mich einer der schlimmsten Gedanken war. Es war eine meiner größten Ängste, weil es ein Bild war, das immer vor mir heraufbeschworen wurde. Als Jugendliche meinten viele Menschen zu mir: ›Deine Mutter putzt bestimmt.‹ Das war mir unangenehm.«

Maimouna versucht mit ihrem Klassenaufstieg, den Rassismus, der ihr überall begegnet, zu dämpfen. Sie beschreibt, dass Menschen, sobald sie sich eloquent gibt und mit ihrem Wortschatz protzt, überrascht reagieren. »Der Bildungsaufstieg ist für mich ein Mittel zum Zweck. Er gibt mir Optionen«, erklärt Maimouna ihre Motivation.

Die französische Philosophin Chantal Jaquet analysiert in ihrem Buch unterschiedliche Biografien von sozialen Übergänger:innen. Dabei lehnt sie den Begriff »Aufstieg« ab, »um denen, die das Schicksal ihrer Herkunftsklasse nicht reproduzieren, eine legitime objektive Existenz zu geben.« Aufstieg ist nicht zwangsläufig positiv. Mit dem Klassenübergang befinden sich viele im Dazwischen. Sie gehören nicht richtig in die neue, aber auch nicht mehr in ihre vorherige Klasse.

Diese Zerrissenheit kennt Winnie aus Hannover sehr gut. Sie war ihr stetiger Begleiter. »Es fühlt sich nicht wie ein Aufstieg an«, erklärt sie. »Ich komme aus einer Akademiker:innenfamilie, die aber keine Kohle hatte.«

Winnies Opa war Arzt, ihr Vater hat Psychologie und Soziologie studiert und bei der UN und verschiedenen großen

NGOs gearbeitet. Vom Habitus her, ist sie in einer Familie aufgewachsen, die regelmäßig ins Museum geht, intellektuelle Gespräche führt und in der alle Cousins und Cousinen Ingenieur:innen und Mediziner:innen sind.

»Im Sudan hatte meine Familie einen hohen Lebensstandard. Mit Chauffeur und einem riesigen Haus. Mein Vater hat sich dann dafür entschieden, ein Aufbaustudium im Ausland durchzuführen, wie seine Freunde es taten. Das hat einiges geändert.«

Er entschied sich für Deutschland, weil ein Professor ihn angeworben hatte. Hier angekommen, begann im Südsudan der Krieg. Die Heimat, wie ihre Eltern sie kannte, gab es nicht mehr. Die Familie steckte fest.

»Deshalb würde ich schon sagen, dass ich zu Hause hauptsächlich von Akademiker:innen umgeben war. Doch für mich war das ein Widerspruch, der mich stresste. Wir hatten schon irgendwie Schickimicki, aber wenig Geld. Manchmal dachte ich, das passt nicht oder ich hätte mir ein Entweder-Oder gewünscht. Irgendwie hatten wir nur ein bisschen Geld, aber die Ressource Humankapital war sehr groß bei uns.« Winnie stammt aus dem Bildungsprekariat. Das hat sie geprägt.

Schon als junge Frau engagierte sie sich aktiv bei der Grünen Jugend. »Ich bin in all diese Räume gegangen und habe keine Zerrissenheit gespürt oder das Gefühl, dass ich dort nicht hingehöre. Aber für die *Weißen* war ich irgendwie zu arm. Für die Migrant:innen zu elitär.«

»Mein Aufwachsen war davon geprägt, dass ich nicht limitiert gedacht habe«, erklärt sie. Zwar war Winnie zunächst auf einer Gesamtschule, wechselte dann aber auf ein Gymnasium, um ihr Abitur zu machen. Ich war jetzt auch keine Musterschülerin oder Streberin. Ich war ganz o. k.«, stellt sie fest. Das Studium folgte trotzdem.

»Ich wusste, ich komme dahin. Ich wollte auch meine Eltern nicht enttäuschen, auch nicht meine Peergroup oder mein Umfeld. Es gab keine andere Wahl.«

Als Winnie ein Stipendium bei der Hans-Böckler-Stiftung erhielt, spürte sie einen Klassenunterschied.

»Wir hatten dann oft Treffen im Ausland oder in Restaurants, die feiner waren. Für viele der Teilnehmenden war das ein Problem. Für mich nicht. Ich habe mich wohlgefühlt, mochte es, dort zu essen oder Smalltalks mit mächtigen Menschen zu führen«, so Winnie.

Doch diesen Unterschied spürte sie nicht nur im schulischen oder beruflichen Kontext. Auch im Privaten.

»Ich hatte auch viele Freund:innen, deren Eltern Arbeitsmigrant:innen aus Togo oder Ghana waren. Mit ihnen habe ich auch immer abgehangen, aber wir konnten nicht so richtig bonden. Wir hatten zwar dieselbe Hautfarbe, beide Eltern waren *Africans*, aber wir waren so unterschiedlich«, analysiert sie.

Jaquet stellt Folgendes fest: Das Ziel der meisten Klassenübergänger:innen ist gar nicht Ruhm und Reichtum, sondern Flucht, weil sie nicht in die Wertvorstellungen und Modi ihrer Ursprungsklasse hineinpassen. Sie sind zu sensibel oder zu feminin für das Konzept eines Mannes, zu ambitioniert für die Vorstellung, wie sich eine Frau zu verhalten hat, zu selbstbewusst und klar in ihren Wünschen. Sie passen sich nicht den Codes ihres Elternhauses an und werden in ihren sozialen Kreisen als »Weirdos« gebrandmarkt. Autor:innen wie Didier Eribon, James Baldwin, bell hooks oder Annie Ernaux erzählen von Klassenübergänger:innen, ihrem Wunsch des Ankommens, des Verstandenwerdens, aber auch dem Preis, den sie dafür bezahlen. Dass sie nie wieder zurückkönnen. Mit dem Übergang ist ein Stück von ihnen nicht mehr da.

In seiner *taz*-Kolumne *Postprolet* schreibt Volkan Ağar über die kulturellen und psychologischen Dimensionen des Klassenwechsels.

»Geld lässt sich zählen, der Schmerz über die Entfremdung von den eigenen Leuten ist aber nicht quantifizierbar«, so der Journalist. »Wer aufsteigt, sitzt nach einem Arbeitstag im Homeoffice auch mal allein in seiner von Büchern und Zeitungen überwucherten Wohnung, die er unbedingt noch alle lesen muss, um seine Aufstiegsspuren endlich zu verwischen. Und er fragt sich dann: Was wäre, wenn ich da geblieben wäre, wo ich herkomme?«

Maimouna und Winnie haben unterschiedliche Realitäten. Sie gehören heute derselben Klasse an, sind jedoch an ganz unterschiedlichen Ausgangspunkten gestartet. Ihr Klassenbewusstsein wird von ihrem Habitus geprägt. Beim Gespräch hat Winnie nicht das Bedürfnis, zu beteuern, welcher Klasse sie angehört. Es ist für sie selbstverständlich. Ihren Master hat sie in den Sozialwissenschaften angefangen, aber dann gar nicht abgeschlossen. Sobald sie wieder Lust hat, wird sie weitermachen. Nicht weil sie muss oder denkt, dass Leute sie ohne Masterabschluss für weniger klug halten und nicht ernst nehmen könnten. Sie ist mit einem entsprechenden Selbstverständnis groß geworden und einer klaren Klassenidentität. Wenn Winnie ein:en Freund:in mit nach Hause brachte, lautete die erste Frage ihrer Eltern: »Was machen die Eltern?« Diese anerzogene Klassenidentität sorgt heute dafür, dass sie sich in Räume setzt und in Positionen begibt, in denen keine Person so aussieht wie sie. All das steht ihr zu. Sie hat ein Anrecht darauf. Kein Klassenimposter. Keine Zweifel. Das ist in einer Welt wie unserer die wahre Eintrittskarte: ein gutes Selbstwertgefühl. Denn um zu herrschen, braucht es Souveränität, Stärke und Klarheit. Dieses habituelle Selbstverständnis kann dir kein Studium geben. Ganz im Gegenteil. Arbeiter:innenkinder und Menschen, die in Armut aufwachsen, fühlen sich in elitären Räumen häufig fehl am Platz. Erst dann realisieren sie, wie viele Theaterbesuche, philosophische Lektüren, Theorien und Bücher sie nicht gelesen haben. Wie viel sie nachzuholen haben. Und die Selbstzweifel steigen. Sie haben das Sich-Beweisen-Müssen internalisiert. Klassismus steckt ihnen tief in den Knochen. Deshalb fokussieren sie sich darauf, Fachwissen anzuhäufen und Details zu verstehen. Etwas, das Menschen, deren Position oder Klugheit nie angezweifelt wurde, nicht in diesem Maße tun müssen.

Wenn ich Menschen treffe – egal ob Schwarz oder *weiß* –, die frei von dem Bedürfnis sind, jedes Buch gelesen zu haben, jede Diskussion zu kennen, ohne die Furcht rausgeworfen zu werden oder dass ihnen etwas aberkannt werden könnte, stammen sie meistens aus der neuen Mitte oder der wohlständigen Klasse. Sie müssen sich nicht beweisen. Ihre Klassenidentität haben sie mit der Muttermilch aufgesaugt. Sie laufen aufrecht durch die Welt, schauen dir tief und klar in die Augen. Sie sind es gewohnt, dass Menschen ihre Gedanken spannend finden und ihnen zuhören.

Natürlich gibt es Menschen, die im Überwohlstand aufwachsen und unsicher sind und Menschen, die in Armut großwerden und selbstbewusst sind. Hier geht es um Sozialisierung, um allgemeine Beobachtungen und die größeren Zusammenhänge.

Mein Großvater hatte tiefe Ehrfurcht und großen Respekt gegenüber Menschen, die an Universitäten lehrten, im Parlament arbeiteten oder politische Geschehnisse für uns einordneten. Das beeinflusste meinen Blick auf diese Räume, als ich einen sozialen Übergang erlebte. Doch ich war ernüchtert. Ich stellte fest, dass Menschen aus anderen Klassen nicht anders sind. Sie waren weder besser noch schlechter. Nicht klüger als mein Großvater, der Fliesenleger. Nicht charmanter als mein Vater, der Soldat. Auch nicht kreativer als meine Mama, die Busfahrerin. Das waren die Menschen, die über uns alle richteten und walteten, Gesetze verabschiedeten, entschieden und aufklärten. Sie sollten mehr Geld, mehr Prestige, mehr Macht und mehr Anrecht auf diesen großen Teil des gesamtgesellschaftlichen Kuchens verdienen, während der Rest sich um kleine Krümmel stritt? Erst da wurde mir die Ungerechtigkeit bewusst.

Maimouna beteuert ihre Klugheit. Es ist ihr wichtig, dass sie anerkannt wird. *Das Kapital* von Karl Marx las sie als Teenagerin – aus Spaß. Sie schloss sich mit anderen zu einer politischen Gruppe zusammen, die komplexe politische Texte las und diskutierte. Sie suchte einen Weg, um ihr *kulturelles Kapital* effektiv und schnell aufzubauen. Maimouna war fleißig.

Das ist das Paradoxe an Klassenidentitäten: Dieses Tätigkeitenethos, das ein fester Bestandteil der Arbeiter:innenklasse ist, dieser Stolz auf die eigene Produktivität. Genau wie die Kehrseite dessen: die Verknüpfung von Wert und Ergebnis. Solange ich etwas produziere, bin ich wertvoll. Wenn ich aufhöre, nicht. Das reden wir uns nicht bloß ein. Das ist Adam Smith und die ökonomische Vernunft. Wir besitzen nichts, also müssen wir uns täglich beweisen. Gleichzeitig gibt es dieses Stereotyp, dass Menschen, die arm sind, faul sind.

Mit dem Studium lernte ich, wie Klischees und Realitäten clashen. Während ich am Wochenende paukte und zwischenzeitlich zwei Jobs hatte, um die Studiengebühren für meine private Hochschule zu finanzieren, feierten einige meiner Kommilitonen:innen aus der wohlständigen Klasse mit so viel Kokain, dass ich, wenn ich denselben Betrag hätte zahlen müssen, kein Geld mehr für den restlichen Monat übrig gehabt hätte.

Mit dem sozialen Aufstieg folgte bei mir die Erkenntnis, dass sie davon überzeugt sind, ein höheres Anrecht auf ihren Wohlstand zu haben. Dabei werden sie seit Generationen strukturell bevorzugt. Diese Willkür fühlt sich fast schon wie ein Scherz an. Als hätte ich in die Trickkiste eines Magiers geblickt und festgestellt, dass sie leer ist. Deshalb ist der soziale Übergang nicht schön, sondern ein befremdlicher Prozess, in dem das Ursprungs-Ich durch ein Zwischen-Ich ausgewechselt wird. Plötzlich diskutiere ich über ETFs oder gehe zu einer Lesung. Ich kenne sogar die Autor:innen persönlich und besuche Eröffnungsfeiern oder private Screenings, wo ich zu Beginn am liebsten noch eine große Tasche mitnehmen wollte, um die ganzen Leckerbissen vom reichhaltigen Buffet für Zuhause mitzunehmen, bis ich schließlich feststellte, dass ich mich an diesen Anblick gewöhnt habe. Ich bin satt.

Doch nun sitze ich hier, ein sozialer Aufstiegsanekdotentraum, und schreibe gegen diese Klassendynamiken an. Und bin damit auch wieder ein Stereotyp. Denn genau wir sind es, die über Klasse schreiben. Diejenigen, die im Dazwischen leben. Das haben alle Klassenlektüren gemeinsam. Ihre Autor:innen sind soziale Übergänger:innen. Wir sind es, die das Bedürfnis haben zu vermitteln. Zu erklären, zu lösen. Wir kennen beide Welten und wissen, dass wir Menschen ähnliche Bedürfnisse haben, egal wo wir herkommen. Den Wunsch nach Freiheit, Liebe, Nahrung, Gesundheit, Gemeinschaft, Zärtlichkeit und Selbstwirksamkeit.

Ich schreibe, dass der soziale Übergang immer schwieriger wird, und gleichzeitig habe ich ihn selbst erlebt. Beweise ich dadurch nicht genau das Gegenteil? Wie wenn Eltern rauchen und ihren Kindern mit einer glühenden Zigarette zwischen Zeige- und Mittelfinger erklären, dass es schlecht für sie sei? So übel kann es gar nicht sein? So schlimm kann es um Deutschland nicht stehen, wenn ich hier immerhin trotz Rassismus, Sexismus und Klassismus dieses Buch schreibe?

Doch nur aufgrund meines Klassenübergangs kann ich überhaupt schreiben. Ich bin eine Ausnahme, die gleichzeitig die Regel bestätigt. Es sind die Übergänger:innen, denen zugehört wird. Meine Mama hat nicht diesen Buchdeal bekommen, sondern ich. Ich habe mich der definierenden Klasse angeglichen. Ich gehöre nun zum Klub dazu, und meine frische Unbetroffenheit neutralisiert mich. So werde ich zur Repräsentantin der Ursprungsklasse, zum Sprachrohr erkoren, obwohl ich die aktuellen Herausforderungen gar nicht mehr so genau kenne, weil es zu lange her ist.

»Wer in meiner Grundschulzeit Rassismus und Klassismus mit einer Klappe schlagen wollte, hatte nur eine Möglichkeit: durch vollständige Assimilation zu einem *guten Ausländer:innenkind* zu werden«, schreibt die Ökonomin und Autorin Betiel Berhe.

Genau das ist es. Wir geben unsere Ursprungsklasse auf. Wir müssen uns assimilieren. Das ist der Preis des sozialen Übergangs. Diese psychologischen Dynamiken sind brutal. Sie bergen die Gefahr, dass der ursprüngliche Kampf in Vergessenheit gerät, weil die Personen so stark damit beschäftigt sind, sich der *Leitklasse* anzupassen. Dabei gibt es nicht unbedingt eine einzige Leitklasse, sondern jede Schicht strebt nach der nächsthöheren. Dadurch orientiert sich niemand an den *Unteren.*

Die wohlständige Klasse, zu der die meisten aufblicken, definiert immer wieder neue Aspekte und Codes, um die Distanz zu den anderen aufrechtzuerhalten. Dementsprechend sind Klassenidentitäten dynamisch. Die Ungerechtigkeit bleibt, sie sieht nur immer wieder anders aus.

Eigentlich ist es unlogisch, soziale Ungleichheit mit einem vermeintlichen Aufstieg lösen zu wollen. Nur ein paar Auserwählte, die dann im psychologischen Teufelskreis des Hier und Dort stagnieren. Abgesehen davon, dass es viel zu wenige sind, dauert es auch viel zu lang. Aber vermutlich ist das genau der Grund, warum an diesem Konzept festgehalten wird. Damit letztlich alles doch beim Alten bleibt. Häppchen-Veränderung.

Der soziale Übergang ist möglich, doch um wirklich ganz nach oben zu kommen, ist es egal, wie viele Bücher Menschen lesen. Es spielt auch keine Rolle, wie viele Abschlüsse sie haben. Sie werden nie ganz ankommen, denn ihr habituelles Klassenbewusstsein steckt ihnen in den Knochen. Ein intergenerationelles Wohlstandsgefühl können wir nicht durch Wikipedia-Artikel erlernen.

Die eigentliche Lösung ist nicht der soziale Übergang für ein paar, sondern für alle. Frederick Douglass schrieb nicht über Klassenwechsel, sondern über Freiheit und Selbstbestimmung. Das Bedürfnis hinter dem sozialen Übergang ist nicht die Aspiration, zur Elite zu gehören, sondern Autonomie über das eigene Leben zu erhalten. Chancen zu haben, Teilhabe und vor allem Möglichkeiten zu spüren. Wir sollten nicht mehr von sozialen Übergängen sprechen, sondern über eine Klassengerechtigkeit für alle.

DIE FEINEN UNTERSCHIEDE

Es gibt Dinge, die sind *trashy*, wenn du arm bist, aber *classy*, wenn du zu den *Überwohlständigen* gehörst. Deshalb habe ich im Zuge meiner Recherche eine kleine Liste vorbereitet, die demonstriert, wie die Klassenzugehörigkeit dafür sorgt, dass ähnliche Handlungen unterschiedlich wahrgenommen werden. Von Stil bis hin zum kulinarischen Genuss.

1. Daydrinking – Alkoholismus
2. Sabbatical – Arbeitslosigkeit
3. Eine Spendengala veranstalten – Betteln
4. Vanlife – Z*****
5. Minimalismus – Mittellos
6. Secondhand – Kleiderkammer
7. Bilingualität – Nicht integriert
8. Sammeln – Horten
9. Shabby Chic – Ranzig
10. Mindfulness – Faulenzen
11. Food Saving – Tafel
12. Tiny House – Trailerpark
13. Boho Look – Unordentlich
14. Kinder kriegen – Sozialleistung sichern
15. Sich etwas gönnen – Verschwenderisch sein
16. Chaotisch – Schmutzig
17. Steuertricks – Stehlen
18. Strategisch – Hinterlistig

WENN DU IHNEN HILFST, WOLLEN SIE MEHR

Heute ist es so weit. Ich kehre an den Ort zurück, an dem ich das letzte Mal als Jugendliche war: zur Berliner Tafel. Es sind fünfzehn Jahre vergangen. Dieses Mal wird es anders sein. Heute bin nicht ich diejenige, die sich gemeinsam mit ihrer Mutter, einen Einkaufsbeutel hinhaltend, von Helfenden Essen zustecken lässt. Heute werde ich aushelfen. Auf der anderen Seite stehen. Mit anpacken. Als ich in die Kirche in Berlin Neukölln hineineile, ist es acht Uhr morgens. Auf der linken Seite befindet sich eine hohe Bühne, vor mir stehen Tische in U-Form aneinandergereiht. Auf ihnen befinden sich Klappkisten aus Plastik in Opalgrün und Tiefschwarz, die mit unterschiedlichen Gemüse- und Obstsorten gefüllt sind. Rechts stehen ein Tisch und drei Stühle vor einem Fenster, das sich bei genauerem Hinschauen als Tür erweist. Sie wird später geöffnet werden, und die Menschen, die Lebensmittel abholen möchten, müssen sich dort anmelden und ihren Ausweis vorzeigen. In dem Raum herrscht reger Betrieb. Es raschelt, knistert, Lachen und Wortfetzen von Gesprächen dringen zu mir herüber. Die Helfer:innen laufen routiniert von einer Kiste zur nächsten. Reißen Pakete auf, um hineinzuschauen, schleppen, schieben, sortieren, ertasten oder füllen eingelegte Tomaten aus einem ein Liter großen Plastikbehälter in kleinere 250-Milliliter-Gläser um. Hier wird alles geteilt. Gurken werden halbiert, wenn es zu wenige gibt, und so auch die Melonen, die Harald fein säuberlich schneidet, damit alle etwas abbekommen können. Die Helfer:innen tragen rote Westen, auf deren Rückseite die Worte *Laib und Seele* in einem goldenen, geschwungenen Schriftzug stehen.

Seit 2004 haben die Berliner Tafel und die Berliner Kirchengemeinden Ausgabestellen, an denen bedürftige Menschen Lebensmittel für Zuhause erhalten können. Ich bin heute auf einer von den insgesamt 48 Stationen. Diese gibt es in fast jedem Berliner Bezirk, aber auch in vielen anderen Städten Deutschlands. Insgesamt 956 Tafeln mit mehr als 2000 Ausgabestellen verteilen einmal die Woche Lebensmittel aus der Region. All das ist inspiriert vom US-amerikanischen Vorbild »City Harvest«, einer Organisation, die vor vierzig Jahren in New York City gegründet wurde. Die Idee dahinter war, den Widerspruch aufzulösen, dass es einerseits einen Überfluss an Lebensmittel im Big Apple gibt und andererseits Familien, die viel Mühe haben, sich zu ernähren. Diese Idee brachten die Gründerinnen der Berliner Tafel nach Deutschland. Eine davon ist Sabine Werth, die weiterhin für den gemeinnützigen Verein tätig ist. Ursprünglich ging es darum, obdachlosen Frauen auf diese Weise zu helfen. Im Jahr 1993 fuhren sie zunächst mit ihren privaten Pkws durch die Hauptstadt, sprachen unterschiedliche Händler:innen an und versuchten, sie davon zu überzeugen, die Produkte, die nicht reif für den Müll, aber auch nicht mehr präsentabel genug für den Verkauf waren, zu spenden.

Heute sind Begrifflichkeiten wie *Foodsharing, Containern* oder *Lebensmittelrettung* ein fester Bestandteil unseres Sprachgebrauchs. Doch vor dreißig Jahren, als die Gründerinnen mit dieser Idee starteten, wurden sie vermutlich schräg angeschaut. Heute kennt jeder die Tafel e. V. Sie erhält keine staatliche Unterstützung, sondern finanziert sich durch ehrenamtliche Helfer:innen, private Förder:innen und Spenden. Die Tafel e. V. ist aus der Zivilbevölkerung entstanden, gegründet von Frauen, die anderen Frauen helfen wollten. Heute fokussiert sie sich auf alle Bedürftigen. Das bedeutet, Menschen, die Unterstützung, wie Bürgergeld, Grundsicherung-, BAföG- oder Wohngeld bekommen, müssen den Nachweis darüber sowie ihren Ausweis vorlegen und einen Euro zahlen. Dann erhalten sie Zugang zu dem gespendeten Essen. Was es gibt, ist abhängig davon, was die jeweiligen Supermärkte, mit denen *Laib und Seele* zusammenarbeitet, herausgeben.

»Hallo?«, spricht mich Maria fragend an, deren Name ich so wie die aller anderen Personen, denen ich an diesem Tag begegnete, geändert habe. Komplett in Schwarz gekleidet, mit einem Schal, den sie sich lässig über die Schulter geworfen hat, schaut sie mich durch ihre runden Brillengläser hindurch freundlich an. Sie hat ein einladendes und warmes Lächeln.

»Ich möchte heute aushelfen«, sage ich. Die Frau nickt und schaut sich um. Es sind insgesamt zwölf Personen im Raum. Alle sind beschäftigt. Sie bugsiert mich zu Mike.

Er zeigt mir, wie ich die Obst- und Gemüsesorten, die sich in den aufeinandergetürmten Klappkisten befinden, sortiere. Wann schmeiße ich etwas weg, und was kann man noch ausgeben? »Am besten gehst du nach deinem eigenen Befinden. Das, was du selbst essen würdest, das bleibt«, lautet seine Faustregel.

Dabei muss ich an bell hooks denken: »Die Armen lassen sich nicht von den Privilegierten an der Nase herumführen«, schrieb sie, »wenn ihnen ausrangierte und abgetragene Kleidungsstücke als Geste der ›Großzügigkeit‹ überlassen werden, während sie für sich selbst aber nur das Neuste und Beste kaufen (…) Zweifellos ist das der Grund dafür, warum so viele arme Menschen in unserer Kultur wohltätigen Gesten mit Argwohn begegnen.« Respekt und Augenhöhe. Das ist es, was wir uns alle wünschen.

Micha kommt auf mich zu und bringt mich zu Lotte. Sie soll mir zeigen, wie ich die Kisten vorbereite. In einer halben Stunde ist es so weit. Dann wird die Tür geöffnet. Die »Männer«, wie alle es immer wieder betonen, gehen dann raus. Unter einem Zelt befinden sich Tische. An denen stehen sie mit den vollgepackten Kisten und verteilen den Inhalt an die Menschen, die an diesem Tag zur Tafel kommen. Lotte sieht wie eine Frau aus, die im gentrifizierten Friedrichshain lebt und Designerin von Beruf ist. Braune Lederstiefel mit einem fünf Zentimeter hohen Blockabsatz. Eine indigoblaue weite Jeans, die an einen 70er-Jahre-Look erinnert, sowie eine Strickjacke aus einem weichen, pastellfarbenen Stoff.

»Warum machst du das hier?«, frage ich sie, während sie mir zeigt, wie viele Kartoffeln ich in die Kiste häufen soll. »Weil ich Kundin war«, erklärt sie schulterzuckend. Sie schaut zu Maria hinüber, die bereits das Fenster öffnet und die Ausweise der Kund:innen, wie die Tafel sie nennt, kontrolliert. »Maria hat mich irgendwann gefragt, ob ich mithelfen möchte, und da habe ich Ja gesagt.«

Jetzt steht Lotte nicht mehr draußen an, sondern ist mit in diesem Raum dabei. Der nur bedingt wärmer ist, aber gefüllt mit lachenden Menschen, Kaffeekannen, selbst gebackenen Keksen, und vor allem kann sie selbst das Essen auswählen.

Früher war das anders. Als ich mit meiner Mutter zur Tafel ging, mussten wir vor der Kirche anstehen. Dann wurden wir mit unseren Einkaufstüten oder kleinen Trollies hereingelassen, und es gab Stationen, an denen Helfer:innen standen und Essen an uns verteilten. Doch in der Corona-Zeit änderte sich das, nun müssen Menschen, die Essen abholen wollen, draußen warten, und nach dem Lockdown haben die Helfenden die Regeln beibehalten. Nun packen sie drinnen bereits alles vor, und die Menschen, die zur Tafel gehen, zeigen ihren Ausweis, zahlen einen Euro, nehmen eine fertige Kiste mit und sind weg. Früher fand sozialer Kontakt statt. Ich konnte einem Helfenden erklären, dass ich Apfelsinen nicht mag oder Lauch nicht vertrage. Eigentlich habe ich mich genau darauf gefreut. In den Austausch zu kommen. Jetzt bin ich drinnen und die Menschen, die von der Tafel Essen abholen, draußen. So ist es effizienter. Doch auch distanzierter.

Lotte ist nicht die Einzige, die von draußen nach drinnen kam. Auch Manfred ist bedürftig, so wie Micha, Inge, Gertrude und Bianca.

»70 Prozent der Leute, die hier aushelfen, sind Bedürftige«, erzählt mir Maria später.

»Ich bin hier, damit ich beschäftigt bleibe«, erklärt Micha. Gerd sagt: »Meine Rente ist zu mickrig. Hab als Zimmermann damals in der DDR gearbeitet. Hatte oft Prämien. Die gab es aber unter der Hand. Dadurch ist jetzt weniger Geld da.« Er schlürft mit mir zwischendurch einen Kaffee, nickt und ergänzt: »Ich brauch nicht viel. Hier gibt es ein wenig was dazu, und ich kann helfen.«

»Absahnen statt helfen«, lautete die Punkt-12-Undercover-Recherche aus dem Jahr 2017. Helfende stecken die besten Lebensmittel selbst ein, lautete der Vorwurf. Teilweise, das hat die Recherche ergeben, soll der weiße Sprinter gar nicht erst in der Kirche angekommen sein, sondern sei direkt zu den jeweiligen Haushalten gefahren. Hier sieht das anders aus. Maria führt fein säuberlich eine Liste. Am Morgen kommen die Helfenden und packen einen Euro auf ihren Tisch. Dann schaut Maria hoch, um zu sehen, zu wem das Geld gehört und notiert es auf der Liste.

Bei der Tafel verschwimmt die Trennlinie zwischen Helfenden und Bedürftigen. Die Mehrheit braucht die Tafel und ist gleichzeitig die Tafel. Menschen mit wenig Geld packen hier maßgeblich mit an. Helfen wird nicht immer als etwas Gutes angesehen. Manchmal sogar als Teil des Problems. Eine von vielen Kritiken an die Tafel lautet: Durch die verlässliche Versorgung armer Menschen würde sich nichts ändern. Armut würde nicht bekämpft, sondern verfestigt. Ungerechtigkeiten verschwänden dadurch nicht.

Die Zahlen zeigen, dass der Bedarf sogar steigt, und zwar enorm. Kamen Anfang 2022 noch 40 000 Menschen monatlich zu den Ausgabestellen der Tafel in Berlin, sind es seit dem Ukrainekrieg 75 000 Menschen. Der Grund ist nicht, dass Menschen lieber zur Tafel gehen, sondern die Inflation macht den Menschen und ihren Geldbeuteln zu schaffen. Das macht sich auf den Konten bemerkbar. Der russische Angriffskrieg und die daraus resultierende Fluchtbewegung von Menschen aus der Ukraine sorgen ebenfalls dafür, dass die Anzahl der Tafelbesucher:innen weiter steigt. In der Hauptstadt hat sie sich nahezu verdoppelt. Gleichzeitig kalkulieren Unternehmen besser und versuchen, weniger Überschuss zu produzieren.

»Für die Tafeln heißt das: Viele Menschen müssen sich eine kleiner werdende Menge an Lebensmitteln teilen«, so Antje Toelsch, die Pressesprecherin, in einem Gastbeitrag in der *taz*.

Natürlich ist die Tafel nicht die Lösung gegen Armut, aber eine Entlastung, welche die Folgen für Menschen, die davon betroffen sind, ein wenig erleichtert. Die Tafel beantwortet die Frage, wie wir Menschen in Armut helfen können, nicht, wie wir Armut bekämpfen. Dafür braucht es strukturelle Veränderungen. Andere Kritiker:innen von sozialer Hilfe beschwören das Bild herauf, dass diese Unterstützung ausgenutzt wird. Dass Zuwendung Bedürftigkeit verstärkt. Wozu arbeiten, wenn ich Essen für einen Euro erhalte? Dass Menschen dann lieber die Hände aufhalten, um mehr zu erhalten, statt sie für die Arbeit einzusetzen und ihr eigenes Geld zu verdienen. Dass sie, wenn du ihnen etwas gibst, mehr möchten.

Dabei ist es ein Irrglaube, dass die Tafel eine vollständige Versorgung bietet. Die Kisten, die ausgegeben werden, sind primär mit Obst und Gemüse gefüllt. Nudeln oder Reis sind selten dabei. So wie alle Produkte, die länger halten. Unternehmen bleiben Unternehmen. Sie möchten Profite machen. Nicht die Wohlfahrtsverbände ersetzen.

Die Kritik basiert auf der philosophischen Haltung, dass der Mensch grundsätzlich schlecht ist. Er ist gierig, nur auf seinen eigenen Vorteil bedacht, fies und ignorant. Würde es keine Gesetze geben, würden wir uns gegenseitig die Köpfe einschlagen.

Dieses Menschenbild wird seit Jahrhunderten kulturell gepflegt. Eines der berühmtesten Beispiele hierfür ist *Herr der Fliegen* von William Golding.

Eine Gruppe von Sechs- bis Zwölfjährige landet durch einen Flugzeugabsturz allein auf einer Insel, vollkommen isoliert von der Zivilisation. Es herrscht Chaos, sie greifen einander an und – spoiler alert – töten sogar einen der Jungen. In der Wildnis, so die Botschaft, zeigt der Mensch seine wahre Natur. Selbst unschuldige Kinder. Golding wurde für diese »realistische« Erzählung gelobt und gewann 1983 sogar den Nobelpreis für Literatur.

Sind wir Menschen wirklich nur zu Tyrannei und Gewalt fähig, sobald wir die Gelegenheit erhalten? Der Historiker Rutger Bregman hat sich auf die Suche nach dem echten *Herr der*

Fliegen gemacht und ihn tatsächlich gefunden. Und siehe da – die Realität sieht ganz anders aus.

Auf der abgelegenen Insel 'Ata im Südpazifik waren 1966 sechs Kinder gestrandet. Sie hatten sich ein Boot geschnappt, wollten einen kleinen Ausflug machen und sind auf einer einsamen Insel gelandet, von der sie nicht mehr herunterkamen. Dort lebten die Jungen ein Jahr lang. Statt sich gegenseitig die Köpfe einzuschlagen, schlossen die Kinder einen Pakt: Sie würden zusammenarbeiten. Die Stimmung war kooperativ und kollegial, einige von ihnen sind noch bis ins hohe Alter befreundet. Medial war die wahre Geschichte hinter *Herr der Fliegen* langweilig. Kein Blut, kein Mord – keine Action.

Wir reagieren intensiver auf Schlechtes. Das liegt am *Negativity Bias*. Dabei handelt es sich um eine kognitive Verzerrung, die erklärt, warum negative Ereignisse oder Gefühle in der Regel einen stärkeren Einfluss auf unsere Psyche haben als positive Erlebnisse, selbst wenn sie in gleichem Maße vorhanden sind.

Schlechtes merken wir uns besser. Es braucht viele gute Geschichten, um an das Gute zu glauben. Unsere Wahrnehmung ist unausgewogen. Wenn wir mehr Geschichten darüber hören, wie schlecht die Menschheit ist, macht das natürlich etwas mit unserer Wahrnehmung. *Herr der Fliegen* wurde zur Basis für viele weitere Erzählungen, wie *The Purge*, ein dystopischer Thriller, in dem die US-Regierung ihren Bürger:innen eine straffreie Nacht im Jahr erlaubt, um die Kriminalitätsrate niedrig zu halten. Mordlustige Menschen ziehen umher, es wird geklaut, vergewaltigt, geschossen, gewütet. Die Botschaft lautet: Wir Menschen sind das wildeste und brutalste Biest auf dem Planeten. Unsere gesellschaftlichen Systeme halten uns zusammen. Ohne sie wären wir verloren.

Geschichten haben die Macht, unser pessimistisches Weltbild zu verstärken. Dabei zeigen inzwischen mehr Untersuchungen, dass Menschen im Grunde kooperative und freundliche Wesen sind. Bregman geht noch einen Schritt weiter: Genau diese Fertigkeiten haben dafür gesorgt, dass wir im Vergleich zum Neandertaler überlebt haben. Evolutionär hat sich nicht der Stärkste durchgesetzt, sondern der Netteste. Erst mit der Zivilisation begannen wir, uns zu bekriegen.

Trotzdem hat sich das Bild des erfundenen *Herr der Fliegen* verfestigt, und die wahre Geschichte dahinter kennt kaum jemand. Das ist wichtig zu berücksichtigen. Denn unser *Negativity Bias* wirkt sich auf unser Bewusstsein aus und hat somit auch Konsequenzen auf politische Entscheidungen.

»Herr Bundeskanzler, wir haben hier die Zukunft für zwei Millionen Arbeitslose konzipiert. Ich wünsche Ihnen und uns viel Erfolg, dies umzusetzen. Vielen Dank!«, verlautete Peter Hartz freudig am 16. August 2002, als er den 300 Seiten dicken Abschlussbericht seiner Kommission mit dem Titel *Moderne Dienstleistungen am Arbeitsmarkt* vorlegte. In Deutschland lebten zu jener Zeit vier Millionen Menschen ohne Arbeit. Das war der Startschuss für eine Sozialpolitik der Härte.

Die Idee des Arbeitslosengeld II, umgangssprachlich *Hartz IV* genannt, war folgende: Menschen, die arbeitsfähig und ohne Jobs sind, schnell wieder in die Beschäftigung zu bringen. Das Prinzip basiert auf *Fordern und Fördern.* Die Förderung ist das Geld, das zur Existenzsicherung dient, die Forderung lautet, dass Menschen, die ALG II erhalten, vorgeschlagene Jobs annehmen müssen. Auch dann, wenn sie überhaupt nichts mit dem zu tun haben, was die Person gelernt hat, und wenn sie dadurch auch weitaus weniger verdienen. Bei einer Weigerung gibt es weniger Geld.

Den Antrag auszufüllen, gleicht einer Doktorarbeit in Quantenphysik. Von den Mitarbeitenden des Amtes folgen Briefe und Kürzungen, wenn keine Jobs angenommen werden. Kurzum: Es wird gedroht, gefordert, gekürzt. Das Prinzip verfestigt den Eindruck, der Staat bekämpfe eher die Menschen ohne Arbeit statt die Arbeitslosigkeit. Das Konzept unterliegt dem Gedanken: Nur mit Druck arbeiten Menschen.

Das erzielt natürlich eine Wirkung bei den Betroffenen und Unbetroffenen. Es resultiert in einem *Noceboeffekt* – das Gegenteil vom *Placeboeffekt.* Während Letzteres das Auftreten einer therapeutischen Wirkung nach einer Scheinbehandlung meint, verhält es sich beim *Noceboeffekt* ähnlich, nur genau das Gegenteil tritt ein: Menschen fühlen sich nicht besser, sondern schlechter. Wenn wir Personen unmündig behandeln und davon ausgehen, dass sie hinterlistig und faul sind, dann verhält es sich wie mit einer selbsterfüllenden Prophezeiung: Allein die Erwartung negativer Folgen ruft sie hervor.

Der, laut der BILD-Zeitung, *Frechste Arbeitslose Deutschlands* war Arno Dübel. Er hatte keine Lust zu arbeiten. Über 45 Jahre nicht. Das machte ihn berühmt. Dübel wurde zu einem »Kult-Hartzer«, tingelte in den 90ern durch die Nachmittags-Talkshows, erheiterte und entsetzte das Publikum mit Sätzen wie »Wer arbeitet, ist doch blöd«.

Er sprach das Unsagbare aus. Doch so konsequent wie Dübel tat, war er gar nicht mit seinem Anti-Arbeitsethos. Nachdem er eine gewisse Berühmtheit erlangt hatte, nahm ein Musikproduzent zwei Singles mit ihm auf, und eine Biermarke wollte »Arno's Dübel« als Dosenbier auf Mallorca verkaufen.

Seine Starpläne gingen jedoch nach hinten los. Die Singles floppten, das Bier schaffte es nicht auf den Markt, und der Musikproduzent verklagte Dübel auch noch auf 20 000 Euro Schadensersatz, wodurch es zu einer Zwangsräumung seiner Wohnung kam. Kurz bevor er starb, sagte Dübel: »Ich will arbeiten.« Mit 66 Jahren.

Arno Dübel ist nicht deshalb zu einer beliebten Karikatur geworden, weil sich arme Menschen durch ihn repräsentiert oder verstanden fühlten, sondern weil die Gegner:innen es taten. Er befeuerte die Politik des Misstrauens. Fungierte als Exempel für die neoliberale und konservative Meinung, dass jede und jeder es schaffen kann. Dübel wollte es nur nicht. Deshalb war er arm. Und von ihm wurde auf alle anderen geschlossen: Sie sind arm, weil sie nicht arbeiten wollen, obwohl sie es könnten. Dadurch verlieren Menschen, die ohne Arbeit sind, ihre Individualität. Alle werden gleichgemacht.

»Gesellschaftliche Ignoranz und Vorurteile haben den Weg meines Bruders bestimmt und ihm das Leben schwergemacht. Niemand hat mehr so recht an ihn geglaubt, und das hat sein Selbstvertrauen stark beeinträchtigt. Mich macht das heute wirklich zornig«, schreibt Jeremias Thiel in seiner Autobiografie *Kein Pausenbrot, keine Kindheit, keine Chance*. Seine Eltern waren von Langzeitarbeitslosigkeit betroffen, das Geld war immer knapp. Die Mutter hat ADHS, der Vater ist depressiv. Im Alter von 11 Jahren entscheidet er sich, sein Zuhause zu verlassen. Nachdem seine Mutter ihn und seinen Zwillingsbruder in der Wohnung eingesperrt hatte, ging er, kurz nachdem sein Vater die Söhne befreite, zum Jugendamt. Für Jeremias war es ein Tiefpunkt, aber dieser bot ihm auch eine Chance. Mit der Entscheidung, an die Tür des Sachverständigen vom Jugendamt zu klopfen, veränderte sich sein Leben drastisch.

Der in Kaiserslautern geborene Autor ist heute 23 Jahre alt. Nachdem das Jugendamt ihn aus der Familie genommen hatte, wuchs er in einem SOS-Kinderdorf auf. In seiner Autobiografie beschreibt er diesen Prozess als eine Befreiung. Die Last der Verantwortung, die Willkürlichkeit seiner Eltern und der Stress endeten. Von da an begann sein Leben. Heute spricht er in politischen Talkshows über seine Erfahrungen. Armut bedeutet Stress, Perspektivlosigkeit, fehlende Teilhabe, erklärt er. Jeremias erlangte sein Abitur am renommierten UWC Robert Bosch College in Freiburg und studierte danach Umwelt- und Politikwissenschaften am St. Olaf College in Minnesota. Für seinen Bruder lief es anders. Er blieb bei seinen Eltern. Die Jugendhilfe kümmert sich weiterhin um ihn. Die Möglichkeiten, die sich für Jeremias auftaten, blieben ihm verschlossen.

Jeremias Geschichte ist beeindruckend. Ein Kind übernimmt die Verantwortung für den weiteren Verlauf seines Lebens. In einem Alter, wo es spielen und unbeschwert sein sollte.

Eigentlich sollten wir uns als Gesellschaft dafür schämen, dass es Kinderarmut gibt. Eine Gemeinschaft ist nicht wohlständig, wenn 14,9 Prozent der Gesamtbevölkerung armutsgefährdet leben, die sogenannte Zukunft unserer Gesellschaft. Doch Kinder von Menschen, die in Armut leben, sind eben das: Geprägt von ihren Eltern. Sie übernehmen das Vermächtnis und sind deshalb, so die weitläufige Meinung, irgendwie mitschuld.

Gleichzeitig bestätigt Jeremias wieder die »Ideologie der Begabung«. Er verdient unser Mitleid, weil er sich bemüht. Seine Familie hingegen nicht. Dabei sollten arme Menschen nicht außergewöhnlich sein, damit sie wie alle anderen behandelt werden.

Vieles, was Jeremias über seine Eltern und ihren Alltag schreibt, liest sich stark nach den Symptomen einer Depression. Derselbe Eindruck entsteht bei Arno Dübel. Armut steigert den Cortisolspiegel. Wissenschaftlich ist der Zusammenhang zwischen Armut und psychischen Erkrankungen gut belegt: Menschen mit niedrigem Einkommen erkranken zwischen eineinhalb- und dreimal häufiger an Depression oder Angststörung als jene mit hohem Einkommen.

Je ärmer die Menschen, desto mehr Stress. Psychische Erkrankungen führen dann zu einem Teufelskreis. Menschen ziehen sich zurück, sind überfordert, der Gesundheitszustand verschlechtert oder chronifiziert sich. Damit möchte ich nicht jede Person, die in Armut lebt, pathologisieren, sondern vielmehr die realen Herausforderungen aufzeigen, denen sich in Armut lebende Menschen täglich stellen müssen. Es ist schwer.

Achtundzwanzig Jahre nach der Einführung von Hartz IV hat sich die Arbeitslosenquote in Deutschland mehr als halbiert. War die Politik des Misstrauens also erfolgreich? Darüber sind sich Expert:innen uneinig. Viele Menschen werden in der Statistik nicht mehr als arbeitslos gelistet, stecken aber dafür in Minijobs, Maßnahmen des Jobcenters oder in Teilzeitbeschäftigungen fest. Jede:r Fünfte verdient zu wenig und benötigt eine Aufstockung.

Die Kritik an Hartz IV hat zu einer Neuerung geführt. Das Arbeitslosengeld II ist am 1. Januar 2023 vom Bürgergeld abgelöst worden. Der Regelsatz wurde erhöht. Sanktionen bleiben, doch sie sind schwerer durchzusetzen.

Armut ist keine Straftat, trotzdem werden Menschen, die arm sind, gebrandmarkt, bewertet und kritisiert. »Die Mittel- und Oberschicht sitzt zu Gericht über die Unterschicht«, schreibt Ronen Steinke in seinem Buch *Vor dem Gesetz sind nicht alle gleich*. Der Journalist stellte durch seine Recherchen fest, dass Menschen mit höherem sozialen und finanziellen Status auch oft im Justizsystem einen Vorteil haben. Geldstrafen treffen arme Menschen viel härter als vermögende. Ermittlungen bei Drogendelikten richten sich überproportional oft gegen bereits benachteiligte Personen. Wohlhabende Angeklagte wissen, das Rechtssystem zu navigieren, indem sie sich beispielsweise bewusst sind, wann sie einen Anwalt benötigen. Für den sie auch das Geld haben. Arme Menschen werden häufiger und härter verurteilt. Obwohl es eigentlich wichtig ist, dass die Justiz unparteiisch ist und unabhängig von der Person, ihrer Herkunft, ihrem sozialen Status oder ihren wirtschaftlichen Ressourcen urteilt. Das Gesetz sollte gleichermaßen für alle gelten. Tut es aber nicht.

Gesamtgesellschaftlich beschuldigen wir sie mit. Sogar einige der Personen, die bei der Tafel aushelfen und teilweise selbst bedürftig sind, raunten mir während meines Besuchs zu, dass die anderen – die dort draußen – ganz schön undankbar seien. Manche scheinen ihnen selbst schuld an ihrer Situation zu sein. Warum hat die eine Frau denn fünf Kinder? Warum füllt die andere Person ihre Tasche, lässt aber die Paprika liegen?

So tief sitzt dieser Zynismus in unserer Gesellschaft. Wir helfen ohne Hoffnung.

Die Tafel hat sich verändert. Die Welt aber auch. Wir schaffen mehr Distanz. Das bietet vielen Menschen die Möglichkeit, bei sich zu bleiben, statt bei den anderen. Es entsteht ein *Wir* und ein *Die*. Genau das macht es schwerer, Klassenungerechtigkeiten zu sehen. Durch diesen Abstand basiert unser Verständnis von Menschen, die wir nicht kennen und die aus einer Schicht stammen, mit der wir kaum in Berührung kommen, auf Medien und Hörensagen. Auf Erfahrungen von anderen und auf fiktionalen Erzählungen, wie die von Kindern auf einer Insel, auf Horrorfilmen, auf Talkshow-Karikaturen, die alle mehr zur Unterhaltung dienen, als der Realität zu entsprechen. Dadurch entsteht eine immer größer werdende Kluft zwischen den Klassen. Distanz schafft Distanz. Pessimismus resultiert in Resignation. Es heißt, es braucht hundert gute Erfahrungen, um ein negatives Verständnis zu verändern. Erst dann sehen wir das ganze Bild. Dabei kommt es, so wie wir aktuell leben, noch nicht einmal zu einem einzigen hoffnungsvollen Erlebnis. Wir bräuchten Nähe. Eigentlich sollten die Helfenden wieder in Kontakt mit den Menschen, die in Armut leben, kommen. Das sollten wir alle. Nicht nur diejenigen, die sich die Zeit dafür nehmen und ehrenamtlich arbeiten. Wir alle müssen lernen, eine Brücke zu schlagen. Wann hast du das letzte Mal mit jemandem aus der prekären Klasse gesprochen und Zeit verbracht? Ausgenommen vom Bildungsprekariat.

Und was würde wohl in unserer Gesellschaft passieren, wenn wir nicht von einem schlechten, sondern von einem guten Menschenbild ausgehen würden?

WAS WAR ZUERST DA, DIE HENNE ODER DIE UNGERECHTIGKEIT?

Klassen sind ungerecht. Aber liegt das nicht in der Natur des Menschen? Steckt das Bedürfnis nach einer ungerechten Ordnung letztlich in unserer DNA? Und wenn das stimmt, warum sollten wir überhaupt jegliche Mühe darauf verschwenden, Klassensysteme abzubauen, wenn es immer wieder ein neues Konzept der Unterdrückung geben wird? Sind wir ein *Homo Ungerechtikus*?

Die Menschheit existiert seit etwa 300 000 Jahren. Soziale Ungleichheit seit 7000. Zumindest laut dem archäologischen Team der Universitäten in Bristol, Cardiff und Oxford. Ihre Ergebnisse beantworten die Henne-Ei-Frage.

Früher bestanden 90 Prozent der Bevölkerung aus Wildbeuter:innen. Sie lebten in kleinen Gruppen von wenigen Dutzend oder manchmal sogar bis zu Hundert Mitglieder:innen. Sie jagten, sammelten Früchte und Nüsse. Ohne festen Wohnsitz, zogen sie als Nomad:innen dorthin, wo sie ausreichend Nahrung finden konnten. Sie machten keine sozialen Unterschiede, wie wir es heute tun. Haben uns Besitztümer letztlich verdorben?

Jäger:innen und Sammler:innen waren ständig unterwegs. Bei einem solchen Lebensstil ist es schlichtweg klüger, nur das Nötigste mitzunehmen. Menschen, die nicht teilten, waren hinderlich und sogar gefährlich für das Überleben der Gemeinschaft. Individualismus funktionierte zu jener Zeit nicht. Es brauchte die Gemeinschaft, um an Essen heranzukommen und um sich sowie die Gruppe zu schützen.

Horten war zu jener Zeit lebensbedrohlich. Eine Gruppe war langsamer, wenn sie zu viel Last trug. Es machte sie auffälliger und leichter zu erspähen für Feinde. Laut der Untersuchung des Historikers Ian Morris war die Konsequenz, dass diejenigen, die es trotzdem taten, ausgegrenzt und in extremen Fällen sogar mit dem Tod bestraft wurden. Was dem Wissenschaftler zufolge die Kehrseite dieser vermeintlich antiklassistischen Gemeinschaft war: Die Wildbeuter:innen waren brutaler, als wir es heute sind. Zumindest in der Hinsicht, dass sie sich damals nicht die Zeit für ein Gerichtsverfahren nahmen, in dem die beschuldigte Person sich hätte verteidigen können. Wer die Gemeinschaft störte, wurde einfach getötet. Übrigens wurden auch vermeintlich unsoziale Menschen oder toxische Anführer:innen umgebracht. Ein Trump oder Putin hätte wohl nicht lange in so einer Epoche überlebt, in der die Menschen letztlich nur 25 Jahre alt wurden.

In der Wildbeuter:innen-Ära waren alle Menschen mehr oder weniger gleich. Somit gab es zu jener Zeit keine sozialen Klassen. Das änderte sich durch die Landwirtschaft. Die Menschen wurden sesshaft. Die Gemeinschaft pflanzte einen Teil der gesammelten Feldfrüchte in die Erde ein, um so im nächsten Jahr Nahrung zu haben. Das war das Ende des Nomadendaseins. Statt zu jagen, domestizierten Menschen nun Tiere und sich selbst mit dazu. Somit konnten die Wildbeueter:innen eine große Menge Kalorien an ein und demselben Fleck sichern. Adieu, Herumreisen und auf ins Landleben.

Wurde davor nur drei bis vier Stunden gejagt, begann mit der Agrar-Ära das Overachievertum. Hier mussten Menschen von morgens bis abends ranklotzen. Die Arbeit war extrem hart, und sie brauchten viel Unterstützung. Vor gut 11 500 Jahren bekamen die Menschen im Schnitt fünf bis sechs Kinder. Doch das reichte nicht aus.

Morris' Untersuchung zeigt, dass alle Agrargesellschaften mit versklavten Menschen arbeiteten und dass sie der Ansicht waren, dass Frauen sich um das Haus und die Kinder kümmern müssten, während die Männer die Felder bewirtschafteten.

Doch die Wissenschaftler:innen der Universitäten in Bristol, Cardiff und Oxford sind überzeugt, dass die Ungerechtigkeit erst so richtig um etwa 4000 vor Chr. begann. Das lag an der Umgestaltung der Landwirtschaft, die den Wert des Bodens erhöhte und den Wert der Arbeit verringerte.

Es war ein Ochsenpflug, der alles veränderte. Meist war der Pflug aus Holz, mit einer eisenbeschlagenen Spitze. Mit Hilfe der Zugkraft eines Ochsens wurde er genutzt, um den Boden aufzulockern. Dadurch entstand eine höhere Sauerstoffzufuhr, die Erde wurde nährstoffreicher, der Anbau wurde leichter – kurzum: Der Wert des Bodens stieg. Wenn es dem Boden gut geht, wirkt sich das auch auf die Pflanze aus, was wiederum vorteilhaft für den Ertrag ist, und das bringt letztlich mehr Geld. Dadurch wurde der Boden wichtiger als die Menschenhand.

Die Ochsen waren eine »arbeitssparende Technologie, die zu einer Entkopplung von Reichtum und Arbeit führte«, so die Wissenschaftler:innen. Das war entscheidend für die aktuellen Reichtumsunterschiede. »Der Effekt war derselbe wie heute: wachsende wirtschaftliche Ungleichheit zwischen denjenigen, die Maschinen besaßen, und denjenigen, deren Arbeit die Maschinen verdrängten«, so der Co-Autor und Wirtschaftswissenschaftler Samuel Bowles.

Die Landwirte, die über genügend Mittel verfügten, um spezielle »Pflugochsen« zu züchten, sahen neue Möglichkeiten, zusätzliches Land zu bewirtschaften. Im Prinzip ging da der Start-up-Profit-Gedanke los. Das Ziel des schnellen Exits. Ab diesem Zeitpunkt konnte ein einzelner Bauer mit einem Ochsengespann das Zehnfache oder mehr an Land bewirtschaften im Vergleich zu einem »Hackenbauer«. Besagte Bauern begannen immer mehr Land zu erwerben, um es zu bewirtschaften. Sie investierten in stressresistente Kulturen wie Gerste oder bestimmte Weizensorten, die weniger Arbeit erforderten und mehr einbrachten. Die ETFs der damaligen Zeit. Wachstum ohne viel Aufwand.

Innerhalb von 2000 Jahren Landwirtschaft veränderte sich die Gemeinschaft grundlegend. Davor wurde gemeinschaftlich gearbeitet. Nun erstreckten sich die Felder der ökonomisch reichen Bauern in vielen Regionen bis zum Horizont. Die Gesellschaften waren tief gespalten zwischen wohlhabenden Landbesitzern, die ihren Besitz an ihre Kinder weitergaben, und landarmen oder landlosen Familien.

»Solange die Arbeitskraft der wichtigste Input für die Produktion war, wurde die Ungleichheit begrenzt, weil sich die Familien nicht sehr darin unterschieden, wie viel Arbeit sie für die Produktion von Feldfrüchten einsetzen konnten«, erklärt der Forscher Mattia Fochesato der Universität Bocconi. »Als jedoch Land zum wichtigsten Produktionsfaktor wurde, vergrößerten sich die Unterschiede zwischen den Familien, weil Land und andere materielle Reichtümer angehäuft und über Generationen weitergegeben werden konnten. Durch Zufall, Zwang oder harte Arbeit kamen einige Familien zu viel mehr Besitz als andere. So entstand eine radikale Ungleichheit.«

Im Prinzip war das die kleine Schwester unseres heutigen Systems. Es führte zu Wohlstand und Ungleichheit. Ein Aspekt dieser Veränderung ist sehr wichtig, und zwar der technologische Fortschritt. Im Prinzip handelt es sich dabei um die Nutzung von natürlichen Materialien und Ressourcen um uns herum zu unserem eigenen Vorteil. Das war ein Gamechanger. Es ist der Grund, warum wir inzwischen beeindruckende 7753 Milliarden Menschen auf der Erde sind. Vorherige Gesellschaften konnten so eine große Bevölkerungszahl nicht erreichen, weil sie keine effizienten Möglichkeiten entwickelten, um die stetig wachsende Bevölkerung zu ernähren sowie auf die klimatischen Veränderungen zu reagieren, so der Ökonom Oded Galor, der in *The Journey of Humanity* die Reise der Menschheit durch die Jahrtausende analysiert.

Das bedeutet, auf der einen Seite hat der technologische Fortschritt dazu geführt, dass wir viel mehr Menschen versorgen konnten, aber gleichzeitig war das der Punkt, an dem die Ungleichheit so richtig losging. Ist somit der Preis des Fortschritts Wohlstand für ein paar und Ungerechtigkeit für eine große Gruppe?

Viele Menschen haben gegen die Konstruktion von Klassen argumentiert, so bereits im 18. Jahrhundert der Schriftsteller und Philosoph Jean-Jacques Rousseau. Er glaubte, dass soziale Probleme durch die Entwicklung von Gesellschaften entstehen und diese die angeborene Reinheit des Menschen unterdrücken. Während William Golding, der Autor von *Herr der Fliegen*, glaubte, dass der Mensch grundsätzlich schlecht ist und erst in der rohen Natur sein fieses Gesicht zeigt, glaubte Rousseau genau das Gegenteil. Der Mensch ist ein liebevolles Wesen, und erst in Berührung mit der Gesellschaft kommt das Böse in ihm heraus. Der Philosoph war überzeugt, dass Privateigentum der Hauptgrund für soziale

Probleme in der Gesellschaft ist. Weil es Ungleichheit schafft:

> *Der erste, der ein Stück Land eingezäunt hatte und es sich einfallen ließ zu sagen: dies ist mein und der Leute fand, die einfältig genug waren, ihm zu glauben, war der wahre Gründer der bürgerlichen Gesellschaft. Wie viele Verbrechen, Kriege, Morde, wie viel Not und Elend und wie viele Schrecken hätte derjenige dem Menschengeschlecht erspart, der die Pfähle herausgerissen oder den Graben zugeschüttet und seinen Mitmenschen zugerufen hätte:*
> *Hütet euch, auf diesen Betrüger zu hören; ihr seid verloren, wenn ihr vergeßt, dass die Früchte allen gehören und die Erde niemandem.*

Rousseau hat einen wichtigen Punkt: Privateigentum ist ein menschengemachtes System. Doch nun wird es komplizierter. Eigentum demotiviert zwar, ist aber gleichzeitig auch ein Antrieb und Motivation, zumindest dem Wirtschaftshistoriker David S. Landes zufolge. In *Wohlstand und Armut der Nationen* beschreibt er, inwiefern das Eigentumsrecht eine entscheidende Rolle bei der innovativen Entwicklung Europas spielte.

Während sich ein Herrscher in den despotischen Reichen Asiens oder im alten Griechenland einfach alles von seinen Untertanen nehmen konnte, gab es in einigen »freien Städten« Europas *Eigentumsrechte.*

Wie motivierend ist es, wenn du als Untertan etwas aufbaust, und jederzeit könnte der König oder Herrscher vorbeikommen und es dir wegnehmen, es zerstören oder sonst was damit machen, worauf auch immer er gerade Lust hat?

Es ist jedoch auch nicht besonders motivierend, dass sich

aktuell nur noch Erben ein Haus oder Grundstück leisten können, aber das ist schon wieder ein Blick nach vorn. Bleiben wir in der Vergangenheit.

In solchen Gesellschaftsstrukturen gab es laut Landes wenig Anreiz, hart zu arbeiten und sich Wohlstand zu erwirtschaften. Leistung spielte keine Rolle. In den »freien Städten« war das anders. Sie wurden teilweise von Bürgern regiert. Hier müssen wir nicht gendern, denn es waren in der Regel Männer. Kaufleute entwickelten Gesetze, die sie offiziell vor dem Eingreifen der Herrscher schützten. Jeder durfte handeln und produzieren.

Das ist die Geburtsstunde des Leistungsgedanken. Daraus entwickelte sich die Verknüpfung zwischen Arbeit, Fleiß und Geschick. Immer mehr rückte laut Landes die soziale Herkunft in den Hintergrund. Das in einer Zeit, wo der Adel noch per Geburtsrecht regierte. Doch der Blick trügt. Diese Zeit als *frei* zu bezeichnen, ist eine Romantisierung. Frauen waren unfrei. Auch führte der europäische Herrschaftsgedanke zur Ausbeutung der halben Welt.

Die Frage des Eigentums ist komplex. Es kann Anreiz und Frustration bringen. Unabhängig davon, entwickeln wir uns wieder zurück. Die soziale Herkunft entscheidet wieder über den Erfolg eines Lebens. Nicht die Leistung. Wir verwandeln uns wieder in eine Aristokratie. Eine Staatsform, bei der die Herrschaft im Besitz der Reichen ist. Früher war es der Adel. Heute die Überwohlständigen.

Doch der Knackpunkt scheint der Besitz zu sein. Sollten wir wieder ein Leben als Freibeuter:innen aufbauen? Wie Rousseau es ankündigte, die Holzpfähle aus den Böden reißen und einander erklären: »Du kannst die Natur nicht besitzen?«

Doch dafür sind wir viel zu weit. Es heißt, es ist leichter, sich das Ende der Welt vorzustellen als eine Welt ohne Kapitalismus. Bedeutet das auch, dass wir uns keine gerechte Welt vorstellen können? Liegt die Lösung darin, dass wir wieder zu einer Gesellschaft werden, in der jeder Mensch gleich viel hat?

Sozialismus galt über viele Jahre als einzige Alternative zum Kapitalismus. Er ist die Vorstufe des Kommunismus und wird häufig mit Stalin und der UdSSR assoziiert. Mit Zwängen und Gewalt. Mit China, Nordkorea oder Kuba.

Michael Newman beschreibt in *Socialism*, dass der Sozialismus als Idee nicht als Mittel zur Unterdrückung dienen sollte, sondern zur Emanzipation.

Es gibt viele Definitionen und Auffassungen darüber, wie eine sozialistische und kommunistische Gesellschaft aussehen sollte, doch was sie alle eint, ist der Glaube daran, dass es eine Möglichkeit gibt, eine gleichberechtigte Gesellschaft zu kreieren, die auf Prinzipien der Solidarität basiert. Eine Welt, in der eine politische, rechtliche und soziale Gleichheit für jeden Menschen existiert. Es ist der Glaube daran, dass wir von Natur aus kooperativ statt kompetitiv sind. Solch ein System kann allerdings nicht von selbst entstehen. Wir müssen uns bewusst dorthin bewegen.

Die Idee ist erst 200 Jahre alt. Sie wurde als Lösung gegen die Schattenseiten der Industrialisierung entwickelt. Als immer mehr Menschen ihr Zuhause auf dem Land aufgeben mussten und dann in die kleinen und großen vollgepackten Städte zogen, um in Fabriken für einen geringen Lohn zu arbeiten.

An Fahrt gewannen sozialistische und kommunistische Ideen durch das *Kommunistische Manifest Marxs und Engels.* Darin heißt es, dass sich historisch betrachtet alle Gesellschaften in komplizierten Hierarchien konkurrierender Klassen organisieren. Die Trennlinien zwischen diesen Klassen lassen sich auf den Grad ihrer Kontrolle über die Produktionsmittel zurückverfolgen. Die Klasse, die Kontrolle über die Wirtschaft hat, kontrolliert die Gesellschaft. Sie nutzt ihre Position, um andere Klassen zu unterwerfen.

Die Vision des Kommunismus ist eine klassen- und herrschaftslose Gesellschaft, die auf Gemeinschaft und Gleichheit basiert. Der Staat übernimmt das Privateigentum, dadurch gibt es keine Einteilung mehr in Arm und Reich. Damit dies geschieht, müsse das Arbeiter:innenproletariat sich vereinen und die Bourgeoisie stürzen, um die politische Macht an sich zu reißen und den Reichtum an alle in der Gesellschaft umzuverteilen.

Zu Beginn des zwanzigsten Jahrhunderts kristallisierten sich zwei Wege für eine Gesellschaft mit mehr Gemeinschaft heraus. Die der Reformist:innen und die der Revolustonist:innen.

Reformist:innen vertraten die Ansicht, dass der Sozialismus durch eine Reform innerhalb des bestehenden kapitalistischen Systems mit demokratischen Mitteln erreicht werden könne. Das geht in einer Demokratie mit der Gründung einer Partei, die sozialistische Ideen formuliert, Menschen davon überzeugt und demokratisch gewählt wurde. In unserem heutigen politischen Verständnis sind das die Sozialdemokrat:innen oder Die Linke.

Den Revolutionist:innen hingegen ging das alles zu langsam. Einer ihrer Vertreter:innen war der russische Revolutionär Wladimir Lenin. Er kritisierte den Reformismus als unrealistisch. Das bürgerliche System würde das Proletariat daran hindern, das richtige Bewusstsein für die Herrschaft zu entwickeln. Daher war eine von gut ausgebildeten, intellektuellen Eliten geführte Avantgardepartei notwendig, die im Proletariat ein revolutionäres Bewusstsein wecken sollte, sodass sich dieses schließlich erheben würde und die Bourgeoisie gewaltsam stürzen. Auch wenn Lenin vielleicht so startete, wurde er letztlich aus seinen eignen revolutionistischen Reihen kritisiert, weil er zu einer zunehmend autoritären Herrschaft tendierte, die eigentlich den sozialistischen Zielen einer gleichberechtigten, demokratischen Gesellschaft widersprach.

Auch Fidel Castro gehörte zu den Revolutionist:innen. Das kommunistische Land Kuba hat es trotz aller Widrigkeiten geschafft, eine sozialistische Politik umzusetzen. Castro taufte die kubische Form des Sozialismus Humanismus. Im Mittelpunkt dieses Konzepts standen Maßnahmen wie die Agrarreform, der Antiimperialismus und die Senkung der Mieten.

Castros Politik verärgerte die US-Regierung, die schließlich ein Embargo gegen die Insel verhängte. Somit konnte Kuba weder Waren außerhalb des Landes verkaufen noch welche einkaufen. Nur zur Veranschaulichung, wie wichtig der Export für die deutsche Wirtschaft ist: Im Jahr 2022 exportierte Deutschland nach Angaben des Statistischen Bundesamtes Waren im Wert von 1576 Milliarden Euro. Jeder vierte Arbeitsplatz in Deutschland hängt vom Export ab. Ohne würde es unserer Wirtschaft schlecht gehen.

Daraufhin verbündete sich die kubanische Regierung mit der UdSSR. Im Jahr 1961 wurde ein Handelsabkommen unterzeichnet, und 1965 gründete Castro die Kommunistische Partei Kubas und festigte damit die sozialistische Einparteienherrschaft über das Land.

Trotz des US-Embargos führte Kuba das einzige kostenlose Gesundheitssystem in Lateinamerika ein. Dadurch stieg die durchschnittliche Lebenserwartung von Menschen im Land von 59 auf 76 Jahre. Außerdem war die Kindersterblichkeitsrate

1990 in Washington, D. C. doppelt so hoch wie in Havanna. Die Bildung wurde auf allen Ebenen kostenlos, was zu einer Alphabetisierungsrate von 96,4 Prozent führte – eine der höchsten in einem Land des Globalen Südens.

Doch mit der Auflösung der UdSSR und dem Ende des weltumspannenden kommunistischen Handelsnetzes verlor Kuba 70 Prozent seiner Kaufkraft. Die Sanktionen durch die Vereinigten Staaten zermürbten die kubanische Wirtschaft zusätzlich. All das führte zu einer Wirtschaftskrise, wie sie kein anderes Land im zwanzigsten Jahrhundert in Friedenszeiten erlebt hat.

Fidel Castro sagte, das Einzige, was schlimmer ist, als vom multinationalen Kapitalismus ausgebeutet zu werden, ist, nicht vom multinationalen Kapitalismus ausgebeutet zu werden. Das zeigt, im globalen Kapitalismus ist es für Länder nicht leicht, national ein sozialistisches System einzuführen. Deshalb wird das Ende der UdSSR als der Sieg des Kapitalismus markiert. Somit ist der Sozialismus auch keine Lösung.

Gleichzeitig wissen wir gar nicht, ob er funktioniert, weil er nie richtig realisiert werden konnte. Wie er sich entwickelt, ist abhängig davon, ob er beispielsweise in einem autoritären Regime stattfindet, die Bevölkerung ihn mitträgt und Handel im Ausland betrieben werden kann.

Gleichzeitig stellt sich aber auch die Frage, hat es nie funktioniert, weil er nicht umsetzbar ist? Mehr Theorie als Praxis? Mehr Utopie als realistische Alternative?

Im Kapitalismus und Sozialismus besteht die Gefahr des Machtmissbrauchs. Deshalb braucht es in beide Richtungen eine ausbalancierte Verteilung. Ein Check-and-Balance, ein Auf-die-Finger-Schauen, gemeinschaftliches Diskutieren, aber auch den

Umstand, dass jede Stimme gleich viel Gewicht hat. Das ist natürlich leichter, wenn die Ressourcen ähnlich verteilt sind.

Große gesellschaftliche, soziale und technologische Fortschritte wären ohne den Kapitalismus gar nicht möglich gewesen. Dies erkannte auch *Das Kommunistische Manifest* an.

Das durchschnittliche Einkommen der Menschen im Globalen Norden stieg. Der wirtschaftliche Fortschritt des Kapitalismus hat das Leben vieler Menschen verbessert. Das Einkommen wuchs, sicherte nicht nur die Existenz, sondern ermöglichte auch Privatkonsum. Aufgrund von Massenproduktionen konnten sich Arbeiter:innen nun auch Dinge leisten, die zuvor nur einem kleinen, reichen Teil der Bevölkerung vorbehalten waren, wie zum Beispiel Autos oder eine Waschmaschine. Hinzu kam, dass Produkte immer besser wurden, weil Unternehmen nicht nur über den Preis miteinander konkurrieren – wie von Marx prognostiziert –, sondern auch über die Qualität.

Doch es ist schwer, all diese Errungenschaften der freien Marktwirtschaft zuzuschreiben. Es waren Gewerkschaften und somit Arbeiter:innenbewegungen, die für faire Löhne und Arbeitsrechte kämpften. Zudem gibt es in keinem Land eine reine freie Marktwirtschaft, sondern es handelt sich immer um Hybridversionen. Wir leben in Deutschland in einem Sozialstaat. Das bedeutet, aktuell hat sich eine Mischung aus klassischem Kapitalismus und einem auf dem Solidaritätsprinzip und gemeinschaftlichem Gedanken ausgerichteten System, das sich zum Beispiel in Rentensystemen, Arbeitslosengeld, frei zugänglicher Bildung zeigt, durchgesetzt.

In *Das Kapital des Staates* argumentiert Mariana Mazzucato darüber hinaus, dass die richtig mutigen Innovationen in der Geschichte immer mit der Unterstützung des Staates entstanden und in den seltensten Fällen von Garagenbastler:innen oder privatwirtschaftlichen Unternehmen angestoßen wurden.

Das liegt in der Natur des Kapitalismus. Unternehmen sind so sehr auf ihren Profit aus, dass sie vor jedem Risiko zurückscheuen. Investor:innen wollen schnell viel Geld verdienen. Deshalb sind nachhaltige und länger angelegte Forschungen durch den Staat entstanden, was wiederum zu technologischen Innovationen führte, von denen die Wirtschaft profitierte. Das Internet wurde beispielsweise vom US-amerikanischen Verteidigungsministerium entwickelt. Das Militär brauchte neue Kommunikationskanäle und investierte Jahre lang in die Forschung an der neuen Technologie. Als der Erfolg sichtbar wurde, begann die US-Regierung das Small Business Innovation Research Program einzuführen, auf das die Entwicklung des GPS, Touchscreens oder des Google-Algorithmus zurückgeht.

Unternehmen profitieren vom Staat. Der Staat profitiert von Unternehmen und wir alle profitieren von einem Wertewandel. Denn soziale Ungleichheit gab es auch im 18. Jahrhundert, das empfanden die Deutschen aber zu jener Zeit als normal und gottgegeben, so die Historikerin Hedwig Richter in *Demokratie*.

Erst mit einer literarischen Elite, die von der »*Kraft des Mitgefühls*« als Grundlage für das Gelingen eines gewaltfreien menschlichen Miteinanders überzeugt war, änderte sich das sukzessive. Ab da regten Schriftsteller:innen ihre Leser:innen zum Mitgefühl an.

Durch diese neue Kultur des Mitleids wurden öffentliche Hinrichtungen und Folter zunehmend kritisiert. War es davor normal, auf einem Marktplatz eine Leiche hängen zu sehen, fingen die Menschen an, das infrage zu stellen. Dadurch konnte sich auch das Prinzip der Gleichheit verbreiten. Gab es davor keine Wahlen, wurden sie nun von den staatlichen Eliten forciert. Richter beschreibt, wie deutsche Fürsten mit Abstimmungen experimentierten, um die Bürger:innen emotional und ideologisch enger an den Staat zu binden. Im Prinzip dienten die ersten demokratischen Wahlen in Deutschland dazu, den Herrschaftsanspruch der Eliten zu untermauern. Es lässt sich effektiver herrschen, wenn es der Wille des Volkes ist, so der Gedanke.

Beim Aufstand der Schlesischen Weber im Frühling 1844 forderten Arbeiter:innen angemessene Löhne und einen respektvollen Umgang. Diese Proteste veränderten erneut die Dialoge in der Öffentlichkeit. Doch all das war überhaupt erst möglich, weil Mitgefühl quasi zum Trend wurde.

Immer mehr erkannte die Öffentlichkeit, dass sie ihre politischen Interessen selbst verfolgen mussten. Was schließlich in eine Verfassung mündete, die bürgerliche Grundrechte garantierte und nach Gleichheit strebte. Ein Prozess, der bis heute andauert.

Doch Morris ist überzeugt, dass Gleichberechtigung nicht in einem Vakuum entsteht, sondern erst dann, wenn die Gemeinschaft sich das Teilen leisten kann. Gemeinschaften, die fossile Energien, wie Kohle, Erdöl und Erdgas gewinnen – wie die, in der wir leben –, sind sozial gerechter, nicht aus Nächstenliebe, sondern weil es gut fürs Geschäft ist.

Morris' Gedanke ist leichter in Form eines feministischen Beispiels zu erklären: Da wir nicht in einer Agrargesellschaft leben, benötigen Familien nicht mehr so viel Nachwuchs, der mit anpackt. Das und der Umstand, dass die Kindersterblichkeit zurückgegangen ist, sorgt dafür, dass Frauen weniger Kinder kriegen müssen. Technologische Entwicklungen, wie die Waschmaschine, führen zu Zeitersparnissen im Haushalt. Dadurch müssen Frauen weniger zu Hause arbeiten und können deshalb in der freien Marktwirtschaft mit anpacken.

Gleichzeitig erleben wir eine *Feminisierung der Arbeitswelt.* Empathie, Organisationsstärke und viele weitere vermeintlich heteronormativ weibliche Charakteristika sind heute im Management essenziell. Arbeit ist aufgrund von Maschinen – zumindest im globalen Norden – nicht mehr von physischer Kraft abhängig. Dementsprechend ist Sexismus hinderlich für den Wohlstand und steht der kapitalistischen Gesellschaft im Weg.

Doch was ist mit Kolonialismus? War nicht die Versklaverei lukrativ für den Globalen Norden, und kurbeln nicht Kriege die Wirtschaft ordentlich an?

»Der Kapitalismus benötigt Frieden, nicht Krieg«, schreibt Ulrike Herrmann in *Das Ende des Kapitalismus* und ergänzt, dass ausgerechnet die Stahlindustrie – wichtig für jede Waffe – ihre größten Fortschritte in Friedenszeiten verzeichnet hat. »Wer heute glaubt, Europa hätte Kolonien benötigt, um sich zu entwickeln, wiederholt den Irrtum der Kolonialherren und ihre unsinnige Argumentation. Die Militärkosten waren viel zu hoch, während der Handel mit unterdrückten Gebieten überhaupt nicht florierte.«

Die bittere Wahrheit ist: »Die brachiale Knechtung anderer Völker war ökonomisch völlig sinnlos; mühelos hätte man auf die Gewalt verzichten können, ohne die eigene Entwicklung zu beeinträchtigen.«

Europa nutzte die Kolonien nicht, um die Wirtschaft zu retten, sondern andersherum: Die Kolonien gab es nur, weil sich die Europäer:innen eine weltweite Expansion leisten konnten. Der Kapitalismus hat die Kolonien überhaupt möglich gemacht.

Doch Herrmann warnt: »Damit soll nicht gesagt sein, dass

der Kapitalismus automatisch gerecht wäre und stets Wohlstand für alle erzeugen würde. Die Reformen müssen erkämpft werden – nicht zuletzt weil viele Kapitalist:innen gar nicht verstehen, wie der Kapitalismus funktioniert.«

In diesem Zusammenhang zitiert sie einen Gedanken des Begründers der klassischen Nationalökonomie, Adam Smith: »Eine Nation, die durch den Außenhandel reich werden will, kann dies am ehesten erreichen, wenn auch alle ihre Nachbarn reiche, fleißige und kaufmännische Nationen sind.«

Doch in der Realität sieht das ganz anders aus. Bis heute haben einige Länder immer noch Handelsabkommen, die seit der Kolonialzeit bestehen. Das ist *Neokolonialismus*, so Kwame Nkrumah, politischer Denker und Marxist. Obwohl diese Länder theoretisch unabhängig sind, haben sie in der Realität nicht vollständig ihre Selbstbestimmung erreicht.

Auch national unterschätzen Unternehmer:innen, dass Löhne nicht einfach nur Kosten sind, sondern dass ihre Mitarbeiter:innen genau dieses Geld wieder bei ihnen ausgeben und somit mehr Nachfrage schaffen.

In *Deutschland, ein Wirtschaftsmärchen*, beschreibt Herrmann, dass die soziale Marktwirtschaft nie sozial war, sondern dass sie bereits damals schon Reiche reicher gemacht hat. Eigentlich sollte sie ein Neubeginn sein und als Abgrenzung zu Hitlers Wirtschaftspolitik funktionieren. Das entsprach jedoch nicht der Realität.

Im Jahr 1961 saßen in der Chefetage die Unternehmer:innen, die bereitwillig mit Hitler kooperiert hatten. Nur 16 Prozent der Spitzenmanager:innen waren unter 60 Jahre.

Herrmann rechnet vor: Zwar erhöhte sich der Lebensstandard der Bürger:innen in der neuen, sozialen Marktwirtschaft in den ersten Nachkriegsjahren enorm: Die Reallöhne für Industriearbeiten stiegen bis 1962 um etwa 100 Prozent, was zunächst massiv erscheint. Dabei stieg die Wirtschaftsleistung im selben Zeitraum um ganze 157 Prozent – ein Großteil der Gewinne wanderte in die Taschen der Unternehmer:innen. Die Kombination aus relativ niedrigen Löhnen und vielen Steuervorteilen machte die Reichen schnell noch reicher. Es waren vor allem die Unternehmen, die ihr Vermögen bereits in der NS-Zeit angehäuft hatten, die ihre Macht nun im demokratischen System ausbauten.

»Die Bundesrepublik entwickelte sich also schon früh zu einer Klassengesellschaft«, so Herrmann.

In *Braunes Erbe* recherchierte der Journalist und Autor David de Jong am Beispiel von fünf mächtigen Familien, den Quandts, Porsches, Flicks, von Fincks und Oetkers, wie diese Familienunternehmen Hitler unterstützten, Zwangsarbeiter:innen sowie Versklavte Menschen nutzten, jüdisches Eigentum plünderten und lediglich mit einem kleinen Klaps davonkamen. Ihre nachfolgenden Generationen profitieren weiterhin davon. Ihre Familien sind heute die reichsten Menschen in Deutschland.

Doch vielleicht sind wir bei dieser Analyse einen Schritt zu schnell. Wir überspringen die Frage, was Fairness und Gerechtigkeit überhaupt bedeuten. Viele Menschen in unserer Gesellschaft haben vermutlich unterschiedliche Auffassungen davon, was gerecht ist.

Wie zum Beispiel beim Wohlstand mit Nazihintergrund. Einige Menschen finden es fair, das Geld ihrer Familie zu erben. Immerhin hat die Vorgänger-Generation dafür gearbeitet. Dass dieser Wohlstand allerdings aus Zwangsarbeit stammt und damit zusammenhängt, dass andere Familien ermordet wurden oder ihre Geschäfte für sehr viel weniger Geld verkaufen mussten, um zu fliehen, klingt nicht besonders gerecht.

Ist es in Ordnung, dass dieses Vermögen weiterhin bei den Familien mit Nazihintergrund bleibt? Sollten die Opfer dieser Ausbeutung nicht eine Entschädigung oder eine Restitution erhalten? Nach den Nazis haben die Wohlständigen und Überwohlständigen teilweise eine Entschädigung erhalten, aber die Familien der Zwangsarbeiter:innen nicht.

Beim Kolonialismus ist es ähnlich. Als in den USA die Versklaverei endete, gab es eine Entschädigungszahlung vom Staat – und zwar nicht für die Familien, die über 300 Jahre versklavt wurden, sondern für die *Weißen*, die Schwarze Menschen versklavten. Ist das fair?

Braucht es Organisationen, wie Brot für die Welt, Superstars, die *We are the world* singen oder sollten die europäischen Ländern den afrikanischen und asiatischen Regionen, die sie über Jahrhunderte ausbeuteten, einfach das Geld zurückzahlen plus Zinsen, statt Almosen zu verteilen?

In unserer aktuellen Gesellschaftsstruktur ist es fair, dass eine Angestellte fünf Tage die Woche für ein Unternehmen tätig ist, aber nur einen kleinen Bruchteil an dem Umsatz verdient. Der Unternehmer kriegt das meiste Geld.

Was wir als gerecht oder ungerecht betrachten, ist, wie uns Hedwig Richters historischer Blick zeigt, ein soziokultureller Prozess. Gerechtigkeit wird immer wieder aufs Neue verhandelt.

Was sich heute in Ordnung anfühlt, kann sich morgen ändern. Früher war es keine Straftat, wenn ein Ehemann seine Frau schlug. Es gab auch mal keine 40-Stunden-Woche, sondern Menschen, die nonstop arbeiteten. Wenn sich eine Person bei der Arbeit verletzte, wurde sie einfach rausgeworfen. Das

Arbeitsrecht erlaubt das nicht mehr. Heute gibt es Sicherheitsmaßnahmen, und die Arbeitgebenden müssen haften. Diese Veränderungen sind aufgrund der Proteste von vielen großen Gruppen entstanden. Aus dem Bedürfnis heraus, gegen etwas Ungerechtes vorzugehen. Es nicht zu akzeptieren.

Der Kapitalismus ist ein nimmersattes Konstrukt. Seine Kernfunktion ist Wachstum. Was Vor- und Nachteile bringt. Der Nachteil ist offensichtlich. Die Menschheit war über viele Jahrhunderte gezwungen, nur so viel zu verbrauchen, wie die Natur liefern konnte. Doch mit dem Kapitalismus endete die natürliche Ära. Das Resultat ist, dass wir in knapp 100 Jahren industrieller Kapitalismus unsere Erde kaputt gewirtschaftet haben, was nachhaltige Folgen für jegliche Lebewesen auf diesem Planeten haben wird. Der Vorteil ist: Mehr Wachstum sorgt für mehr Wohlstand. »Selbst Arme leben heute angenehmer als Könige im 18. Jahrhundert«, so Herrmann. Mit Wohlstand steigt die Bildung, was essenziell für eine Demokratie ist. Doch Wohlstand sorgt nicht automatisch für eine Demokratie, wie beispielsweise China zeigt. Doch ohne ginge es schon gar nicht.

Der Kapitalismus ist in Großbritannien als Folge der hohen Löhne der Arbeiter:innen entstanden. Dadurch wurden Maschinen lukrativer, die Unternehmer:innen kreativer, was letztlich zu einer effizienten Produktion und wirtschaftlichem Wachstum führte. In der Folge verbesserten sich auch die Arbeitsbedingungen. Viele Länder entwickeln sich bis heute nicht weiter, weil die Löhne der Menschen billiger sind als Maschinen.

Ist der Kapitalismus also gar nicht Schuld an der Ungleichheit? Nicht ganz. Abgesehen davon, dass unsere Erde unter der Last des nimmersatten Systems leidet, entwickelt sich unsere

Demokratie zurück zu einem Feudalismus. Doch allein der kapitalistischen Gesellschaftsstruktur die Schuld daran zu geben, ist zu einfach. Menschen machen Systeme, sie entstehen nicht im luftleeren Raum. Doch eine interessante Schlussfolgerung ergibt sich aus der Betrachtung der Geschichte des Kapitalismus: Wohlstand entsteht durch Gemeinschaft.

Letztlich ist es egal, ob zuerst die Ungerechtigkeit oder die Klasse da war. Die eigentlich wichtige Frage lautet: Was für eine Gesellschaft möchten wir zukünftig sein? Entwickeln wir uns wieder zurück zu einer, die demotivierend und ungerecht ist, oder zu einer, die das Ziel der sozialen Gerechtigkeit wirklich anpackt?

Ob uns das gelingt, ist abhängig von uns allen. Das müssen wir uns erkämpfen. Protestieren, auf die Straße gehen, demonstrieren, kritisieren, berichten, unter die Lupe nehmen. Das half in der Vergangenheit. Das tut es auch in der Zukunft.

UNTENRUM SPASS, OBENRUM STATUS

»Schlaue Frauen und dumme Männer bleiben übrig.« Mit diesem Satz amüsierte Dr. Eckart von Hirschhausen nicht nur den Kölner Treff im WDR vor einigen Jahren, sondern machte auch auf den *Gender-Dating-Gap* aufmerksam. Dating kann sexistisch sein. Aber nicht nur Geschlechterstereotype reichen bis ins Schlafzimmer, auch Klassenvorstellungen. Hinter von Hirschhausens Aussage verbirgt sich nämlich kein *Gender-Dating-Gap*, sondern ein *Gender-Class-Dating-Gap*. Heterosexuelle Frauen daten Männer, die entweder aus der gleichen sozioökonomischen Klasse stammen oder aus der darüber, während heterosexuelle Männer mit Frauen ausgehen, die entweder aus derselben Klasse stammen oder aus der darunter.

Natürlich ist es klassistisch zu sagen, dass ein Mensch, der keinen Studienabschluss hat, automatisch weniger schlau ist oder zu erwarten, dass Menschen mit einem Hochschulzertifikat in der Tasche klug seien. Dafür gibt es viel zu viele Beispiele, die das Gegenteil beweisen. Trotzdem trifft diese Erkenntnis einen Nerv. Denn Dating ist persönlich. Es ist aber auch politisch.

Wir alle lieben. Ob reich oder arm, schüchtern oder selbstbewusst, überwohlständig oder Arbeiter:innen. Das elektrisierende Prickeln beim ersten Treffen. Der Rausch und die Nervosität, wenn das Love Interest am nächsten Tag schreibt. Der Herzschmerz und die Verlegenheit, sobald es nicht klappt. Viele Menschen sehnen sich nach einer Partner:innenschaft.

Ob mit einer Person, monogam oder mehreren, polygam. Daten ist ein klassenübergreifendes Phänomen. Allerdings verhält es sich je nach ökonomischen Mitteln unterschiedlich. Es wird vor allem kompliziert, wenn Menschen aus unterschiedlichen Klassen aufeinandertreffen.

Gut jeder dritte Mensch in Deutschland ist Single. Dating bezeichnet das gemeinsame Erlebnis, bei dem sich zwei Personen kennenlernen und herausfinden, ob sie für eine romantische Beziehung geeignet sind. Dabei erkunden sie, wie es um die Interessen, Werte und die Anziehungskraft der anderen Personen steht. Somit fällt Dating je nach sozialer Klasse unterschiedlich aus. Die einen gehen zum Imbiss, die anderen ins Sterne-Restaurant, es gibt Coffee-to-go im Park oder wird auf einer Jacht gecruist. Wer Liebe möchte, muss meist zahlen können. Verabredungen können teuer sein.

Laut der Autorin Anne-Kathrin Gerstlauer können Frauen keinen Feminismus fordern und gleichzeitig erwarten, dass ihnen weiterhin die Drinks bezahlt werden. Gerstlauer hat den Begriff *Gender-Dating-Gap* geprägt. Frauen sollten nicht nur *equal payment* fordern, sondern Gleichberechtigung auch im Bett ausleben. Dabei geht es eigentlich gar nicht um die Frage, warum Frauen beim Dating nicht konsequent feministisch sind, sondern vielmehr, warum feministische Menschen klassistisch sind?

Der Ursprung des Datings ist stark mit dem Kapitalismus verbunden. Was auf den ersten Blick widersprüchlich wirkt. Liebe wird mit Wärme und Emotion assoziiert, gilt als weich, spontan und von Herzen kommend, während die Wirtschaft als etwas Kühles, Kalkuliertes, Grobes und gänzlich Rationales verstanden wird.

Dating-Apps, sexy Unterwäsche, die gesamte Make-up-Industrie, Restaurantbesuche, ins Kino gehen, das Popcorn, die Snacks, überhaupt zum Kino gelangen, der Valentinstag, der Jahrestag, gemeinsame Urlaube, Sextoys – Dating ist gut für den Konsum. Das Geschäft mit der Liebe und dem Sex boomt. Doch nicht nur hier spielt der Kapitalismus eine Rolle. Die Geschichte des Datings begann mit der industriellen Revolution. Erst dann kamen Frauen in die Städte.

War es davor der Patriarch in der Familie, der Rabbi, Priester oder Imam, der für den Nachwuchs das Heiratsmaterial aussuchte, änderte sich das im Globalen Norden mit dem Zustrom an weiblichen Arbeiterinnen in die Metropolen drastisch. Bis heute leben in Großstädten die meisten Singles. In Berlin ist jede:r Zweite ohne Beziehungsperson, in Hamburg sind es beispielsweise 40 Prozent.

Frauen aus der neuen Mittelschicht begannen in Büros zu arbeiten, in Modegeschäften zu verkaufen, und verdienten somit ihr eigenes Geld. Mit dieser neuen ökonomischen Freiheit konnten sie sich ihren Partner aussuchen. Männer stellten sich bei ihnen vor und umwarben sie. Mit Pralinen, Blumen, einem schönen Restaurantbesuch. Im Prinzip sorgte der Feminismus für die Entstehung des Datings. Je gleichberechtigter die ökonomische Situation zwischen den Geschlechtern wurde, desto mehr hatten Frauen die Wahl, und desto mehr mussten sich Männer ins Zeug legen. Zumindest in der neuen Mittelschicht. Der Datingmarkt wird bis heute von der *weißen*, heterosexuellen Mittelklasse dominiert.

Verabredungen in der prekären und klassischen Mittelklasse sahen anders aus. Arbeiterinnen, wie beispielsweise die Haushälterin, lebten oft an ihrem Arbeitsort und konnten sich dort schlecht mit Männern verabreden. Zudem hatten sie nicht das nötige Kleingeld, um sich in Bars oder Klubs zu tummeln, um mögliche Kandidat:innen zu begutachten. Doch das hielt sie nicht vom Dating ab, sondern ließ sie kreativ werden. So entstanden in den USA die *Homepartys*. In Wohnzimmern von Arbeiter:innen. Kein öffentlicher Raum, sondern im Privaten.

Hier wurde getanzt, gegroovt, geflirtet und vor allem kostengünstig gefeiert. Es gab sogar richtige Bands, die für eine kleine Gage im Wohnzimmer spielten, und die Gastgebenden verlangten einen Eintritt. Vor allem in der Schwarzen Community war dies ein beliebter Space, den es heute noch in Form von Blockpartys oder bei jungen Menschen gibt, die in den eigenen vier Wänden Partys für ihre Mitschüler:innen veranstalten, aber auch Raves und Dancehalls sind daraus entstanden.

Dating war für viele Menschen historisch gefährlich. Für queeres Dating gab es keine öffentlichen Räume, um sich in Ruhe kennenzulernen. Erst am 11. Juni 1994 wurde der Paragraf 175 StGB endgültig abgeschafft und somit endete die strafrechtliche Sondervorschrift zur Homosexualität in Deutschland.

Liebe auf den ersten Blick, ein entspanntes und verspieltes Dating. »Das ist nur für cis-Menschen«, erklärt Sanni in einer Single-Doku, in der sie über Verabredungen aus ihrer trans*-Perspektive berichtet. Natürliche Liebe, angesprochen werden aufgrund des Aussehens, der Chemie oder der Identität, das ist »nur für Menschen, die privilegiert sind, die nicht aufgrund ihrer Chromosomen abgelehnt werden«.

Beim Dating clashen nicht nur Geschlechter- und Klassenerwartungen aufeinander, sondern auch Ableismus, trans*feindlichkeit, Rassismus oder Lookismus, die Hierarchisierung aufgrund des Aussehens, wer als schön und nicht schön gilt. Zu erwarten, dass es sich hierbei nur um ein heterosexuelles Problem handelt, ist weit gefehlt.

»Schwule Männer sind genauso kapitalistisch und problematisch wie alle anderen auch«, winkt Johannes aus Berlin ab. Der 28-jährige ist in Magdeburg aufgewachsen. Mit Anfang zwanzig zog er in die Hauptstadt. »Ich weiß noch, wie ein Mann mich nicht daten wollte, weil ich in einer WG wohnte«, erinnert er sich.

Der PR-Berater erklärt: »Trotzdem würde ich schon sagen, dass es ein anderes Set von Merkmalen in der Schwulenszene gibt, die zählen, sodass Klassen weniger relevant sind. Es geht mehr ums Begehren. Mit wenig Geld, aber einem richtig geilen Oberkörper, kannst du trotzdem viele Menschen außerhalb deiner eigenen Klasse daten. Das soll nicht heißen, dass schwule Männer nicht auch veraltete Rollenbilder haben. Es geht aber vielmehr darum, wer wen penetriert.«

Aber auch unter weiblichen Personen prallen aufgrund unterschiedlicher Klassenrealitäten verschiedene Erwartungen und Möglichkeiten aufeinander.

»Ich kann mich noch erinnern, wie ich mit einem lesbischen Paar ausging«, erklärt Lisa, die am Bodensee aufwuchs. »Die beiden wollten am selben Abend noch ins Theater gehen. Es war unser allererstes Treffen, also schlugen sie vor, dass wir uns davor in der Theaterbar kennenlernten, was ziemlich teuer war.«

Lisa macht ihr Abitur. Das Geld ist immer knapp. »Sie luden mich dann auf ein Getränk ein, aber gerade wenn man sich ganz frisch kennenlernt, möchte man nicht solche großen Gespräche führen, wie: Soll das nun immer so ablaufen, obwohl man ja noch gar nicht weiß, ob man sich überhaupt noch einmal sehen möchte.«

In keinem Bereich sind wir rassistischer, sexistischer oder klassistischer als in der Liebe. Eine Person kann sehr wohl zu einer Demonstration gehen und für die Rechte von Menschen mit Behinderung eintreten und auf dem Weg nach Hause auf Tinder nach Links swipen, sobald sie einen Single mit sichtbarer Behinderung sieht. »So ist halt mein Geschmack«, wird dann defensiv deklariert. »Dafür kann ich nichts!«

Liebe ist ein Gefühl. Meine unabhängige Entscheidung. Glauben wir. Sozialisierung ist ein komplexer Prozess, der sich im Unterbewusstsein so tief eingräbt, dass es schwer ist zu definieren, ob ich etwas mag, weil ich es wirklich mag oder weil ich es gelernt habe zu mögen. Ein schleichender und nachhaltiger Prozess, der auch bestimmt, wen ich küssen möchte oder mit wem ich schlafe.

Über Geschmäcker lässt sich bis zu einem gewissen Grad tatsächlich streiten. Sie bilden die Schnittmenge zwischen gesellschaftlich normierten Vorstellungen, was eine gute Beziehungsperson ausmacht, und den individuellen Bedürfnissen und Wunschvorstellungen im Hinblick auf romantische Beziehungen. Letzteres basiert auf Erfahrungen und ist auch ein Ausdruck unserer Klassenidentität. Meine soziale Herkunft trägt dazu bei, ob ich den Holzfäller-Typen sexy finde oder die nichtbinäre Person mit den Piercings. Nicht nur die Klasse, in der ich aktuell stecke, sondern auch die, in der ich aufgewachsen bin, spielt eine Rolle.

»Wenn ich darüber nachdenke, habe ich Männer aus unterschiedlichen Klassen gedatet«, erklärt Katharina. Sie ist nicht die einzige Person, die ich zu ihrem Datingverhalten befrage. Aufgrund dieses Buches spreche ich mit vielen unterschiedlichen Menschen über ihre romantischen Beziehungen – an der

Kasse, beim Einkaufen, beim Spazierengehen mit meinen Hunden. Dabei fällt mir auf: Viele Personen machen sich kaum Gedanken über die soziale Herkunft. Sie denken nicht bewusst über Klasse nach und die Auswirkungen, die Klassenaspekte auf Menschen haben, mit denen sie zusammen sind, obwohl sich diese natürlich auch auf ihr Miteinander auswirken. Allerdings ist Geld ein Aspekt, der für viele relevant ist.

»Ich date doch nur Männer mit Geld«, erklärte mir eine Bekannte, als wir vor einigen Jahren zusammen essen gingen. Wir bewegten uns in ähnlichen Kreisen. Ihre Aussage faszinierte und irritierte mich gleichermaßen. »Aber wieso?«, fragte ich zurück. Sie ist in ihrem Berufszweig erfolgreich, verdient gut. »Absicherung«, winkt sie ab, denn sie hat kein Vermögen. »Aber du verdienst doch genug Geld«, entgegnete ich, »das klingt nach Abhängigkeit.« Sie zuckte mit den Schultern. »Das hat mir mein Vater so beigebracht.«

Frauen, die nach dem Geldbeutel daten, werden schnell als oberflächlich oder antifeministisch abgetan. Dabei hat Dating nach Klasse eine sehr viel längere Tradition als Dating nach Liebe. Insbesondere die Idee der Ehe war ein politisches Instrument und diente der Festigung von Bündnissen und der Sicherstellung oder Erweiterung von Eigentum. Liebe ist eine soziale Praxis, die historischen Veränderungen unterworfen ist. Die frei gewählte, romantische Liebe, die uns heute popkulturell überall vorgeführt wird und nach der ein großer Teil der Gesellschaft strebt, ist erst 250 Jahre alt.

»Erst wenn Frauen wirklich genauso viel verdienen wie Männer, spielt es für mich keine Rolle mehr, wie viel mein Partner verdient«, erklärte eine Bekannte, als ich sie fragte, was sie von gleichberechtigtem Dating hält. »Am Ende des Tages ist die gesellschaftliche Infrastruktur in Deutschland weiterhin so, dass die Frau die meiste *Care-Arbeit* übernimmt. Wenn du dann mit jemandem zusammen bist, der wenig Geld verdient, stellt sich die Frage, wie ihr euch und eure Kinder versorgen könnt? Wenn wir wirklich gleichberechtigt wären, dann würde ich auch gleichberechtigt daten.«

Frauen leisten weiterhin doppelt so viel an unbezahlter Sorgearbeit als Männer. Das sind 87 Minuten Unterschied. Jeden Tag.

Für wen wir uns als Person an unserer Seite entscheiden, wird von unserem Umfeld und in der Gesellschaft bewertet. Wenn eine Frau mit einem Armuts- und Arbeiter:innenhintergrund einen Mann aus der überwohlständigen Schicht datet, dann ist sie ein *Gold Digger*. Wenn ein Mann es mit demselben Hintergrund tut, ist es Liebe. Wenn der Altersunterschied zwischen ihnen hoch ist, hat er eine *Midlife-Crisis* oder leidet unter dem *Peter-Pan-Syndrom* – er möchte einfach nicht erwachsen werden. Eine Frau, die überwohlständig ist und einen *Working class*-Mann datet, gibt sich mit weniger zufrieden.

Das Bild der gelangweilten überwohlständigen Frau, die sich mit dem Gärtner vergnügt, oder Männer, die eine Affäre mit ihren Nannies haben. Leidenschaft und Freizügigkeit sind etwas für die *working class,* Knigge und Kontrolle für die *upper class.* Untenrum Spaß, obenrum Status. Nach unten wird gespielt, nach oben wird der Bund der Ehe eingegangen. Heirat, die schon immer eine Transaktion war, die dazu diente, Kapital zu sichern oder zu übertragen, bleibt somit immer in derselben Klasse. Sie sichert den Wohlstand. Für eine Klasse. Nicht für die anderen.

Popkulturell gibt es einige *Cross-Class-Dating*-Geschichten mit Happy End.

»Wenn du ein Vogel bist, bin ich auch einer«, lautet der ikonische Satz zwischen Allie und Noah in der fiktionalen Erzählung *The Notebook,* während sie am schäumenden, rauschenden Meer stehen. Mit über 105 Millionen verkauften Büchern weltweit, ist diese Geschichte eine der beliebtesten Lovestorys über zwei Menschen, die aus unterschiedlichen Klassen stammen. Aber auch *Pretty Woman* oder *50 Shades of Grey* porträtieren naive Frauen, die in die Welt des erfolgreichen überwohlständigen Geschäftsmannes stolpern. Zunächst aus Neugier, dann aus Leidenschaft, und irgendwann wird Liebe daraus.

In diesen Geschichten sind es die kulturellen Unterschiede, die eine wichtige Rolle spielen, warum sich die Paare zueinander hingezogen fühlen. Aber auch der Wunsch nach einem Ausweg, die Flucht aus der eigenen sozialen Realität.

Es gibt viele Theorien, warum sich Menschen ineinander verlieben. Eine davon ist die *cultural matching theory*. Sie besagt, dass Menschen aufeinander stehen, wenn sie ähnliche Vorlieben, Neigungen und Weltanschauungen verinnerlicht haben. Gleiches zieht Gleiches an. Demgegenüber steht die *exchange theory*. Sie besagt das Gegenteil: Gegensätze ziehen sich an. Eine der Beziehungspersonen steht auf die andere, weil ihr eine Ressource zur Verfügung steht, über die sie selbst nicht verfügt, aber die sie gern möchte. Wie meine Bekannte, die ausschließlich Männer mit Vermögen datet, weil sie selbst keines hat. Es könnte aber auch der Zugang zu einer anderen Klasse sein sowie die damit einhergehenden Kontakte und Erfahrungen. Dabei ist der *exchange* nicht einseitig. Beide Personen profitieren von den Ressourcen der anderen, wie Geld und Schönheit oder Spaß und Stabilität.

Kann *Cross-Class Dating* dabei helfen, klassenbewusster zu werden, oder zumindest für mehr Sensibilisierung sorgen? Immerhin kennen Menschen, mit denen wir eine romantische Beziehung haben, unsere Traumata, Erfahrungen, Narben, Freuden, Vorlieben und Ticks, und wir ihre. Dieser Prozess macht Klassenunterschiede sichtbar und erlebbar.

Gleichzeitig könnte durch *klassenunbegrenzte Beziehungen* die soziale Ungleichheit abnehmen. Sind zumindest die Wissenschaftler:innen von *Marry your like* überzeugt. Sie haben das *assortative mating* entdeckt. Damit ist die Tendenz gemeint, eine Beziehungsperson zu wählen, die einem fast schon erschreckend ähnlich ist. Zu diesem Fazit kam auch der Bamberger Soziologieprofessor Hans-Peter Blossfeld, der über mehrere Jahre das Heiratsverhalten der Deutschen untersuchte. Wer wen ehelicht, beeinflusst demnach ganz entscheidend die Einkommensverteilung in Deutschland.

»Wenn sich zwei Partner mit recht ähnlichen Einkommenschancen zusammentun, dann kumulieren sich dort die Vorteile beziehungsweise die Nachteile«, sagt Soziologe Blossfeld. »Die Spreizung zwischen den Familien unterschiedlicher Einkommensniveaus nimmt zu, weil Menschen aus verschiedenen Schichten zunehmend unter sich bleiben.«

Auf Katharina trifft das nicht zu. »Ich komme aus einem Akademiker:innenhaushalt und bin in Berlin-Neukölln aufgewachsen«, erklärt sie. »Meine Mutter hat sich geweigert, mich auf eine Privatschule zu schicken«, erinnert sich die 38-jährige. »Dadurch bin ich mit Arbeiter:innenkindern groß geworden.«

Katharina ist *kulturell mobil.* Sie kann sich nach Belieben zwischen verschiedenen kulturellen Milieus bewegen. Dadurch hat sie die Freiheit zu wählen, wie und wo sie sich in der kulturellen Landschaft positionieren möchte. Das kann nicht jede Person in unserer Gesellschaft. *Kulturelle Mobilität* beruht auf einer ungleichen, klassenbedingten Verteilung kultureller Kompetenzen.

Dass sie so aufgewachsen ist, wirkt sich bis heute auf Katharinas Datingverhalten aus. Sie kann auf unterschiedlichen Ebenen mit ihren Partnern eine Verbindung aufbauen. Das sind die Kinderlieder oder -bücher, die man aus den *weißen,* nicht migrantischen Bildungsbürger:innenhaushalten teilt, oder aber die Rap- und Hip-Hop-Texte, die ihre Teenagerzeit prägten.

»Ich fühlte mich wohler mit den Eltern meiner Freund:innen aus Arbeiter:innenfamilien. Da wurde zusammen gesoffen statt ein Gesellschaftsspiel gespielt. Sie waren herzlicher und nahbarer«, erinnert sich Katharina. Steif, formell und distanziert, empfand sie es hingegen in Haushalten mit viel Geld.

Jeder Mensch, den wir daten, ist ein Individuum. Es ist schwer zu sagen, inwiefern die soziale Herkunft einen Menschen in Abgrenzung zu vielen anderen Faktoren prägt. Wir Menschen sind nicht nur Arbeiter:innen, sondern *weiß,* Schwarz, mit Behinderung oder queer. Doch wenn Katharina eine Gemeinsamkeit zwischen ihren unterschiedlichen Partnern ausmachen müsste, die auf die soziale Herkunft zurückzuführen ist, dann fasst sie es mit einem Wort zusammen: Unbeschwertheit. Wenn sie Männer aus der Arbeiter:innenklasse datete, waren sie angespannter, als diejenigen, die aus einer Angestelltenfamilie oder einem wohlhabenden Haushalt mit mehr Geld kamen.

»Früher sagte ich immer, man spürt, dass du ein *geliebtes Kind* bist, aber wenn ich genauer darüber nachdenke, fällt mir auf, dass es eher mit diesem tiefen Vertrauen zusammenhängt, dass alles schon irgendwie klappt. Der Gewissheit, aufgefangen zu werden«, erklärt sie.

Katharina ist selbstständig und verdient gutes Geld. Über die Hälfte des Jahres verbringt sie in Italien. Dabei mag sie es, im Voraus alles durchzuplanen. Die Unterkünfte, die Kosten, die Aufenthalte. Das möchte sie auch mit ihrem Partner teilen. Schnell wird eine Reise gebucht, das Geld ausgegeben. Über die Zukunft muss sie sich keine Gedanken machen. Sie ist Einzelkind, und ihre Eltern haben für sie vorgesorgt. Ein Haus gibt es zu erben sowie die Gelassenheit, die diese Gewissheit mit sich bringt. Dadurch kann sie sich auf das Hier und Jetzt fokussieren. Leben statt grübeln. Genießen statt planen. Bei ihrem aktuellen Partner sieht das anders aus. Im Gegensatz zu Katharina stammt er aus einer migrantischen Arbeiter:innenfamilie, die in Deutschland bei null anfangen musste. Obwohl er das Geld und die Zeit dafür hätte, weil er wie sie selbstständig ist, fühlt er sich unwohl mit solchen Plänen. Es stresst ihn. Das *Mangel-Mindset* hat sich tief in ihn hineingebrannt. Auch wenn sein Kontostand heute ganz anders aussieht als der seiner Eltern. Er ist zwar nun in derselben Klasse wie Katharina, dennoch verhalten sie sich unterschiedlich. Dadurch fühlt sich Katharina ausgebremst. Sie muss die Ängste ihres Partners mittragen. Das kostet Kraft.

Klassenunterschiede lösen in Beziehungen häufig Konflikte aus, sagt die Forscherin Jessi Streib. Die US-Soziologin untersuchte Ehen zwischen Menschen, die sich aktuell in derselben sozialen Klasse befinden, aber in unterschiedlichen Klassen groß geworden sind. Wie es bei Katharina und ihrem Freund der Fall ist.

Cross-Class-Dating-Paaren begegne ich selten. Abgesehen von Katharina gibt es lediglich einen weiteren Menschen in meinem direkten Umfeld, der mit einer Person aus einer anderen Klasse zusammen ist. Dabei ist Katharinas Freund noch nicht mal aus einer anderen sozialen Schicht, lediglich in einer anderen aufgewachsen.

Klassendynamiken haben auch mir selbst die Wahl der passenden Beziehungsperson erschwert. Für mich spielt weniger der Geldbeutel eine Rolle als ein geschlechtergerechtes Bewusstsein sowie auch ein queeres und antirassistisches. Das ist schwer zu finden, und dann sollte ich auch noch Klasse erklären.

Auf meinen Schultern lastete ein Großteil der Aufklärungsarbeit. Dieses Machtgefälle war erdrückend. Wenn ich Menschen aus meiner ehemaligen Klasse datete, teilte ich gewisse Aspekte, wie eine ähnliche Esskultur mit ihnen. Wird mit vollem Mund gesprochen, begeistert aufgestöhnt, wenn es lecker schmeckt?

Wir kannten dieselben Menschen, weil wir in ähnlichen Kreisen aufgewachsen waren, dieselben Partys und Klubs besucht hatten, obwohl wir uns zur damaligen Zeit noch nicht über den Weg gelaufen waren. Mochten dieselben Filme, Serien, Spiele. Es fühlte sich wie Zuhause an. Doch gleichzeitig hatte ich den Eindruck, dass viele andere Faktoren auf der Strecke blieben. Mit ihnen über berufliche Herausforderungen zu sprechen, war Fluch und Segen zugleich. Meine *Media Bubble* war so weit weg von ihrem Alltag, dass meine Herausforderungen kleiner wurden. Was den Vorteil hatte, dass ich Abstand und Perspektive gewann. Gleichzeitig fühlte ich mich jedoch nicht verstanden, meine Befürchtungen wirkten verkopft und überdimensioniert, weil sie, von der Welt meines Partners Lichtjahre entfernt waren. Wir saßen auf unterschiedlichen Planeten. All das zu übersetzen, kostete viel Kraft. Nicht nur für mich, die in die Erklärbärfunktion schlüpfte, sondern auch für die Person, die solche gedanklichen Prozesse nicht mochte.

Wenn ich Menschen, vor allem Männer, aus meiner aktuellen Klasse datete, die im Gegensatz zu mir auch noch in dieser aufgewachsen waren, hegte ich einen stechenden Groll. Sie führten mir vor Augen, wie Ungerechtigkeit sich nicht nur auf den Geldbeutel auswirkt, sondern vor allem auf die Psyche und Persönlichkeit. Klasse beeinflusst intime und vermeintlich natürliche Prozesse wie die Liebe. Sie hatten weniger Sorgen. Dadurch dämmerte mir, dass ich es härter hatte. Doppelt und dreifach so viel arbeitete. Und obwohl ich mich in derselben Position wie sie befand, quälten mich nachts Wellen des *Imposter-Syndroms*, während sie friedlich neben mir schliefen. Sie kannten lediglich diese eine Welt und fragten mich verwundert, was denn mein Problem sei. Genieß es doch einfach.

Für alle diese Szenarien braucht es eine gute Kommunikationsfähigkeit von beiden Seiten. Nur so können die Sozialisierungsunterschiede auf Augenhöhe betrachtet werden, sodass die Personen eine Brücke bauen können, um diese Herausforderungen gemeinsam zu überwinden. Doch Beziehungen sind kompliziert. Weil Menschen involviert sind und Emotionen sowieso. Überhaupt herauszudechiffrieren, was Klasse- oder Geschlechtermythen sind, ist aufreibend. Genau das Gegenteil von der Einweg-Datingwelt, in der Liebesangelegenheiten einer Kosten-Nutzen-Analyse unterzogen werden. Das Etikett »Generation Beziehungsunfähig« lässt die Frage nach Anstrengungen scheinbar rhetorisch wirken, da es eher dazu ermutigt, zur nächsten Beziehung überzugehen. Das Letzte, worüber Menschen dann noch nachdenken möchten, sind Klassen. Dabei würde ein *Klassenbewusstsein* innerhalb von Beziehungen für mehr Verständnis sorgen.

Mit meinem jetzigen Lebenspartner ist das anders. Wir stammen beide aus einer Arbeiter:innenfamilie und gehören nun derselben sozialen Schicht an. Unabhängig voneinander erlebten wir beide eine Klassenreise. Dadurch leben wir gemeinsam in zwei Welten. Unsere *kulturelle Mobilität* basiert auf ähnlichen Erfahrungen. Ich muss weniger erklären und kann mehr entspannen. Er versteht die Zerrissenheit. Ich kann ihn zu einem Familienessen mitnehmen, bei dem wir an einer Klappbank mit Bier und Bratwurst sitzen und danach zu einer beruflichen Gala. Ich fühle mich gesehen. Auf allen Identitätsebenen. Mit all ihren Widersprüchen und Konflikten. Es ist einfacher. Wir können uns auf uns konzentrieren, nicht auf das, was war. Das Fundament haben wir bereits unabhängig voneinander aufgebaut, und gemeinsam richten wir nun alles genüsslich ein. Was natürlich nicht bedeutet, dass es nie zu Konflikten oder Streit kommt. Doch einige Herausforderungen sind leichter, weil es eine gewisse Sensibilität gibt, die jeder von uns individuell erarbeitet hat.

Während ich mich anscheinend nach einer Vertrautheit sehne und der *cultural matching theory* entspreche, gibt es Menschen, die nach der *exchange theory* leben.

»Seine direkte und ehrliche Art hat mich angezogen. In meiner Klasse sind wir so gut erzogen, dass es schwer ist, eine authentische Basis zu finden«, erklärt Verena, »wir spulen immer denselben Kram miteinander ab. Alle sind ab der ersten Klasse auf denselben Privatschulen, den gleichen Unis in Berlin, London, New York oder L. A. All das wiederholt sich in einer Endlosschleife. Doch er ist anders. Dadurch ist die Beziehung zu ihm befreiend.«

Verena Bahlsen ist Miterbin der gleichnamigen Keks-Dynastie. Dadurch gehört sie zu den ein Prozent. Den Überwohlständigen. Im Alter von 20 Jahren erhielt die Wahlberlinerin, wie ihre drei Geschwister, knapp ein Viertel der Anteile des Familienunternehmens. Zunächst startete sie ihr eigenes Start-up *Stupidly Simple* sowie das Gastrounternehmen *Hermann's*, benannt nach ihrem Großvater. Das war das erste Mal, dass Verena in Kontakt mit Menschen außerhalb ihrer eigenen Klasse kam. Mit Mitte zwanzig.

»Davor habe ich gesagt, dass der Unterschied gar nicht so krass ist«, erklärt sie. Dieser Blick hat sich gewandelt.

Über eine Dating-App haben sich Max und Verena kennengelernt. Ihre Welten könnten kaum weiter voneinander entfernt sein. Max stammt aus der klassischen Mittelschicht und wuchs in einer ländlichen Region in Deutschland auf. Verena in der Bahlsen-Dynastie, zwischen Metropolen und exklusiven Klubs. In der realen Welt wären die beiden sich niemals über den Weg gelaufen. Falls ja, hätten sie vermutlich gar nicht aufeinander geachtet. Zu tief steckten sie in ihrem jeweiligen Klassenhabitus. Doch zwei Freundinnen und Verena beschlossen, dass sie den Überwohlständigen-Teufelskreis durchbrechen wollten. Die bekanntesten Dating-Apps wurden heruntergeladen, und dann ging es zu Verabredungen mit Menschen, die aus Klassen stammen, mit denen sie noch nie in ihrem Leben gesprochen hatten.

»Ich kann mich noch daran erinnern, dass ich mich mit einem heißen Türsteher traf, der nach fünf Minuten zu mir sagte: Ah, du kommst aus so 'nem feinen Haushalt«, erinnert sich Verena. Dabei fiel ihr auf, dass die *kulturelle Mobilität* von ganz oben gar nicht so leicht ist.

Die Unternehmerin und ihre Freundinnen haben sich dafür entschieden, aus ihrer Komfortzone auszubrechen. »Deshalb sind wir bewusster ans Swipen herangegangen«, erklärt Verena den Prozess. »Denn wenn ich kopflos vor dem Handy saß und nach links gewischt habe, wählte ich die immer gleichen *weißen* Männer aus, die ich sowieso schon kannte. Doch meine zwei Freundinnen und ich haben uns viel mit unseren Privilegien auseinandergesetzt und wollten dieses Muster durchbrechen. Uns bewusst disziplinieren, außerhalb unserer Klasse zu denken und schon fast über eine gewisse unsexy Hürde zu springen, um unsere Prägung zu umgehen.«

Sie traf sich mit ein paar Menschen. Doch mit Max war es anders. Ihn mochte sie wirklich.

»Ich würde sogar sagen, dass er mir weniger urteilend gegenüber war als die Leute aus meiner eigenen Klasse«, erklärt die 30-jährige lachend. »Max sagt immer, wir sind so weit auseinander, was zum Beispiel Geld angeht, dass es einfach nur noch witzig ist. Wir kommen aus so unterschiedlichen Welten, dass es total befreiend ist und einfach in keiner Relation zueinandersteht. Vielleicht haben wir dadurch den Raum, dumme Fragen zu stellen, uns übereinander lustig zu machen und einfach locker und entspannt miteinander umzugehen. Was für meine Familie irritierend ist. Wenn ich mit meiner Mutter über Max rede und beispielsweise sage, dass er arm ist, ist sie entsetzt und sagt, dass ich so etwas doch nicht sagen kann. Doch Max und ich können über solche Themen sprechen. Wir machen es greifbar, münzen es um und lösen uns von dem Negativen und transformieren es fast schon in etwas Schönes.«

Zu Beginn dachten die beiden, dass aus ihrem Miteinander keine langfristige Beziehung würde. Auf der einen Seite fanden sie es anziehend, dass ihre Welten so weit voneinander entfernt waren, doch gleichzeitig machte es einige Dinge kompliziert. Max spricht kein Englisch. Verena und ihre Freunde schon. Sogar über die Hälfte der Zeit. Sie bestellt einen Flat White. Er fragt, was das ist. Max bestellt einen Milchkaffee. Den trinkt sie nie.

»Im ersten halben Jahr wollte ich mich dauernd trennen«, erklärt sie. Doch weniger wegen ihrer Zweisamkeit, sondern vielmehr weil Max nicht dem Bild entsprach, das sie von einem Partner im Kopf hatte. Er war nicht die Art von Mann, mit dem eine Verena Bahlsen zusammen sein sollte. »Ich bin mit Frauen aufgewachsen, die arbeiteten, wenn sie Lust dazu hatten. Nicht, weil sie es mussten. Superreiche, die trotzdem einen Mann, der CEO von irgendwas ist, suchen. In dieser Welt sollen Männer mindestens denselben Status haben wie sie.« Das minimiert unter den ein Prozent aber die Auswahl.

Verenas Experiment mit ihren Freundinnen hat sie an einen Punkt gebracht, den die ehemalige Managerin gar nicht erwartet hatte. Der Start ihrer Reise klingt verdächtig nach einer wohlhabenden Frau, die sich dazu entschließt, sich mit Menschen aus anderen Schichten zu vergnügen. Es beschwört das Bild einer Prinzessin herauf, die sich mit einem Frosch abgibt und ihn fallen lässt, sobald sich herausstellt, dass er ein Frosch bleibt. Aber aus Neugier und dem ehrlichen Bedürfnis, nicht in dieselben Muster zu verfallen wie andere Menschen ihrer Klasse, entdeckte Verena die Liebe. Damit steht ihre Erfahrung in starkem Kontrast zu den Statistiken.

Auch wenn Dr. Eckart von Hirschhausen Witze über geschlechterbasiertes Dating macht, erleben wir einen ganz anderen Trend: Die sogenannte Endogamie nimmt in Deutschland zu – Menschen mit demselben sozioökonomischem Background heiraten einander. Das wissen wir schon seit zehn Jahren. Früher wurde die Hälfte aller Ehen zwischen Menschen unterschiedlicher Klassen geschlossen. Heute sind es nur noch

20 Prozent. In lediglich acht Prozent aller Fälle tritt eine Verena mit einem Max vor den Altar, verdient die Frau mehr als der Mann. Das ist nicht unbedingt ein *Gender-Marriage-Gap*. Denn in die andere Richtung sieht es ähnlich aus. Der Chefarzt heiratet auch nicht mehr die Krankenschwester, sondern die Chefärztin. Wir erleben einen *Class-Marriage-Gap*. Dieser Umstand verstärkt die Wohlstandsverteilung in Deutschland, wie der Soziologieprofessor Hans-Peter Blossfeld bereits erklärte. Reiche heiraten Reiche. Arme Arme. Dadurch werden Reiche noch reicher und Arme noch ärmer.

Diese Einkommensunterschiede werden durch *DINKS* verstärkt. Das Akronoym steht für *Double Income No Kids* und umfasst eine Gruppe von Personen, die verheiratet oder in einem eheähnlichen Verhältnis in einem Zwei-Personen-Haushalt leben, Vollzeit arbeiten und keine Kinder haben. Diese Paare sind finanziell besonders gut aufgestellt, denn Familien mit Kindern teilen meist ein oder etwas mehr als ein Einkommen mit drei oder mehr Personen, und Singlehaushalte schultern alle Kosten allein. *DINKS* hingegen haben mehr Freizeit, ein höheres verfügbares Nettoeinkommen, geringere Kosten, weil sie sich alles teilen, und keine Kinder zu versorgen, eine höhere Flexibilität und die Möglichkeit, spontan zu verreisen. In den letzten Jahren stieg die Anzahl der *DINKS* in Deutschland auf mittlerweile 8,95 Millionen Menschen. Sie tragen nicht nur zu einer Vermögensakkumulierung bei, sondern auch zur Überalterung der Gesellschaft.

Klassenhomogenes Daten hängt mit der steigenden ökonomischen Emanzipation von Frauen zusammen, aber auch mit dem Wertewandel in unserer Gesellschaft. Feministische Gedanken sind im Mainstream angekommen. Das ist gut. Dabei scheinen wir jedoch, wie Lisa feststellt, Gleichberechtigung mit Gleichheit zu verwechseln. Trotzdem datet auch sie ausschließlich Frauen, die ihr ökonomisch ähnlich sind, weil sie die Machtunterschiede in ihren romantischen Beziehung minimieren möchte.

»Wie viel *Care-Arbeit* leiste ich in einer Beziehung? Ist die andere Person bereit, sich selbst zu reflektieren, oder muss ich das alles machen? Wenn ich schon Genderunterschiede verhandle, dann möchte ich nicht auch noch über Geld sprechen«, erklärt Lisa.

Je ähnlicher wir uns sind, desto leichter ist es. Doch gleichzeitig werden die *»Woken«* dadurch woker, und alle anderen bleiben auf der Strecke. Dabei wäre es eigentlich gut, wenn eine Person, die weniger *emotional load* hat, mit jemandem zusammen ist mit mehr. Das könnte gesellschaftliche Dynamiken umverteilen. Gleichzeitig möchte ich nicht im Bett Rassismus, Sexismus oder Klassismus verhandeln.

Natürlich sind Klassen nicht der einzige Grund, warum wir mit Menschen, die dieselbe Herkunft haben, zusammen sind. Es hat auch damit zu tun, wem wir im Alltag über den Weg laufen. Viele Menschen haben einen Freund:innenkreis, der aus der eigenen sozialen Schicht stammt. Auch wenn Liebe auf den ersten Blick ein wunderschöner Mythos ist, um Gefühle aufzubauen, muss ich mit einer Person Zeit verbringen. Dafür muss sie in meiner Nähe sein.

Die Erfindung des Fahrrades veränderte das Datingverhalten. Sie erhöhte den Radius. Früher heirateten Paare, die im selben Haus lebten oder in derselben Straße aufwuchsen. Heute sind wir so mobil wie nie zuvor. Wir können um die Welt jetten, und bei den Dumpingpreisen kann sich das sogar die Mitte leisten. Durch das Internet könnten wir sogar eine Beziehung zu einer Person im hintersten Dorf von Paraguay aufbauen.

Obwohl unser Datingradius unendlich ist, daten wir immer noch eher Menschen in unserer physischen Nähe. Gemeinsame Zeit zu verbringen, stärkt die Bindung. Wir daten den Freund eines Freundes. Die Nachbar:in, Arbeitskolleg:in, Klassenkamerad:in. Wenn die Schule klassistisch ist und die Arbeit, ist es der Freund:innenkreis konsequenterweise auch. Selbst die Wohnpolitik sorgt häufig dafür, dass verschiedene Schichten in verschiedenen Straßen wohnen. Wenn ich nur mit Menschen aus meiner eigenen sozialen Schicht abhänge, steigt die Hürde, auf jemanden zu treffen, der außerhalb meiner Klasse ist. Außer bei Verena und ihren Freundinnen, die sich bewusst entgegen ihrer klassistischen Sozialisierung auf dem Online-Datingmarkt bewegten.

Cross-Class-Dating gelingt seltener. Laut der Soziologin Jessi Streib funktioniert es nur, wenn eine der Beziehungspersonen bereits ihre Klassenmythen über Bord geworfen hat. Das führt zu einer höheren *kulturellen Mobilität.* Je flexibler ich bin, desto eher kann ich Menschen mit unterschiedlichen Klassencharakteristika daten. Das macht mich aber nicht automatisch *klassensensibler.* »Einen Intimpartner zu haben, der einer anderen Klasse angehört, führte häufig nicht zu einem besseren Verständnis von Klasse«, so Streib. Das bedeutet, auch wenn ich hautnah miterlebe, dass meine Beziehungsperson anders aufgewachsen ist, vielleicht sich vieles erkämpfen musste, sage ich schnell, die Person ist »einfach so«. Die Verbindung zwischen Klasse und Lebenssituation entsteht also noch nicht einmal, wenn ich einem Menschen so nah bin. Wie soll sie sich da auf die Gesellschaft erweitern? Auf Individuen, die so weit von mir entfernt sind, dass ich mich auf Hörensagen verlassen muss und nicht über ihre Kämpfe aus nächster Nähe Bescheid weiß?

Katharina datet zwischen den Klassen. Doch aufgrund unseres Gesprächs kam sie ins Grübeln. Sie begann sich zu fragen, inwiefern die soziale Herkunft eine Rolle in ihren romantischen Beziehungen spielte. Zwar beeinflusst die Klasse den Alltag mit ihrem Freund, doch diesen Umstand auf die Klassensozialisierung zurückzuführen, tat sie nicht.

Dadurch verfiel Katharina in klassistische Denkmuster, was auch ich tat. Statt zu erkennen, dass Klasse und die soziale Herkunft eine Rolle spielen im Umgang mit unseren Partnern, dachten wir beide, dass unsere Herausforderungen mit der Persönlichkeit des Menschen, mit dem wir zusammen sind, zusammenhängen. »Er ist verschwenderisch«, dachten wir und nicht: »Die Person hat nie gelernt, mit Geld umzugehen.« »Er ist ein Downer« und nicht: »Er hat viele traumatische Erfahrungen hinter sich.« Oder dass es o. k. ist, wenn eine Person unbeschwerter ist, weil sie weniger Ungerechtigkeit erlebt hat.

Alle diese Aussagen pauschalisieren. Sie sollen aber zeigen, dass es uns im zwischenmenschlichen Miteinander schwerfällt, Klassensozialisierung und Mensch zu unterscheiden. Wir sind Teil einer Struktur, eines sozialen Gefüges. Das hinterlässt Spuren. Es prägt uns. Vermeintliche Charakterzüge der einen Person, werden dann auf Ticks oder Stärken dieses Individuums zurückgeführt, während die soziale Herkunft komplett ausgeklammert wird.

Streib sprach mit über 32 *Cross-Class-Dating-Paaren*. Die Befragten räumten zwar ein, dass sie in einer Beziehung mit einer Person mit einer anderen sozialen Herkunft lebten, glaubten aber nicht, dass Klassenunterschiede irgendeinen Einfluss auf ihre eigene Identität, die ihres:ihrer Partner:in oder ihre Ehe hätten. Die Wahrnehmung, dass Klasse nur materiell oder hauptsächlich moralisch wirkt, trug dazu bei, dass die Personen den Einfluss der sozialen Herkunft auf ihre Ehe nicht erkannten. Viele waren nicht in der Lage, Muster zu erkennen und über Klasse nachzudenken, oder ließen sich von der Ideologie zweier einzigartiger – nicht von der Klasse beeinflusster – Individuen leiten. Das, obwohl Aufräumen und Geld die beiden größten Streitthemen in Beziehungen sind.

Darüber hinaus nutzten selbst diejenigen, die lernten, die Art und Weise zu erkennen, wie die soziale Herkunft ihr Leben prägt, ihr Wissen nicht, um Klassenschranken in anderen Kontexten niederzureißen. Sie überbrückten vielleicht eine Kluft, als sie ihren Partner heirateten, aber sie wollten keine weiteren Brücken bauen, beispielsweise zu den Freund:innen der Partner:in. Einmal die Hände reichen, war mehr als genug.

Liebe macht nicht blind, sondern Klassenblindheit macht die Wahl der Liebespartner:in zum Einheitsbrei und verschleiert größere gesellschaftliche Themen, die in unsere Beziehungen reinspielen. Für den Soziologen Max Weber sind Heiratsvorlieben, ein wesentlicher Indikator für die Geschlossenheit oder Offenheit einer Gesellschaft, und in Deutschland geht es im Grunde zu, wie beim britischen Adel im 19. Jahrhundert.

Unser Dating- und Heiratsverhalten ist keine Geschmackssache, sondern vielmehr ein Ausdruck unserer klassistischen Sozialisierung. Das möchten wir nicht wahrhaben, weil wir gleichzeitig die Liebe und die Wahl der Beziehungsperson als etwas Magisches ansehen. Ein Knistern, eine Anziehung, frei von gesellschaftlichen Einflüssen und Konventionen. Als wären wir immun gegen die Botschaften und Geschichten, die in unserem Umfeld umherschwirren. Wir halten an der Ideologie der *unabhängigen Liebe* fest.

Ein Gedanke von Lisa lässt mich nicht los. »Würden Menschen wirklich nur sich selbst daten, dann wären Frauen doch nur noch mit Frauen zusammen«, sagte sie mit einem Augenzwinkern, kurz bevor sich unsere Wege trennten. Deshalb habe ich mir noch einmal alle Gespräche angeschaut, um herauszufinden, worum es den meisten Personen beim Dating wirklich geht. Dabei konnte ich alle Aspekte auf einen Faktor herunterbrechen: Geld. Beziehungsweise nicht über Geld nachdenken zu müssen.

Es zog sich wie ein roter Faden durch alle Gespräche. Die Menschen, die ich interviewte, sprachen das G-Wort nicht aus. Doch es war omnipräsent. Versteckt in einer hedonistischen Erkärung. Mit ihrer Beziehungsperson wollen sie etwas erleben. Reisen, Essen gehen, Konzerte besuchen. Einfach genießen und frei sein. All das hängt von den Scheinen ab. Früher heirateten wir zur Kapitalübertragung, heute um gemeinsam zu konsumieren.

Wir suchen keinen *soulmate,* wir suchen einen *shopping* und *lifestyle buddy*. Die meisten Menschen möchten, dass Geld keine Rolle spielt, deshalb vermeiden sie es, indem sie mit einem Menschen ausgehen, der ähnlich viel verdient. So kommen sie nicht in die Lage, für eine Person mitbezahlen zu müssen, weil sie weniger verdient, oder sich einladen zu lassen. Sie möchten keine Abstriche machen oder sich schlecht fühlen, wenn sie nicht mit ihrer Beziehungsperson finanziell mithalten können. Geld spielt für sie keine Rolle, dabei ist genau das Gegenteil der Fall. Geld ist für sie so wichtig, dass sie ausschließlich mit sich selbst ausgehen. Klasseninzest zur Konfliktvermeidung. Erst dann kann Geld bedeutungslos sein – zumindest in ihrer Zweisamkeit.

»Ich möchte nicht, dass du meine Rechnung bezahlst, aber

ich möchte deine nicht zahlen müssen. Ganz einfach«, erklärt eine Comedienne in dem Podcast *Bad Dates*, in dem Menschen eingeladen werden, um über schlechte Verabredungen zu sprechen.

Das sieht Johannes aus Berlin genauso. Einmal war er auf einem Date mit einem Kunstsammler. »Er nahm mich mit auf eine Party von einem Galeristen. Ich war beeindruckt, aber auch verunsichert. Es führte zu einer Dynamik, in der ich nicht ich war. Irgendwie habe ich mich anders verhalten. Ich kann mir nicht vorstellen, mit jemandem zusammen zu sein, der signifikant weniger Geld hat, aber auch nicht mit jemandem, der viel mehr hat. Dabei möchte ich in die gleiche Richtung schauen, um die gleichen Dinge zu tun. Das setzt für mich eine gleichberechtigte Beziehung voraus.«

Klassenhomogenes Daten beeinflusst die Machtkonzentrierung in unserer Gesellschaft. Denn in einer Beziehung teilen sich Paare nicht nur die Zweisamkeit, sondern auch die Kosten, von der Miete bis zum Einkauf, aber auch das Erbe. Die obersten zehn Prozent in Deutschland, die bereits rund zwei Drittel des Gesamtvermögens besitzen, werden dadurch noch reicher, wenn sie untereinander heiraten. Das war früher anders, weil Familien mehr Kinder bekamen und der Geschäftsführer eben auch den Bund der Ehe mit seiner Sekretärin einging. Das ist kein Nebeneffekt vom Feminismus, sondern wir erleben nicht nur einen *Gender-Dating-Gap*, der dazu führt, dass gut ausgebildete Frauen Single sind und Männer ohne Studium Schwierigkeiten haben, sondern vielmehr einen *Gender-Class-Dating-Gap*.

Der Traummann ist nicht mehr der Prinz, der auf einem weißen Pferd angeritten kommt, sondern die moderne Version davon – der hübsche CEO. Früher gab es weitere soziale Aspekte, mit denen Männer auf dem Liebesmarkt punkten konnten, wie der geschickte Jäger oder der kreative Maler. Bei Frauen war es meistens das Aussehen. Was noch einmal ein ganz anderes Thema ist.

Amor versagt im Klassenkampf. Sollte die linke Grafikdesignerin mit dem konservativen Bauern zusammenkommen? Müssen wir alle über unseren Klassenschatten springen und einfach mal mit Menschen ausgehen, die für uns nicht unbedingt die erste Wahl sind?

Verenas »Klassenbewusstes Dating«-Experiment, in dem sie sich tapfer davon abhielt, intuitiv nach links zu swipen, sobald jemand nicht ihrem eigenen sozialen Status entsprach, hat für sie funktioniert. Das bietet zumindest für einige Menschen auf der individuellen Ebene eine Lösung. Immerhin verliebte sie sich in wahrer RomCom-Manier in Max. Was wunderschön klingt, ist jedoch ein Einzelfall.

Auf der strukturellen Ebene braucht es auch Lösungen. Wenn Dating nicht nur eine Frage des Geschmacks, sondern eine Mischung aus gesellschaftlicher Verkettung und Erfahrungen ist, dann braucht es neue Narrative. Cross-Class-Dating-Geschichten, die weniger fetischisieren, sondern zeigen, wie zwei Welten aufeinandertreffen und sich verbinden. Die den Erzieher und die Richterin zum Traumpaar machen anstatt den Arzt und die Richterin.

Gleichzeitig beeinflusst unser Freund:innenkreis das persönliche Datingverhalten. Deshalb brauchen wir einen aktiven Abbau der hierarchischen Struktur an Schulen, am Arbeitsplatz, aber auch in der Freizeit. Büros, in denen beispielsweise der wohlständige Manager sich einen Raum mit dem Hausmeister teilt. Durchmischte Schulklassen und Gruppen steigern die Möglichkeit, dass sich Kinder und Erwachsene mit diversen sozialen Herkünften begegnen und Freund:innenschaften schließen können. Dann wären Arm, Reich, neue und klassische Mittelschicht auch befreundet.

Bei der Partner:innenwahl geht es häufig vor allem um eine Frage: Mit wem kann ich eine Familien gründen? Aktuell ist es mit einem Menschen mit wenig Einkommen und Vermögen wenig reizvoll. Ein Faktor ist, dass Deutschland zu den Spitzenreitern beim *Motherhood Penalty* gehört, auf Deutsch bei der *Strafe für Mutterschaft.* Frauen werden nachweislich durch die Geburt von Kindern ökonomisch drastisch benachteiligt. Das sorgt dafür, dass viele Menschen, die Kinder kriegen möchten, gezwungen werden, traditionelle Geschlechterrollen beizubehalten, bei denen beispielsweise Frauen primär für die Kindererziehung verantwortlich sind. Dadurch ist es für Menschen, die weiblich sind und eine Familie aufbauen möchten, strukturell von Nachteil, mit einem Mann oder einer anderen Frau zusammen zu sein, die weniger verdienen. Natürlich ist es ausgesprochen schwierig, wenn der Staat bei der Liebeswahl mitmischt. Trotzdem könnten finanzielle Anreize und Konzepte zumindest Paare mit weniger Einkommen bei der Familiengründung unterstützen. Das würde vermutlich auch die geringe Geburtenrate verbessern.

Für Menschen, die keine klassische Familie gründen möchten, stellt sich die Frage, wie Beziehungen sich verändern würden, wenn Geld keine Rolle spielte. Wenn die Klempnerin und der Busfahrer genauso viel verdienten wie die Chirurgin und der Richter? Je ähnlicher die Gehälter wären, desto weniger würde es einen Unterschied machen. Es könnte die Natur unserer Beziehung und unseres Datings verändern. Dann würde der Geschmack nicht durch die soziale Klasse beeinflusst werden, sondern durch den Menschen selbst.

WURST UND MORAL

Als ich dreiundzwanzig Jahre alt war, habe ich das erste Mal Rucola gegessen. Vor der Uni kaufte ich mir ein Brötchen, das ich zuvor bei einer Kommilitonin entdeckt hatte. Ich wollte wissen, wie die langen, opalgrünen Stängel schmeckten, die aus dem Brötchen herausragten. Sie sahen gesund und schön zugleich aus.

Essen unterwegs zu kaufen, war etwas Besonderes. Takeaways, Essen liefern lassen, Restaurantbesuche – all das gab es in meiner Kindheit, Jugend und bis weit in meine Zwanziger hinein kaum. Zu teuer. Doch an diesem Morgen wollte ich so sorglos wie die anderen sein, die in die Uni schlenderten und über ihre Schulter hinweg zu ihren Freund:innen riefen: »Ich hole mir noch schnell einen Happen zu essen.«

Diese lapidare Aussage ist ein Klassenstatement. Ich muss meine Nahrung nicht planen. Wenn ich Hunger kriege, kaufe ich mir einfach, worauf auch immer ich gerade Lust habe. Ich kann es mir leisten. Auch ich wollte erleben, wie sich das anfühlt, einfach zu genießen, ohne einkaufen zu gehen und selbst etwas zubereiten zu müssen. Als ich in mein Brötchen biss, erschrak ich. »Was ist das denn? Das ist ja total bitter?!«, rief ich aus. Ein paar weitere Mitstudierende kamen dazu und lachten. Die Kommilitonin, der ich den Brötchenkauf nachgemacht hatte, sah mich ungläubig an: »Rucola! Hast du den etwa noch nie gegessen?«

Hatte ich nicht.

Essen ist lebenswichtig. Wir alle müssen uns ernähren, ob reich oder arm. Aber Nahrung ist nicht nur eine Notwendigkeit oder reine Biologie. Gerichte sind ein wichtiger Aspekt unserer Kultur, unserer nationalen und individuellen Identität. Es bringt Menschen zusammen, stiftet Gemeinschaft, Rezepte werden über Generationen weitergegeben und rufen Erinnerungen sowie Nostalgie hervor.

Der Wochenmarkt, Festivals, Street-Foods, Tastings, kulinarische Wanderungen, Blogs und Kochbücher – wir befinden uns im Zeitalter der *Foodies*. Menschen lieben es, ihr Essen zu fotografieren und über Gerichte zu referieren. Auf Social Media boomen Food Channels. Wir drapieren und teilen unsere Nahrung. Foodpics sind zu einer sozialen Institution geworden. Expert:innen und Wannabes liefern Tipps und Tricks, wie ein Rezept gelingt. Hashtag *Foodporn*. Ernährung ist ein Statussymbol. Und das nicht erst seit dem Social-Media-Zeitalter. Bereits der Franzose Jean Anthelme Brillat-Savarin schrieb 1826 in der *Physiologie des Geschmacks*: »Sag mir, was du isst, und ich sage dir, was für ein Mensch du bist.«

Industrialisierung und Technisierung haben unsere Esskultur nachhaltig verändert. Waren Kaffee und Schokolade vor sechzig Jahren noch eine seltene Delikatesse, sind sie vom Luxusgut zum kulinarischen Mainstream geworden.

Durch Massenproduktion hat sich der Zugang zum Essen demokratisiert, doch die *feinen Unterschiede* bestehen weiterhin.

»Ich weiß noch, dass es für uns als Familie ein großes Ereignis war, zu Reichelt zu gehen. Allein der Name *Reich*-elt. Wir fühlten uns, als würden wir wie die Wohlhabenden einkaufen«, schmunzelte meine beste Freundin, als wir darüber diskutierten, was sich früher bei uns zu Hause im Kühlschrank befand.

In welchem Laden eine Person einkauft, demonstriert ihre Klassenzugehörigkeit. Bei Edeka oder Aldi. Rewe oder Lidl. Zwar gibt es beim Discounter den Paprikamix für einen erschwinglichen Preis, doch nicht die pestizidfreie Version. Die gibt es für Menschen mit mehr Geld beim Biomarkt oder direkt vom Bauern. Schadstofffreie, ökologische Ernährung ist nicht für die klassische Mitte und schon gar nicht für die prekäre Schicht vorgesehen. Sie können sich glücklich schätzen, dass sie durch die Massenproduktion überhaupt an Olivenöl oder billiges Fleisch kommen.

In meiner Familie spielt Essen eine große Rolle. Meine Mutter wuchs in einem Haushalt auf, in dem der Kühlschrank immer leer war. Deshalb war unserer später stets voll. Das war ihr wichtig. Wir hatten als Familie kaum Geld. Bei uns gab es keinen Urlaub, keine Restaurantbesuche, keinerlei kulinarischen Luxus. Wir gingen selten aus, nicht ins Museum, auch auf keine Straßen- oder Kinderfeste. Doch wir hatten genug Geld für eine Tafel Schokolade aus dem Supermarkt. Das war unser Freizeitvergnügen. Diese Naschereien waren die einzige Versüßung, die wir uns leisten konnten. Sie war klein und simpel. Der Zucker, der durch den Körper rauschte und uns kurz unsere Realität vergessen ließ. Wir aßen nicht, um klüger oder besser zu werden, sondern um abzuschalten. Essen diente dazu, uns zu beruhigen und zu entspannen. Nicht um *Übermenschen* zu werden oder uns zu optimieren. *Comfort Food* ist und bleibt meine liebste Speise. Es erinnert mich an zu Hause.

Anders verhält es sich mit der aktuellen Mittelschicht und vor allem bei den Wohlständigen und Überwohlständigen. Nahrungsergänzungsmittel, Ernährungsoptimierung, Schlafmanagement – die Elite nutzt *Biohacking*. Das Ziel ist – geprägt vom US-Unternehmer und Autor Dave Asprey – durch gezielte Interventionen den eigenen Körper und Geist zu optimieren. Vom *Bulletproof Coffee* bis hin zum Mund-in-der-Nacht-Zutapen.

Die eine Klasse experimentiert an sich herum. Sie wollen produktiver, besser, schneller, klüger und gesünder werden. Sie wollen ewig leben. Etwas, das sich die prekäre Klasse gar nicht leisten könnte. Ihre Methoden sind teuer und kompliziert. Das stellt die Ernährungsmoral auf eine ganz andere Ebene. Es geht gar nicht mehr nur um die Frage, ob Salat oder Pommes als Beilage. Es geht um Menschen, die so viel Geld haben, dass sie einen privaten Bio-Hof besitzen, um einen exklusiven Zugang zu vitaminreicheren und chemiefreien Nahrungsmitteln zu haben, während alle anderen weiterhin ihren Einkaufswagen durch den konventionellen Supermarkt schieben. Es geht um Nahrung zweiter Klasse. Um Gesundheit zweiter Klassen. Es geht um Lebensrealitäten, die Lichtjahre voneinander entfernt sind. Dabei sind die prekäre und klassische Mittelschicht damit beschäftigt, überhaupt genug Essen für ihre Familie auf den Tisch zu bekommen.

Dass ich mit Mitte zwanzig keinen Rucola kannte, geschweige denn eine Avocado oder eine Pastinake zu Gesicht bekam, hängt mit meiner sozialen Herkunft zusammen. Diese Nahrungsmittel gab es in den 1990ern und 2000ern eben nicht bei Aldi. Somit fehlten sie auch in unserem Kühlschrank. Meine Freundin Katharina kannte diese Lebensmittel viel früher als ich. Im Alter von sechs Jahren war ihr liebstes Gericht gekühlte Austern. Meins war Mac'n'Cheese. Schon von Kindesbeinen an nahm Katharinas wohlständige Familie sie in teure Restaurants mit. Ihr Kühlschrank sah vermutlich ganz anders aus als meiner.

Mir schmeckte die Salatpflanze zu Beginn nicht, weil ich sie nicht kannte, und meine Mitstudierenden lachten über meine Unwissenheit, weil sie keine Ahnung hatten, was Menschen aus anderen Klassen aßen. Hinter der Wahl zwischen Fisch und Fleisch, Wein und Bier, Café au Lait und Chai verstecken sich Food-Snobismus und kulinarischer Analphabetismus.

Die Klassenzugehörigkeit bestimmt über den eigenen kulinarischen Kompass und was ich als lecker oder nicht empfinde.

Das ist unsere *amor fati,* die *unfreiwillige Wahl.* Der Geschmack und was uns beim Essen Genuss bereitet, verfestigt sich im sozialen Kontext, so Bourdieu. Du bist also nicht, was du isst, du isst, was du bist.

Ernährungsstile zeigen, wie tief unser *Klassenunbewusstsein* reicht. Denn ähnlich wie beim Dating denken wir, dass unsere Vorliebe fürs Essen etwas Unabhängiges ist. Klassenfrei. Dass es einfach *mein Geschmack* ist. Dabei sind Ernährungsgewohnheiten ein zentraler Bestandteil des *Habitus.* Eine unbewusste, nicht rational zu erklärende Grundüberzeugung, die bereits von klein auf beginnt.

»Was einem schmeckt, ist in hohem Maße sozialisiert«, sagt Eva-Maria Endres. Die Ernährungswissenschaftlerin erklärt, dass es zwar Präferenzen gibt, die bei nahezu allen Menschen gleich sind: Bitteres empfinden wir als unangenehm, Süßes als schmackhaft. Und es gibt angeborene Geschmäcker: Manche Menschen mögen salzige Speisen, andere eher süße. Aber darüber hinaus hat jeder Mensch eine *Ernährungsbiografie.* Diese entwickeln wir im Laufe unseres Lebens. Ernährungsbiografien sind Klassenbiografien.

»Esserlebnisse sind an soziale Ereignisse geknüpft«, führt Endres weiter aus. »Sobald wir ein Gericht konsumieren, ruft unser Gehirn unbewusst eine Erinnerung hervor. Aus der

Kindheit. Von der Arbeit. Manche Gerichte erinnern uns an die Mama, die Großeltern, an ein schönes Urlaubserlebnis. Wir verknüpfen auch einen bestimmten Lebensstil mit kulinarischen Kreationen. Wenn ich beispielsweise Frankreich mag, dann esse ich französische Gerichte.«

Geschmacksunterschiede wirken sich auch auf die Bewertungen anderer Ernährungsstile aus. Ein gutes Beispiel dafür ist eine der beliebtesten Doku-Soaps Deutschlands: *Das perfekte Dinner*. Die Kochshow läuft seit 2006 montags bis freitags auf VOX. Die Soziologin Kristina Greißl untersucht, wie die soziale Herkunft die Bewertungen beim *Perfekten Dinner* beeinflusst.

Fünf Menschen werden vermeintlich zufällig ausgewählt. Pro Folge darf eine Person ein Drei-Gänge-Menü zubereiten. Wir sehen das Zuhause der Person, ihre Menüfolge, dann wird serviert, geoht und geaht.

Anschließend müssen die Teilnehmenden das Dinner auf einer Skala von 0 bis 10 bewerten. Dabei geht es den meisten nicht nur um den Geschmack, sondern auch darum, wie ästhetisch das Essen angerichtet wurde, um die Qualität und Besonderheit der verwendeten Lebensmittel sowie den zeitlichen Aufwand, um das Dinner zuzubereiten. Doch Greißl entdeckte, trotz dieser vermeintlich objektiven Kriterien, endet die Bewertung meist mit dem Satz: Es war einfach *nicht mein Fall*.

Unterschiedliche Geschmäcker sind grundsätzlich nicht schlimm. *Das perfekte Dinner* zeigt allerdings, dass es zu einer ungleichen Wertschätzung von kulinarischer Kunst und Aufwand führt. Die Esskultur von *oben* ist der gesellschaftliche Imperativ. Das Essen *unten* ist viel zu einfach. Unser Verhältnis zur Nahrung demonstriert die Herrschafts- und Machtunterschiede in unserer Gesellschaft. Nicht nur aufgrund der Lebensmittelverteilung, sondern auch aufgrund der Narrative, die um Nahrungspräferenzen existieren. Darin köchelt ein versteckter Klassenkampf. Wer was und wie viel isst, wird verurteilt.

Das begann bereits in der Antike. Der *Spiritus Rector* der naturheilkundlichen Medizin, Hippokrates, lieferte mit seinen Schriften die erste Form einer Diät und legte den Grundstein für die Ernährungswissenschaften. Durch seine Arbeit entstand der Wandel vom *Mythos* zum *Logos*. Waren die Menschen zuvor davon überzeugt, dass eine Krankheit ein göttlich-gewolltes, unabwendbares Schicksal war, wandelte sich diese Perspektive. Hippokrates prägte den Gedanken, dass wir Menschen unseren Körper und unsere Gesundheit nicht durch Opfergaben an die Götter:innen beeinflussen, sondern durch unsere eigenen Ernährungsweisen. Heute ist dieser Gedanke normal. Damit entstand eine Verschiebung der Verantwortung. Aus dieser Logik heraus ist es meine eigene Schuld, wenn ich krank werde. In dem Satz »*Du bist, was du isst*«, schwingt auch eine Warnung mit. Essen sollte keine Lust bereiten, es sollte lediglich dem Leib zuträglich sein, und der Genuss sollte in Form von Gesprächen, einzig als geistiger Genuss stattfinden, fand Plato. Von unseren heutigen #Foodporn-Bildern und -Reels würde der Philosoph nicht viel halten. Der Geist sollte stärker als der Körper sein, der lediglich eine Hülle sei. Eine seiner zentralen Thesen war der *Leib-Seele-Dualismus*. Die unsterbliche Seele ist demnach im vergänglichen Leib gefangen. Der Körper mit seinen physischen Bedürfnissen hält die Seele davon ab, das *Wahre* zu erkennen. Das kann nur verhindert werden, wenn der Geist über den Körper gestellt wird. Das Mittel, um das Weltlich-Physische, insbesondere körperliche Gelüste, zu bezwingen, ist die *Askese*, der freiwillige Verzicht auf sinnlichen Genuß jeder Art.

Aufgrund dieses gesellschaftlichen Wandels wurde Ernährung eine individuelle Angelegenheit und vor allem eines: moralisiert. Die Einhaltung einer maßvollen Lebensweise lag von nun an in der Verantwortung eines jeden Individuums, war aber zugleich auch öffentlich-politisch. Doch was und wie die Menschen aßen, war schwer zu sehen, stattdessen wurde der Körper als Beweis herangezogen. Und so entstand sie, die Idee des Körperideals. Ein schlanker, trainierter Mensch hat seine Triebe unter Kontrolle, ist damit ein zuverlässiger, fleißiger, guter Bürger für die *polis*, den damaligen griechischen Staat. Umgekehrt gibt ein dicker, stark genussorientierter Mensch ungezügelt seinen Trieben nach und besitzt somit wenig Moral und ist unberechenbar für die polis.

Die katholische Kirche, allen voran Augustinus von Hippo, griff Platos *Leib-Seele-Dualismus* auf und spitzte das Konzept zu. Obwohl Essen ein zentrales Symbol des christlichen Glaubens ist, was sich unter anderem am letzten Abendmahl erkennen lässt, wurde der kulinarische Genuss dämonisiert. Augustinus ging so weit, dass er die Magersucht als Ideal propagierte und Anorexie als etwas Heiliges beschrieb.

Abgesehen davon, dass es bedenklich ist, Essstörungen zu glorifizieren, führt es zu einer simplen Gleichung, die wir trotz unseres Body-Positivity-Zeitalters weiterhin vornehmen: Dünne Menschen werden automatisch als gesund erachtet, Dicksein wird pathologisiert. Die einen sind gut, die anderen böse. Der eine ist verlässlich, die andere nicht, weil sie zu sehr damit beschäftigt ist, ihre Hand in eine Chipstüte zu stecken.

Essmoral gilt als das Urmodell der Tugendhaftigkeit. Nahrungsdogmatiker:innen teilen die Überzeugung, dass es einen Zusammenhang zwischen Essen und sozialen Problemen gibt: Schlechte Ernährung führe zu schlechten Gesellschaften und umgekehrt. Aus diesem Grund sei »Gutes Essen« zu einem »moralischen Imperativ« geworden, schreibt Warren James Belasco.

Daraus folgt leider nicht, dass jedem Menschen in unserer Demokratie ein Zugang zur besten Ernährung gewährleistet wird, sondern vielmehr, dass von ihm erwartet wird, dass er es selbst irgendwie schafft, sich entsprechend zu ernähren und bei bester Gesundheit zu sein. Die sozioökonomischen Realitäten werden dabei natürlich ignoriert. Dabei stehen Nahrungsmittel an dritter Stelle auf der Ausgabenliste für den Lebensunterhalt.

Das macht sich vor allem bei der Diskussion um eine soziale Schicht bemerkbar: die prekäre. »Kinder mit einem niedrigen sozioökonomischen Status sind zu 25 Prozent übergewichtig, während Kinder mit einem hohen es nur zu 8 Prozent sind«, erklärt mir die Ernährungswissenschaftlerin Eva-Marie Endres im Gespräch. Doch die Gründe, woran das liegen könnte, beantwortet die Studie nicht. Dafür heißt es in einer anderen Untersuchung, dass die genetische Veranlagung eine entscheidende Rolle bei der Neigung zu Übergewicht spielt. Rund 75 Prozent. Die restlichen 25 hängen mit der Umwelt zusammen. Sie sollen den Unterschied machen. Aber selbst bei diesem Viertel werden die Gründe für den Gewichtsunterschied zwischen den Klassen lediglich vermutet. Es heißt: Eventuell bewegen sich Kinder und Personen aus der prekären Schicht nicht genug. Wissen möglicherweise nicht, dass Sitzen das neue Rauchen ist, oder erkennen den Unterschied zwischen gesunden Frühstücksflocken und denen von Kelloggs mit Unmengen von Zucker nicht.

Alle Gründe lassen sich zu einem Aspekt zusammenfassen: Die Armen sind zu doof, um sich um ihre Körper zu kümmern.

Schmeckt mir oder nicht, ist eine Sache, aber hinter der Ernährungsmoral schlummert eine Verachtung gegenüber der prekären Schicht. Ernährungsmoralist:innen betrachten Dicksein als Gefahr für das gesellschaftliche Solidaritätsprinzip, da es das Gesundheitssystem belasten könnte. Dicksein ist dabei für die Kritiker:innen schlimmer als Rauchen, Extremsportarten oder sonstige Lebensstile, die gesundheitliche Gefahren darstellen könnten. Mit dieser Einstellung zeigt sich, dass wohlhabende Klassen ungern für die Armen aufkommen möchten. Vor allem, weil sie die Schuld bei ihnen sehen.

Diese Prozesse laufen nicht explizit ab. Allerdings dient die Kritik hauptsächlich dazu, die Position der einen an der Spitze zu rechtfertigen und die Unterschiede zu den anderen zu betonen, die es scheinbar nicht einmal schaffen, sich um ihre Körper zu kümmern. Wenn die Armen noch nicht einmal in der Lage sind, sich richtig zu ernähren, wie sollten sie dann überhaupt dazu fähig sein, höhere politische Ämter zu bekleiden?

Der Gesundheitswissenschaftler Dr. Friedrich Schorb stellt fest, dass abgesehen davon, dass die Forschung darauf hindeutet, dass moderates Übergewicht die Lebenserwartung sogar verlängern kann, gibt es zwar Untersuchungen, die zeigen, dass arme Menschen statistisch gesehen früher sterben, das muss aber nicht unbedingt an ihrem höheren Körpergewicht liegen.

Er sieht das Problem vor allem darin, dass die akademische Schicht armen Menschen erklärt, wie sie sich verhalten sollen, ohne auch nur irgendeine Ahnung von ihrer Realität zu haben.

Fakt ist, der Unterschied in der Lebenserwartung zwischen Arm und Reich in Deutschland beträgt bei Männern elf Jahre. In Ländern mit weniger materieller Ungleichheit werden Menschen gleich alt. Das bedeutet: Soziale Ungleichheit führt zu gesundheitlicher Ungleichheit.

Dr. Schorb erkärt, dass *soziale Selektionsprozesse* dazu führen, dass Menschen mit chronischen gesundheitlichen Problemen oft arm werden, während *soziale Verursachungsprozesse* zeigen, dass Armut selbst gesundheitliche Probleme verursachen kann, durch Faktoren wie Stress, schlechte Arbeitsbedingungen, Umweltverschmutzung und Wohnungsnot.

Was wir wissen, ist: Armsein wirkt sich auf die Gesundheit aus. Statt aber Armut zu bekämpfen, wird die prekäre Schicht kritisiert.

Dicksein ist schlecht. Dünnsein, das ist gut. Dieses Erbe aus der Antike hat heute eine ganz andere Dimension angenommen. Dabei macht das Gewicht einen Menschen nicht besser oder moralischer. Der Körper sagt nichts über den Charakter aus. »Statistisch ist dieser Zusammenhang überhaupt nicht nachweisbar«, erklärt die Ernährungswissenschaftlerin Endres. »Es ist oft das Gegenteil der Fall. Gerade übergewichtige Menschen strengen sich häufig viel mehr an, sind wahnsinnig nett, sozial und engagieren sich.« Vermutlich um die Diskriminierung, die sie in unserer körperfixierten Gesellschaft erfahren, abzudämpfen.

Unsere Essmoral führt zu neuen Strömungen, denn heute ist Essen für viele Menschen ein Lifestyle. Einige suchen in der Ernährung eine Ersatzreligion, ein Zugehörigkeitsgefühl, eine Gruppenidentität. Manchmal auch mit strikten Ernährungsregeln, die Stabilität und Vertrautheit schaffen.

Unter der Zuckerfrei-Bewegung ist Hannah Frey mit der Website *Projekt: Gesund leben* einer der erfolgreichsten *Clean-Eating*-Vertretenden in Deutschland. Bei ihren 40-Tage-zuckerfrei-Challenges, werden die Teilnehmenden dazu motiviert, dem Suchtfaktor des Zuckers zu entkommen. Bestimmte Lebensmittel als *clean,* zu Deutsch *sauber* und dementsprechend andere als *unsauber* zu kategorisieren, hat etwas Klerikales. Die Welt wird in Gut und Böse eingeteilt. Auf der Website sehen wir Frey lächelnd mit einem T-Shirt, auf dem *Good Girl* steht. Aber auch vegane, vegetarische oder frutarische Ernährungsformen unterliegen klaren Abgrenzungen. Das essen wir. Das nicht. Zwar gehen diese Ernährungsformen nicht so weit wie Augustinus von Hippo und beschreiben sich und ihr Verhalten als heilig, allerdings wären sie – folgt man den Werten der griechischen Antike – besonders moralisch, denn sie entscheiden sich freiwillig für eine Form der Enthaltsamkeit. Kein Zucker. Kein Fleisch. Kein Ei. Gutes Essen. Schlechtes Essen. Good Girl. Bad Boy.

Natürlich kann es in jeder Schicht Menschen geben, die kein Fleisch oder keinen Zucker essen. Untersuchungen zeigen jedoch, dass eine bestimmte Klasse besonders oft alternative Ernährungsformen wählt: die aktuelle Mittelklasse.

Zwar gibt es durch die digitale Verbreitung so viele verschiedene Essensstile wie noch nie, aber jede Gruppe ist davon überzeugt, dass ihre eigene Ernährungsform die *richtige* ist. Das resultiert in einer gewissen *Versusmentalität*: Fleisch oder Brokkoli. Kuchen oder Datteln. »Fleisch ist Mord« oder »Veganer essen meinem Essen das Essen weg«.

Unsere Ernährung ist an unsere Identität geknüpft. Jegliche Kritik an einem Essstil ist emotional aufgeladen. Denn sie richtet sich nicht nur gegen das, was sich in meinen Einkaufswagen befindet, sondern kritisiert *mich* und meine Ernährungsbiografie. Alle meine Erlebnisse, bei denen Essen eine Rolle spielte. Die Kritik betrifft auch die Oma, die ihrem Enkel jeden Sonntag Kohlrouladen gekocht hat, das geliebte Lahmacun-Rezept von Baba oder die Schwester, die zu jedem Geburtstag eine opulente, zuckrig-fettige Buttercreme-Torte backt.

Das ist der Essensklassenkampf: Wurst und Moral, Fett und Mäßigung.

»Wenn wir über das Thema Essen reden, dann werden ja häufig die sozialen Schichten verurteilt, die viel Fleisch essen«, erklärt Eva-Maria Endres. »Diese Kritik fühlt sich für sie an, als würde ihnen die Gesellschaft etwas wegnehmen. Der gesellschaftliche Diskurs geht dann oft in die Richtung, dass der traditionell denkende und hart arbeitende Mann aus einer bestimmten Klasse, der in seiner Mittagspause eine Currywurst isst, kritisiert wird. Der fühlt sich dann zu Recht angegriffen. Er verteidigt seinen Lebensstil.«

Doch wer greift hier eigentlich wen an? Ich selbst lebe seit über zehn Jahren vegan. Früher war es kompliziert. Nun ist es intuitiv. Heute mache ich mir selten Gedanken darüber. Das war zu Beginn anders. Sobald ich mit Menschen, seien es entfernte Verwandte oder Bekannte, zum Essen zusammenkam und sie erfuhren, dass ich rein pflanzlich esse, hörte ich Entschuldigungen wie »ich esse ganz wenig Fleisch« oder »wenn, dann nur Bio.« Manche griffen mich an und redeten über Sojafelder, Avocados und Mangelernährung. Doch primär erklärten sie sich, diskutierten, erörterten – ohne dass ich das einforderte. Nur durch meine bloße Anwesenheit fühlten sie sich angegriffen. Doch nicht nur das: Die Leute wollten meine Absolution. Das bisschen, was ich esse, ist doch halb so wild, oder nicht? Für sie war ich das personifizierte schlechte Gewissen.

Ich treffe mich mit Sophia Hoffmann. Sophia ist eine vegane Institution. Seit über 12 Jahren kocht, schreibt und spricht sie in der Öffentlichkeit zum Thema Veganismus und *Zero Waste,* der Reduzierung von Lebensmittelverschwendung. An einem verregneten Herbstnachmittag besuche ich sie in ihrem Restaurant *Happa* in Berlin-Kreuzberg, das sie mit ihrer Geschäftspartnerin Nina Petersen Ende 2022 eröffnet hat. Außen prangt kein Logo mit einer grünen Pflanze auf einem knallig gelben Hintergrund. Generell ist auf den ersten Blick schwer zu erkennen, dass es sich hier um ein veganes Restaurant handelt. Das ist eine bewusste Entscheidung. Sophia möchte Menschen mit Genuss überzeugen. Es soll einfach schmecken.

Sophias Mama war voll berufstätig und der Papa Hausmann. Ihr Vater hat seine Ernährungsbiografie an die spätere Köchin weitergegeben.

»Meine Eltern sind beide noch am Ende des Zweiten Weltkriegs geboren, das hat sie sehr geprägt. Als mein Opa nach dem Krieg wieder zur Arbeit gegangen ist, bestand seine Tagesration aus zwei gekochten Kartoffeln. Er hat gehungert, damit seine Kinder genug zu essen haben. Das hat vor allem meinen Vater geprägt. Wenn beispielsweise die Milch bei uns schlecht wurde, hat er sie demonstrativ am Esstisch ausgetrunken.«

Sophia sieht die Herausforderung in diesem Nachkriegsversprechen. Wohlstand für alle. Essen so billig wie möglich. »Natürlich ist es grundsätzlich ganz wichtig, dass Menschen sich Grundnahrungsmittel leisten können müssen, aber es kann nicht angehen, dass Preise über Jahrzehnte künstlich niedrig gehalten und die Ausbeutung von Mensch, Tier und Natur dafür in Kauf genommen wird, weil sie in keinerlei Verhältnis zu den Produktionskosten stehen, wie etwa in der Milchwirtschaft. Da müssen wir eher über eine Erhöhung von Sozialgeldern und Löhnen sprechen, sonst kommen wir aus dieser Spirale nicht raus. Billiger geht vor Lecker und Qualität«, erklärt Sophia.

Sophia ist die Wertschätzung für Lebensmittel wichtig. Jedoch ohne Zeigefinger. Kein Lamentieren über die unaufgeklärte Working Class. Auch kein Lob an die wundervolle Bourgeoisie. Ganz im Gegenteil. Wir sprechen über die Ernährungskultur in diesem Land. Es geht ihr um die Strukturen dahinter. Nicht um das Individuum. Das möchten aber viele nicht akzeptieren.

»Ich habe das Gefühl, dass das Bild der dogmatischen Veganerin von außen auf mich projiziert wird, obwohl ich eigentlich ganz entspannt bin.«

Der Essensklassenkampf kommt nicht von unten, auch nicht von oben, sondern eignet sich einfach verdammt gut als Wahlkampfthema.

»Ich lasse mir nicht mein Schnitzel wegnehmen«, erklärte AfD-Co-Chefin Alice Weidel während des Gillamoos-Volksfest im bayerischen Abensberg im September 2022. Auch der CDU-Politiker und Landwirt Thomas Diener diskutierte bei SternTV darüber, dass jeder Mensch ein Recht auf Schnitzel hat. Als die nordrhein-westfälische CDU-Agrarministerin Silke Gorißen im Rahmen eines vegan-vegetarischen Aktionsmonats eine Mensa der Uni Bonn besuchte, hagelte es aus ihrer eigenen Partei Kritik. Danach bekannte sie sich zum Fleischkonsum.

Bayerns Ministerpräsident Markus Söder, der bereits mit Cap und Wurst posierte, twitterte: »Warum soll immer alles verboten werden? Was die Menschen essen, sollen sie selber bestimmen.« Er teilte einen BILD-Artikel mit der Überschrift »Nur noch eine Wurst pro Monat für jeden!«. Der Beitrag bezieht sich auf ein internes Dokument der *Deutschen Gesellschaft für Ernährung* (DGE), das lebensmittelbezogene Empfehlungen für die Nation erarbeitet. Der Rat wollte eine neue Höchstgrenze von zehn Gramm Fleisch pro Tag empfehlen. Söders Nachsatz lautete: »Wir leben in einer Demokratie!«

Konservative Politiker:innen framen alternative Ernährungsformen als militant, anarchisch, als Gefahr für die Demokratie. Dabei ernähren sich neun Prozent der Bevölkerung vegetarisch und lediglich drei vegan. Niemand nimmt hier irgendjemandem das Schnitzel weg. Fleischkonsum ist weiterhin Mainstream.

Aber wenn ich immer wieder sage, dass drei Prozent die 88 Prozent bedrohen, glauben viele Menschen das.

Wenn dann über eine Fleischsteuer diskutiert wird, um Tierrechte, menschliche Gesundheit und die Umwelt zu schützen, wird diese Konversation zu einem Klassenkampf erklärt. Was machen denn dann die armen Menschen, die sich bei Aldi ihre Wurst nicht mehr leisten können? Veganismus ist teuer. Fleischkonsum billig. Wer für das Teure ist, will den Armen automatisch etwas wegnehmen. Dabei kostet eine pflanzliche Ernährung gar nicht unbedingt mehr.

Es geht nicht um Fakten, sondern um Narrative. Physisch Arbeitende brauchen Deftiges, denn sie müssen kräftig sein. Die Intellektuellen, deren einziger körperlicher Akt das Umblättern von Buchseiten ist oder das Klimpern auf der Tastatur, können von Luft und Linsen leben. All jene, die harte Arbeit verrichten, nicht. Doch das sind Geschichten, Assoziationen. Fleisch macht stark. Pflanzen nicht. Dabei isst der stärkste Mann Deutschlands vegan. Auch im Leistungssport ernähren sich Menschen tierfrei.

Heute geht es, im Gegensatz zur Antike, nicht mehr nur um Moral, sondern um Macht. Um die Frage: Wer definiert die kulinarische Identität, auch die nationale, die deutsche? Das haben auch Faschist:innen erkannt.

»Sie wollen uns die Heimat kaputt machen«, so Alice Weidel beim Volksfest: »Sie wollen uns die Schweinshaxe, die

Bratwurst ... das Schnitzel verbieten! Und ich kann euch sagen, ich lasse mir nicht mein Schnitzel wegnehmen. Niemand geht an mein Schnitzel! Wir werden von Wahnsinnigen regiert! Und von Idioten! Liebe Freunde!«

Hinter den Ernährungsstilen verbirgt sich kein Klassenkampf. Sie werden zu einem instrumentalisiert.

Wer Schnitzel isst, müsste dann automatisch rechts wählen. Mit Stichworten wie *teuer* oder *billig* wird vor allem die prekäre und klassische Mittelklasse gegen die aktuelle Mitte aufgebracht. Mittelschicht gegen Mittelschicht. Dieser Antagonismus ist gefährlich.

Dann wird eine unabhängige wissenschaftliche Fachstelle, wie die *DGE*, die aus medizinischen und ernährungswissenschaftlichen Experten und Expertinnen besteht, angegriffen.

Veganessende werden dann zur Projektionsfläche. Sie werden mit allem in Verbindung gebracht, was in diesem Land falsch läuft. Die Facebook-Gruppe »Veganer. Raus aus Deutschland« zeigt diese Simplifizierung eindrücklich. Wenn alle Menschen, die sich pflanzlich ernähren, weg sind, dann geht es uns wieder gut. Dann ist alles wieder beim Alten. Dann müssen wir uns nicht mehr mit den Veränderungen auseinandersetzen.

Das wird allerdings nicht passieren.

Es ist keine Frage zwischen Veggie und Wurst, sondern viel komplizierter. Wie wir uns künftig ernähren, ist eine große Herausforderung, nicht nur für die Umwelt, sondern auch in Bezug auf die soziale Gerechtigkeit.

Unser Überkonsum hat dafür gesorgt, dass auch Menschen mit weniger Geld sich eine Vielfalt an Essen leisten können. Das ist eine große Errungenschaft. Die Kehrseite davon spüren wir nun. Wir können auf einer endlichen Erde nicht unendlich viel konsumieren. Die Lösung liegt nicht in der Schnitzelfrage.

Wir haben Nahrungsmittel mit Narrativen und politischen Strömungen verknüpft. Sie sind nicht mehr nur lecker, scharf, süß oder gesund. Sie sind links oder rechts. Sie sind auch weiterhin eine Frage der Klassenzugehörigkeit. Arm. Reich. Funktional oder Genuss.

Es ist wichtig, sich dieses Prozesses bewusst zu sein, um beim nächsten Tischgespräch, wenn das Brot gemeinsam gebrochen wird, zu sagen: Wie essen wir zukünftig? Lass uns doch gemeinsam über Lösungen diskutieren.

III

SCHLUSS MIT DER EINSEITIGKEIT

BYE-BYE, ELITEFEMINISMUS

Feministische Emanzipation wurde sehr lange mit einer Hausfrau gleichgesetzt, die erst frei ist, wenn sie arbeiten geht. Das, obwohl die *prekäre Schicht* das schon seit Generationen tut. Finanzielle Unabhängigkeit ist wichtig für Frauen. Sie sorgt dafür, dass wir nicht gezwungen sind, in Beziehung mit Männern zu sein, die uns schlecht behandeln. Virginia Woolf wollte ihr eigenes Zimmer. Das kostet. Es ging schon immer ums Geld, erkärt Katrine Marçal. Nicht nur für die wohlständige und überwohlständige Klasse. Sondern eigentlich für alle.

Judith Regan, eine der mächtigsten Geschäftsfrauen der USA, pflegte von ihrem Schreibtisch im Verlagshaus aus zu verkünden: »Ich habe den größten Schwanz im ganzen Haus.« Sie ist die Verkörperung des Elitefeminismus. Der neoliberale Gedanke, dass Frauen, damit sie frei sind, wie die andere Hälfte der Bevölkerung sein sollten. Wir heiraten keine Männer mehr. Wir werden sie. Aber nicht wie irgendeiner, sondern wie der *Economic Man*. Der rationale, profitorientierte, der sich wenig Gedanken über die Schattenwirtschaft macht, die Arbeiten, die für selbstverständlich genommen werden. Die Arbeiten, die weniger Privilegierte dann übernehmen sollen.

Die Hausarbeit bleibt. Sie wird einfach von einer anderen Frau übernommen. Freiheit einfach nur mit Arbeit zu verknüpfen, ist nicht das Ende des Sexismus. Es bedeutet den Machterhalt der Elite, nur mit ein paar klassenprivilegierten Frauen mehr. Doch die Hierarchie von unten und oben bleibt. Sexismus auch. Es ist die Befreiung von ein paar Individuen, aber nicht vom System. Der Status quo bleibt erhalten.

»Wohlhabende Frauen setzten sich für das Frauenwahlrecht und das selbstständige Verfügen verheirateteter Frauen über ihren Besitz ein, ohne das Wirtschaftssystem insgesamt infrage zu stellen, das für den Fortbestand der Unterdrückung der Frau sorgte,« schreibt Kristen R. Ghodsee. Das resultiert dann darin, dass es viel Aufmerksamkeit für den *Gender Pay Gap* gibt, der nebenbei bemerkt eigentlich ein *Mother Pay Gap* ist, also weniger Frauen, sondern vielmehr Mütter werden benachteiligt, aber noch viel weniger Beachtung erhält der *Class Pay Gap*. Die Managerin ist von Ersterem betroffen, die Frau, die im Niedriglohnsektor arbeitet, von beidem. Die alleinerziehende Mutter, die beruflich putzt, von allen drei.

Klassismus verstärkt letztlich Sexismus. Wie feministisch ist es, wenn ich ein Manager:innengehalt verdiene, während meine Kinder in der Kita von einer Frau erzogen werden, die weniger verdient. Oder wenn in meinen eigenen vier Wänden eine Frau putzt, die eigentlich in Rente ist, aber unter Altersarmut leidet und deshalb weiterhin etwas dazuverdienen muss?

Elitefeminismus ist keine Lösung. Es verschiebt das Problem. Das nun auf den Schultern der prekären Klasse sitzt, der Migrant:innen, Schwarzen Menschen – Personen, deren Schicksal sie einst teilten.

Stattdessen entfernen sie sich immer mehr von der Realität anderer Klassen. Sie blicken teilweise auf sie herab, weil sie nicht *feministisch* genug klingen. Weil sie nicht die richtigen Worte wählen. Nicht *woke* erscheinen. Heute ist allein der Begriff *woke* ein klassistischer Code. Nicht unbedingt von dem Kreis, aus dem er stammt. Vielen Menschen ist nicht bewusst, dass *woke* ein Begriff aus der afroamerikanischen Community ist, um ein erhöhtes Bewusstsein für soziale Ungerechtigkeiten und Diskriminierung zu beschreiben. *Wokeness* wurde zu einem Kampfbegriff instrumentalisiert. Das habituelle Flexen der akademisierten und feministischen Elite. Nicht aus der Schwarzen Community, sondern vielmehr aus *weißen* Kreisen. Dort wird er oft von einer bestimmten Gruppe verwendet, um ihre progressiven Ansichten zu kennzeichnen und sich von anderen abzugrenzen. Das führt zu einer Abwertung anderer Perspektiven.

Der Begriff wurde zu einem Mittel gemacht, um eine moralische Überlegenheit zu suggerieren und alternative Meinungen als rückständig oder unwissend abzutun. Ohne einzubeziehen, dass Frauen ohne Bildung auch von Sexismus betroffen sind.

Das ist kein Bildungsbashing, sondern eine Ausgrenzungskritik. Es ist eine Kritik an *Elitismus*. Gegen Feminismus für die ein Prozent. Upperclass-Feminismus. Klassismus und Sexismus sind miteinander verknüpft. Rassismus aber auch.

Genau das ist der Grund, warum die Puzzleteile in meinem Kopf nicht zusammengepasst haben. Warum ich auf einer feministischen Party sitzen konnte, bei vielen Themen mitklatschte und nickte, doch bei anderen den Kopf schüttelte und Magenschmerzen bekam, vor allem, wenn migrantische Frauen das Catering übernahmen. Doch diese Zerrissenheit spürte ich auch in antirassistischen Bewegungen. Ein Gedanke fehlte. Klassismus schleicht sich in all diese Kämpfe hinein. Sie sehen ihn nicht. Wenn das der Fall ist, handelt es sich um Elitefeminismus. Nicht um Gleichberechtigung, sondern vielmehr eine Gruppe von Frauen, die den fetten Kuchen des *Economic Mans* plündern wollen.

Eine Manifestation dieser Tatsache ist *Karen*. Ein US-amerikanisches Meme, das in den späten 2010er entstand. Es bezieht sich auf einen bestimmten Typus *weißer* Frauen aus der Mittelschicht, die ihre gesellschaftliche Position nutzen, um ihren Willen durchzusetzen. Von *BBQ Becky*, einer Frau, die sich über grillende Schwarze in der Nachbarschaft beschwerte, über *Permit Patty*, einer Frau, die ein achtjähriges Schwarzes Mädchen wegen des Verkaufs von Wasser anzeigte, bis zu *Pool Patrol Paula*, einer Frau, die einem minderjährigen Schwarzen Jungen die Nutzung eines Swimmingpools untersagte. All diese Vorfälle werden unter *Karen* zusammengefasst, weil das der häufigste Name innerhalb dieser Altersgruppe ist.

Sie verlangen, *mit dem Manager zu sprechen*, um Beschäftigte in der Dienstleistungsindustrie herabzusetzen, und rufen wegen des kleinsten Vergehens die Polizei, wie am 25. Mai 2020 in New York City.

An diesem Tag ging der Vogelbeobachter Christian Cooper im Central Park spazieren und traf auf Amy Cooper. Die beiden sind nicht miteinander verwandt. Sie begegneten sich an diesem Frühlingstag das erste Mal. Amy Cooper führte ihren Hund nicht an der Leine, woraufhin der Vogelliebhaber fragte, ob sie ihn anleinen könnte. Das gefiel ihr nicht. Also teilte sie Christian Cooper in dramatischem Tonfall mit, dass sie der Polizei sagen werde, dass ein »afroamerikanischer Mann mein Leben und meinen Hund bedroht«. Christian Cooper filmte die gesamte Auseinandersetzung. Am selben Tag, nur wenige Stunden nach dem Vorfall im Central Park, wurde George Floyd von Polizeibeamten in Minneapolis getötet.

Elitefeministinnen nutzen ihre neugewonnene Macht. Mit dieser entfernen sie sich von den ursprünglichen Bestrebungen nach Gleichberechtigung. Mit dem Satz *Ain't I a Woman?*

machte die afroamerikanische Abolitionistin und Frauenrechtlerin Sojourner Truth in einer Rede im Jahr 1851 auf dem *Women's Rights Convention* auf die mangelnde Sichtbarkeit von Schwarzen Frauen in feministischen Bewegungen aufmerksam. Truth wies darauf hin, dass alle Frauen die gleichen Rechte und den gleichen Respekt verdienen, unabhängig von ihrer Hautfarbe. Wo werden ihre Interessen nicht mit artikuliert?

Die #MeToo-Bewegung ist eine soziale Bewegung, die sich gegen sexuelle Belästigung und sexuelle Übergriffe richtet. Sie begann im Jahr 2017, als Frauen und Männer begannen, in den sozialen Medien Geschichten über ihre eigenen Erfahrungen mit sexueller Belästigung und Übergriffen zu teilen, oft unter Verwendung des Hashtags #MeToo. Die Bewegung hat dazu beigetragen, das Bewusstsein für das Ausmaß von sexueller Gewalt in der Gesellschaft zu schärfen, und hat zu einer breiteren Diskussion über Geschlechtergerechtigkeit, Machtstrukturen und den Schutz von Opfern geführt.

Es ging um die Sicherheit am Arbeitsplatz. Es ging aber leider nicht um Klasse. Das öffentliche Bild konzentrierte sich auf Hollywood und insbesondere auf hoch bezahlte Schauspielerinnen, Entertainerinnen und weitere Frauen im Medienbereich. Aber die breite Masse der Frauen aus der prekären oder klassischen Mittelschicht ist noch stärker von sexuellen Übergriffen und Belästigungen am Arbeitsplatz betroffen. Menschen, die in Privathaushalten als Hausangestellte arbeiten, Nannys, Hotelangestellte, Angestellte im Gastronomiebereich und viele weitere Frauen. #MeToo war ein Arbeitskampf ohne Klassenkampf. Es war eine verpasste Chance.

Mir Sorgen darüber zu machen, ob ich meine Rechnungen bezahlen kann oder ob ich der Finanzchef einer renommierten Bank werde oder nicht, sind unterschiedliche Realitäten. Klassenunterschiede führen zu Interessenunterschieden. Das bedeutet nicht, dass Menschen aus unterschiedlichen Klassen grundsätzlich nicht zusammenarbeiten können. Es ist schwieriger und abhängig vom Verständnis der Person, die mehr Privilegien hat. Denn je privilgierter eine Person innerhalb der einen sozialen Gruppe ist, desto eher werden ihre Forderungen gehört. Das führt dann dazu, dass wir nicht über die Abschaffung der rassistischen Grenzpolitik der EU debattieren, sondern über eine gerechtere Quote in DAX-Unternehmen für Frauen. Beides ist wichtig. Doch die meisten BIPoC-Frauen können gar nicht mit der *weißen* Mittelschicht konkurrieren. Systematische Diskriminierung in Bildung, Beschäftigung und Wohnen erschwert ihnen den sozialen Aufstieg. Statt Lösungen von unten nach oben zu erschaffen, werden sie von oben nach unten konzipiert. Davon profitiert dann die Elite.

Es kommt zu einer Hierarchisierung von Interessen. Es geht zwar um Feminismus, aber ohne die Berücksichtigung von Klasse.

Dadurch entstehen Dynamiken, wie dass ich Mails von Unternehmen erhalte, die einer Person sehr viel Geld dafür bezahlen, Ausschreibungen in sensibler Sprache zu formulieren, in der Hoffnung, dass sich hierdurch eine Schar von Schwarzen Menschen oder *People of Color* bewerben, und sich dann wundern, dass keiner es tut. Sie bitten mich um Rat, und ein Blick auf die Ausschreibung zeigt, dass alles liebevoll und mit sehr viel Mühe formuliert ist, aber all das ändert nichts an den klassistischen Bedingungen.

Sie verlangen Studienabschlüsse und Auslandsaufenthalte.

Letzteres meint nicht in Ländern wie der Türkei oder dem Kongo, sondern eher in teuren Metropolen wie Paris oder New York City. Dann hätten sie noch gern ehrenamtliches Engagement, für das man natürlich auch noch Zeit hat nebenbei, und Arbeitserfahrung. Welche auch gern mal an kostenlose Praktika geknüpft ist.

Früher dachte ich immer, sie wollen *weiße* Menschen, die Schwarz sind. Heute realisiere ich, sie gehen gegen Rassismus, aber nicht gegen Klasse vor.

Ein Schwarzer Polizist macht die Polizei nicht weniger rassistisch. Eine CEO macht das Leben für die Putzfrau in der Firma auch nicht leichter. Sie sorgen für Veränderung, aber das reicht nicht. Repräsentation ist wichtig, aber wir brauchen mehr.

Auch dies beruht auf einem Naturalisierungsgedanken. Dass, sobald sich eine Person aus einer unterrepräsentierten Gruppe in einer Machtposition befindet, sich dies automatisch auf alle Menschen innerhalb dieser Gruppe positiv auswirkt. Der natürliche Kreislauf. Wenn einer es schafft, schaffen es alle. Mit der Zeit. Von ganz allein. Dabei ist Gerechtigkeit kein linearer Prozess. Veränderung ist kein Zufall. Sie erfordert viel Arbeit.

Die Interessenkonflikte führen dazu, dass diejenigen, die einer höheren Klasse angehören, mehr Sichtbarkeit erhalten. Egal ob im Hinblick auf Rassismus, Sexismus oder Queerfeindlichket. Einfach weil ihre Themen für die Elite leichter verdaulich sind und sie die Codes der herrschenden Klasse kennen. Das führt zu Häppchen-Veränderung. Die Wirtschaft und die Politik müssen auf diese Weise nur an der Oberfläche kratzen und nicht den Status quo antasten. Die Forderungen der wohlhabenden Klassen sind nicht existenziell, deshalb werden sie priorisiert. So können sie schnell wieder von der To-do-Liste gestrichen werden.

Viele Gerechtigkeitsfragen müssen komplexer formuliert werden, weil sie es meistens auch sind. Rassismus endet nicht mit Klassenprivilegien. Diese dämpfen ihn nur ab. Wenn eine Schwarze Person von der Polizei kontrolliert wird, kann sie sich mit den entsprechenden Klassencodes eloquent vor Ungerechtigkeit schützen. Rassismus ist vielleicht der Grund, warum die Person überhaupt kontrolliert wurde, doch Klassenprivilegien sorgen dafür, dass sie immer wieder leicht aus solchen Situationen herauskommt. Auch Oprah Winfrey, eine weltberühmte Milliardärin, erlebte beim Handtaschen-Shopping in der Schweiz einen Vorfall. »Nein«, sagte die Verkäuferin, als Oprah eine Tasche anschauen wollte. »Sie ist zu teuer.« Die Verkäuferin bot Oprah günstigere Modelle an, und obwohl die Talkshowmasterin mehrmals darauf beharrte, die teurere Tasche sehen zu wollen, nahm die Verkäuferin das Produkt nicht vom Regal, um es ihr zu zeigen. »Ich will Ihre Gefühle nicht verletzen«, soll die Verkäuferin noch gesagt haben, bevor Oprah den Laden verließ.

Für die Verkäuferin des Luxusgeschäfts war es unvorstellbar, dass sich eine Schwarze Frau diese Tasche leisten konnte. Dass Schwarze Menschen wie *Working Class People* behandelt werden, liegt daran, dass viele Schwarze Menschen Teil der *Working Class* sind. Nicht nur in Deutschland, sondern weltweit. Die Lösung ist nicht, dass reiche Schwarze Menschen nicht mehr wie arme Schwarze Menschen behandelt werden sollten, sondern dass alle aus den Ausbeutungsverhältnissen herauskommen. Oft wird sich auf einzelne Personen oder Personengruppen statt auf die ganze Struktur fokussiert.

Das *#täschligate* zeigt, wie tief rassistische und klassistische

Tropen miteinander verwoben sind. Eine Schwarze Milliardärin reicht nicht aus, damit die Assoziierung zwischen Armut und Schwarzsein endet. Sie kann sich davon nicht freikaufen. Kategorisierungen sind größer als das Individuum. Die Verkäuferin hätte Oprah vermutlich anders in diesem Geschäft behandelt, wenn es keine lange Historie gäbe, in der Schwarze Menschen über Jahrhunderte global ausgebeutet wurden und werden. Dann wäre es nicht *normal*, dass Schwarze Menschen häufiger arm sind.

Somit gibt es nicht nur einen Elitefeminismus, sondern auch einen Elite-Antirassismus. Wir sehen es an Büchern, Podcasts, Coachingsessions und vielem mehr. Darin zeigt sich einerseits ein Wandel. Gerechtigkeitsüberlegungen sind in der oberen Mittelklasse angekommen. Das ist gut. Andererseits enttarnt es die Gerissenheit des Kapitalismus. Das ist weniger gut.

Er tarnt sich immer wieder als Lösung. Selbst ihn zu kritisieren, ist profitabel. So kaufen wir Glas- statt Plastikstrohhalme, weil das unendliche Wachstum auf einer endlichen Erde zwar die Umwelt zerstört, aber trotzdem einen grünen Ausweg bietet. Konsum als Lösung des Überkonsums. Auch eine durch ihn verursachte Ungerechtigkeit kann durch einen *gerechten Konsum* einfach umgekehrt werden. Zumindest fühlt es sich so an.

Diese Verknüpfung ist keine natürliche, sondern ein Ergebnis der Werbewirtschaft. In *The Century of the Self* deckt der BBC-Dokumentarfilmer Adam Curtis die Mechanismen der Konsumgesellschaft auf. Curtis porträtiert in der ersten Episode den Aufstieg von Edward Louis Bernays, dem Begründer der PR und einem Pionier auf dem Gebiet der Öffentlichkeitsarbeit. »Wir konnten es nicht Propaganda nennen, also nannten wir es Public Relations,« lautet ein Originalzitat von Bernays im Film.

Bernays bedient sich der Arbeit seines Onkels: Sigmund Freud, der Begründer der Psychoanalyse. Die Werbewirtschaft, die US-Politik sowie die Nazis nutzten seine Theorie des *Unbewussten.* Wir Menschen treffen Entscheidungen, manche fällen wir bewusst, andere unbewusst. An diesen Gedanken haben wir uns inzwischen so sehr gewöhnt, dass wir ihn überhaupt nicht mehr revolutionär finden. Aber wir haben auch fast 100 Jahre Werbung hinter uns.

Bevor Bernay die Werbewelt umkrempelte, ratterten Unternehmen rationale Argumente herunter, warum ein Produkt gekauft werden sollte. Damals dachten Wirtschaftsbosse, dass Menschen Waren erwerben, wenn sie diese brauchen. Doch Bernays entwickelte mit der *Public Relations* ein Werkzeug, damit Menschen Dinge kaufen, die sie nicht benötigen. Dabei nutzte er die Macht des Unterbewussten.

Eine seiner bekanntesten Kampagnen stammt aus dem Jahr 1929. Sie sollte das Rauchen von Frauen fördern. Damals waren Zigaretten *unweiblich* und wurden als unmoralisch angesehen. Einige Bundesstaaten in den USA versuchten sogar, durch Gesetze Frauen am Rauchen zu hindern. Der Glimmstängel hatte keinen guten Ruf. Bei Männern war er cool. Bei Frauen nicht. Doch Bernays' Kunde war ein Tabakunternehmen mit einem klaren Ziel vor Augen. Es wollte mehr Geld verdienen, also wollte es die andere Hälfte der Bevölkerung dazu bringen, ebenfalls zur Zigarettenpackung zu greifen. Barneys engagierte zunächst einen Psychoanalytiker, der mit unterschiedlichen Frauen sprach, um herauszufinden, was ihre größten Bedürfnisse sind, und diese Erkenntnisse machte er sich zunutze.

Bei einer Parade beauftragte Barneys eine Gruppe von

Frauen, die nicht die *Suffragetten* waren – eine politische Bewegung, die über mehr als 100 Jahre für das Wahlrecht von Frauen kämpfte –, aber so *aussahen*. Sie liefen über die Parade, lachten, traten anmutig und selbstbewusst auf, aber vor allem rauchten sie. Bernays nutzte den größten Wunsch der damaligen weiblichen Generation: das Bedürfnis nach Gleichberechtigung. Er nannte Zigaretten *Fackeln der Freiheit* und stellte damit die Assoziation zwischen Rauchen und weiblicher Unabhängigkeit her.

Schließlich wurde die Zigarette zum Symbol für eine neue gesellschaftliche Ordnung. Die Kampagne war ein voller Erfolg, und noch bis heute wirken die von Edward Louis Bernays angestrebten Assoziationen fort: Rauchen gleich rebellisch, cool, autonom und riskant. Fast schon progressiv.

Bernay erkannte, wie die Werbewirtschaft Produkte mit emotionalen Bedürfnissen und Gefühlen verknüpfen kann. Die Vorstellung, dass Frauen durch das Rauchen freier werden, ergibt keinen Sinn, aber sie *fühlen* sich dadurch freier und das motiviert sie, Zigaretten zu kaufen.

Seit über 100 Jahren zapfen Unternehmen unser Unterbewusstsein an. Unsere innersten Bedürfnisse, Ängste und Wünsche werden in ein Objekt gepackt. Das bedeutet, dass für uns eigentlich irrelevante oder gar schädliche Gegenstände symbolisch aufgeladen werden können. Dadurch fühlt sich Rauchen feministisch an, ist es aber natürlich nicht.

Die Werbung normalisiert Tabus. Jedoch nicht aus einem Gerechtigkeitssinn, sondern aus reinem Profitinteresse. Das ist wichtig zu berücksichtigen: Wir dürfen nicht in die Falle tappen und denken, dass wir Gerechtigkeit konsumieren können.

Ein Jahrhundert später ist Bernays Propagandastil fester Bestandteil einer jeden Marketingabteilung. Es gibt *grünen Kapi-*

talismus, aber auch *antirassistischen Kapitalismus, feministischen Kapitalismus* oder *queeren Kapitalismus.*

Marketing trägt dazu bei, wie Ressourcen verteilt werden und welche Produkte oder Dienstleistungen als wertvoll oder erstrebenswert gelten. Diese Prozesse sind nicht ausgewogen und tragen zu Ungerechtigkeiten innerhalb der Gesellschaft und auf globaler Ebene bei.

Elitefeminismus oder Elite-Antirassismus sind nicht die Lösung, weil sie die Quelle des Problems nicht anpacken. Letztlich verstärken Rassismus, Sexismus und Klassismus einander. Zunächst passten diese Unterdrückungsmechanismen für mich nicht zusammen, weil es sich anfühlte, als wären sie unabhängig voneinander und teilweise gegeneinander gerichtet. Doch so wie die Wirtschaft global vernetzt ist, sind es die Ungerechtigkeiten, die nicht nur Nebenprodukte sind, sondern vielmehr die Konsequenz daraus. Unser kapitalistisches System basiert auf privatwirtschaftlichem Eigentum und Gewinnmaximierung. Neokolonialistische und patriarchalische Gesellschaftsstrukturen gewährleisten, dass einige wenige Akteur:innen im Besitz von bedeutenden Ressourcen und Kapital sind, während andere einen begrenzten Zugang dazu haben.

Dabei muss ich an den ikonischen Satz von Audre Lorde denken. »For the master's tools will never dismantle the master's house.« Zu Deutsch: »Denn die Werkzeuge der Herrschenden werden das Haus der Herrschenden niemals einreißen«. Dabei geht es einigen Menschen nicht darum, das Haus zu zerstören, sondern selbst darin zu sitzen. Doch genau das ist Lordes Punkt: »Sie mögen uns im Einzelfall gestatten, sie mit ihren eigenen Waffen zu schlagen, aber sie werden uns niemals darin bestärken, wirkliche Veränderung herbeizuführen. Diese

Vorstellung erscheint nur jenen Frauen bedrohlich, die immer noch glauben, sie fänden allein im Haus der Herrschenden Hilfe und Unterstützung.«

Geld verschont mich nicht vor Missbrauch. Es dämpft ihn allerdings. Sexismus, Rassismus, Klassismus, Trans- und Queerfeindlichkeit sind keine individuellen Kämpfe. Sie gehören zusammen. Sie haben ähnliche Muster. Klasse ist überall. Wenn wir sie nicht mitdenken, ist das ein Indiz dafür, dass es bei der jeweiligen Bewegung nicht um das Verändern eines Systems geht, sondern um *Elitismus*. Upperclass-Gerechtigkeit ist eine Warnung. Wie ein Alarmsingal. Sobald wir merken, dass nur ein kleiner Anteil einer Gruppe profitiert, wissen wir, dass es um Elitismus geht. Den müssen wir enttarnen. Den Zauber brechen und zeigen, das ist keine Lösung, das ist lediglich eine Bevorzugung. Für ein paar wenige. Wir müssen immer die Frage stellen: Geht es um die Erleichterung und Befreiung der ein Prozent oder wirklich um alle? Erst dann ist eine Bewegung nachhaltig. Dann packt sie das Problem an der Wurzel.

GELD, OHNE WENN UND ABER?

»Herzlichen Glückwunsch«, begann die E-Mail, die Jannis an einem kalten Dezembertag öffnete. Zwischen Spam- und Werbemails befand sich in seinem Postfach eine Nachricht, die sein ganzes nächstes Jahr verändern sollte. Und nicht nur seines, auch das seines Bruders. Jannis griff zum Telefon und versuchte, ihn zu erreichen. Julian ging nicht ran. Er steckte in einem Meeting. Jannis probierte es wieder und wieder. Er las die Mail noch einmal durch und konnte es nicht glauben. Irgendwann hob Julian endlich ab.

»Wir haben gewonnen«, rief Jannis begeistert ins Telefon. Sein Bruder konnte ihm nicht ganz folgen. »Was haben wir?«, fragte Julian zurück, woraufhin Jannis euphorisch ausrief: »Wir haben bei der Lotterie des bedingungslosen Grundeinkommens gewonnen!«

Über zwölf Monate erhielten Jannis und Julian jeweils eintausend Euro von *Mein Grundeinkommen e.V.* Die Idee ist, dass jede:r Gewinner:in einen Betrag zur Existenzsicherung erhält. Ohne Bedingungen.

Das bedingungslose Grundeinkommen ist ein sozialpolitisches Finanztransferkonzept, das in Pilotprojekten in unterschiedlichen Variationen von Kenia, Uganda bis hin zu Alaska oder Finnland bereits getestet wurde. Bisher hat aber kein Land diese Idee eingeführt.

Im Juli 2014 gründete Michael Bohmeyer den Verein, von dem Julian und Jannis das Geld erhielten. Finanziert wird das

Konzept über Crowdfunding, und verlost wird das bedingungslose Grundeinkommen an die registrierten Bewerber:innen. »Wir hätten nie gedacht, tatsächlich zu gewinnen«, erklären die Brüder. Beide sind in Marburg groß geworden. Jannis ist 26 Jahre alt, Julian 29. Jannis ist Erzieher. Julian arbeitet bei dem Strategieunternehmen Boston Consulting Group. Sie haben verschiedene Leben, befinden sich in verschiedenen Klassen, wodurch sich das bedingungslose Grundeinkommen unterschiedlich auf ihre Leben auswirkt.

»Wir stammen aus der Mittelschicht«, erklärt Julian. Jannis nickt. Die Brüder sind im selben Haushalt aufgewachsen. Beide Eltern haben studiert. Am Essenstisch wurde über Politik diskutiert, der Vater war kapitalismuskritisch eingestellt, es wurde sich mit den Interessen der Arbeiter:innen identifiziert, auch wenn die eigene Welt anders aussah. Das macht sich bei den beiden bemerkbar. Sie sprechen über Privilegien und haben ein Bewusstsein für soziale Ungerechtigkeit. Unabhängig voneinander haben sie von *Mein Grundeinkommen* erfahren. Julian wurde das erste Mal als Student auf den Verein aufmerksam, half sogar ehrenamtlich mit und verteilte Flugblätter auf dem Tempelhofer Feld in Berlin. Janis beteiligte sich finanziell. »Ich bin ziemlich schnell *Crowdhörnchen* geworden«, erklärt er. So werden Personen genannt, die dem Verein Geld spenden.

Die beiden Brüder könnten unterschiedlicher nicht sein. Julian ist pragmatisch. Jannis beschreibt sich als hedonistisch. Julian ist sparsam. Jannis spendet das wenige Geld, das er hat. Beide sind politisch interessiert, Julian ist Unternehmensberater, nachdem er Politikwissenschaften an der Freien Universität in Berlin studierte. Jannis begann zunächst ein Lehramtsstudium, doch darin fühlte er sich nicht wohl. »Es war mir zu autoritär und hierarchisch«, so Jannis. Nachdem er das Studium abgebrochen hatte, entschloss er sich dazu, eine Ausbildung zum Erzieher zu machen. Das bedeutet aber auch weniger Geld. Der BAföG-Grundbetrag für Schüler:innen ist geringer als der für Studierende.

»Eigentlich hat Jannis gewonnen«, erklärt Julian. Sie sind bei dem Verein miteinander verknüpft angemeldet. Wenn einer gewinnt, kriegen beide das Grundeinkommen. Im Dezember 2021 erfuhren sie von ihrem Glück, und ab Januar 2022 überwies der Verein ihnen jeden Monat jeweils eintausend Euro. »Ich glaubte es erst, als ich das Geld auf dem Konto sah«, erklärt Julian.

Es ist eine faszinierende Idee, Geld zur Existenzsicherung zu erhalten. Für alle. Ohne Bedingung. Wie würde unsere Gesellschaft aussehen, wenn jeder Mensch einen Betrag erhalten würde? Würde es die Schere zwischen Arm und Reich schließen? Gäbe es dann noch Klassen? Reichen 1000 Euro in Zeiten der Inflation überhaupt dafür aus? Was ist zu viel und was zu wenig?

Die Befürwortenden argumentieren, dass ein bedingungsloses Grundeinkommen Armut abbauen könnte. Es stärke ein menschenwürdiges Leben, reduziere Stress und baue Druck ab, da eine Person das Nötigste abgedeckt wisse, ohne Bedingungen oder Prekarität bei einem Amt beweisen zu müssen. Es kurble die Wirtschaft an, die abhängig vom Konsum ist. Es entfielen Kosten für Bürokratie, wenn jede Person per Dauerauftrag eine feste Summe auf das Konto überwiesen bekäme.

Es gibt viele Menschen, die von der Idee begeistert sind. Der ehemalige thüringische Ministerpräsident Dieter Althaus hat ein partielles Grundeinkommen gefordert, was einer Untersuchung der Konrad-Adenauer-Stiftung zufolge sogar finanzierbar wäre.

Warum haben wir es dann noch nicht eingeführt? Es gibt auch Gegenstimmen. Einige. Die Kritiker:innen argumentieren unter dem Kampfbegriff *Abstellprämie,* dass Menschen dann nicht mehr arbeiten gehen würden. Wer übernehme dann noch die ganzen Jobs, auf die niemand Lust hat?

Die meiste Zeit unseres Lebens verbringen wir schlafend oder arbeitend. Letzteres dient der Distribution von Wohlstand. Zumindest für all diejenigen, die nicht überwohlständig erben. Auch soziale Kontakte, Status und die Teilhabe am öffentlichen Leben sind daran geknüpft. Arbeit ist wichtig. Sie befindet sich aber auch im Wandel. Auf der einen Seite erleben wir einen Fachkräftemangel, und auf der anderen Seite bieten Automatisierungsprozesse und künstliche Intelligenz neue Chancen.

Im Jahr 1930 war der Wirtschaftswissenschaftler John Maynard Keynes überzeugt, dass der technologische Fortschritt in den Industrieländern bis zum einundzwanzigsten Jahrhundert zur Einführung einer 15-Stunden-Woche führen würde.

Er ist nicht der Einzige. Viele weitere Denker:innen waren sich sicher, dass wir in unserem aktuellen Zeitalter im Garten sitzen und Kaffee schlürfend den Maschinen dabei zusehen würden, wie sie all die ungeliebten Jobs in der Gesellschaft übernehmen.

Die Realität sollte jedoch eine ganz andere sein. Etwas mehr als 70 Prozent der Erwerbstätigen in Deutschland arbeiten in Vollzeit. Wir stecken nicht nur immer noch in der 40-Stunden-Woche fest, laut den Angaben des Bundesarbeitsministeriums ist knapp die Hälfte sogar bis zu 47 Stunden in der Woche tätig, und jeder Zehnte kommt auf bis zu 60 Stunden. Wir verbringen weiterhin einen Großteil unserer Zeit mit Arbeiten.

Von Saugrobotern, die Böden reinigen, bis hin zu ChatGPT,

einer AI-Software, die Übersetzungen übernimmt, die Buchhaltung oder sogar dieses Buch in Teilen schreiben könnte. Bei all diesen Möglichkeiten stellt sich die Frage: Warum arbeiten wir überhaupt noch so viel? Und was hat das alles mit dem bedingungslosen Grundeinkommen zu tun?

Ein Gedanke des Kulturanthropologen und Publizisten David Graeber spielt noch eine wichtige Rolle. Er war überzeugt, dass etwa zwei von fünf Arbeitsstellen *Bullshit Jobs* sind. Graeber war das Gesicht der *Occupy Wall Street*-Bewegung und Miterfinder von deren Motto *We are the 99 percent.* Für ihn sind beispielsweise Putzjobs keine *Bullshit Jobs.* Würde ein Büro oder ein Krankenhaus nicht gereinigt werden, würde es die Gesundheit aller gefährden. Aber auch künstlerische Tätigkeiten, wie ein Theater- oder Musikstück zu konzipieren, fallen nicht darunter. Nach Graeber sind es vielmehr der Private-Equity-Manager, die Lobbyistin oder die HR-Assistenz, die *Bullshit Jobs* ausführen. Dabei handelt es sich um Positionen, bei denen niemandem so recht auffallen würde, wenn die Person am nächsten Tag fehlt. *Bullshit Jobs* dienen dem Machterhalt anderer Berufe. Erst mit einer Entourage wirke das Management relevant, so Graeber.

Während die Zahl der Menschen, die in der Industrie und in der Landwirtschaft arbeiten, zwischen 1910 und 2000 stark zurückging, hat sich die Zahl der Fach-, Führungs-, Verkaufs- und Dienstleistungsberufe verdoppelt und macht nun 75 Prozent aller Arbeitsplätze in Deutschland aus. Statt die Gesamtbeschäftigung zu verringern, haben wir sie erhöht. Gerade im Bereich der *Bullshit Jobs,* so Graeber.

Die Corona-Pandemie lehrte uns den Begriff *systemrelevante Berufe.* Dadurch konnten wir miterleben, dass es die Müllabfuhr, Busfahrer:innen, die Pflege und die Pädagog:innen sind, um nur einige Berufe zu nennen, ohne die unsere Gesellschaft zum Erliegen gekommen wäre. Im Prinzip all jene Jobs, bei denen wir bereits jetzt einen Fachkräftemangel erleben. All jene Tätigkeiten, die von Menschen einer bestimmten Klasse durchgeführt werden.

Nicht jede Klasse kann *Bullshit Jobs* übernehmen. Sie verlangen einen Universitätsabschluss und werden paradoxerweiser höher bezahlt als systemrelevante Berufe.

Es gibt einen Zusammenhang zwischen der Kritik am bedingungslosen Grundeinkommen, *Bullshit Jobs* sowie sinnlosen Überstunden: die mangelnde Vorstellungskraft, Arbeit anders zu denken. Nicht nur zur Verteilung von Geld, sondern als Akt für das Gemeinwohl.

Der Gedanke, wir können Menschen keine Existenzsicherung geben, weil sie dann nicht mehr arbeiten würden, geht wieder von der kapitalistischen Gleichung des *Economic Man* aus: Ich arbeite aus Egoismus. Das ist ein Aspekt, der eine Rolle für den Fachkräftemangel spielt. Denn es ist aus dieser Logik heraus klüger, einen *Bullshit Job* zu machen, bei dem ich mehr Geld verdiene als einen *systemrelevanten Beruf*, der vielleicht wichtig ist, aber wenig Geld und weniger Ansehen bringt. Zumindest, wenn ich die Wahl habe.

»Ich möchte Erzieherin werden«, erklärt eine meiner ältesten Freundinnen bei einem gemeinsamen Essen. Ihr Studium der Betriebswirtschaftslehre liegt zehn Jahre zurück, und seitdem hat sie viele Jobs im Managementbereich hinter sich. Die meisten haben ihr nicht gefallen. Sie sehnt sich nach Aufgaben mit mehr Sinn. Schon seit einigen Jahren trägt sie den Gedanken einer Erzieher:innenausbildung mit sich herum. Auf ihre Ankündigung rümpft eine andere Freundin, die vor fast 20 Jahren, im Alter von 16 Jahren, im pädagogischen Bereich zu arbeiten begonnen hat, die Nase. Sie beginnt nun ein Lehramtsstudium. Nicht, weil sie ihren Job nicht mag. Ganz im Gegenteil. Sie musste sich noch nie die Sinnfrage stellen, wie es bei meiner anderen Freundin im Managementbereich der Fall ist. Die bittere Wahrheit ist: Sie kann sich ihren Job nicht mehr leisten. Er bringt ihr zu wenig Geld ein. Die Löhne steigen nicht, die Mieten aber schon, und die Inflation frisst jede Möglichkeit zu sparen. Deshalb wechselt sie den Beruf.

Wir leben in einer Gesellschaft, die es Menschen erschwert, eine Arbeit zu wählen, die erfüllend und wertvoll ist. Ich kenne einige von ihnen. Menschen, die in *Bullshit Jobs* stecken und gern etwas gesellschaftlich Relevantes machen möchten, oder jene, die sinnvolle Jobs haben, aber zu wenig Geld verdienen. Mein Freund und ich schauen uns mindestens zweimal die Woche an und flüstern uns zu: Wenn wir keine Lust mehr darauf haben, aufs Geld zu achten, schmeißen wir unsere sinnhaften Jobs hin und machen irgendetwas im Beratungsbereich. Weniger Substanz, dafür aber auch weniger Geldsorgen. Das ist ein riesiges Klassenprivileg. Sich für einen systemunsinnigen Job oder einen systemrelevanten entscheiden zu können. Die eine Klasse hat diese Flexibilität. Die andere nicht.

Doch genau darum geht es. *Systemrelevante Berufe* werden von einer Klasse ausgeführt, während die *Bullshit Jobs* von einer anderen übernommen werden. Die einen sind ausgebrannt, weil keiner ihre Jobs machen will und es dadurch viel zu viel Arbeit für viel zu wenig Hände gibt, die anderen sind ausgebrannt, weil ihre Jobs sinnlos sind. Grauzonen inklusive.

Wir glauben so tief an das Konzept Arbeit, dass wir Tätigkeiten durchführen, auch wenn das Ergebnis wertlos ist. Jahrhunderte des religiösen und moralischen Denkens haben dazu geführt, dass wir Arbeit mit Tugend in Verbindung bringen.

Das ist auf die Puritaner:innen des 16. Jahrhunderts zurückzuführen, die Arbeit als Strafe und Erlösung zugleich sahen. Ich arbeite, also bin ich. Wer nicht arbeitet, ist nichts.

Diese Art des Denkens beeinflusst uns bis heute. Das Selbstwertgefühl und die Würde der meisten Menschen sind eng mit ihrer Arbeit verknüpft. Sie ist ein wichtiger Aspekt unserer Identität. Schließlich ist oft die erste Frage, die wir jemandem stellen, den wir gerade kennenlernen: Was arbeitest du? Dabei gibt es andere Wege. Diese werden von einer Klasse blockiert, weil es einer anderen zugutekommen könnte. Deshalb bestehen weiterhin Jobs erster und zweiter Klasse.

Wir leben in einer Welt, in der wir dazu gezwungen werden, dem Klimpern der Münzen und dem Rascheln der Scheine zu folgen. Geld bestimmt den Wert von Gegenständen und auch der Arbeitskraft. Wenn der Rettungssanitäter genauso viel verdienen würde wie der Chefarzt, gäbe es vermutlich keinen Fachkräftemangel mehr.

Zurück zu Jannis und Julian. Als das bedingungslose Grundeinkommen beginnt, steckt der jüngere Bruder in seiner Ausbildung zum Erzieher. »Man kriegt zwar im schulischen Teil BAföG, aber es gibt immer eine Lücke zwischen den schulischen Prüfungen, die man abschließt, und der Anerkennung. Ich hatte dadurch sogar zwischenzeitlich gar kein Einkommen. In dieser Zeit hat mich das Grundeinkommen natürlich total gerettet. Dadurch musste ich nicht auf familiäre Ressourcen zurückgreifen. Das war ein mega Segen, weil ich dadurch trotzdem meine Selbstständigkeit wahren konnte.«

Jannis beschreibt, wie er sich einen Döner kaufte, ohne sich deshalb schlecht zu fühlen. Davor hat er das auch getan, aber er konnte es sich eigentlich nicht leisten. »Es ist ein ganz anderes

Lebensgefühl«, erkärt er. Er ist begeistert vom bedingungslosen Grundeinkommen. Für ihn bedeutet es mehr Freiheit und Selbstbestimmung.

Bei Julian ist das anders. Er sieht das Konzept etwas kritischer. »Ich bin ganz ehrlich, mein Leben verlief nicht anders, als es sonst gewesen wäre.« Der Politikwissenschaftler lebt in Berlin. Er hat keine Kinder und ein gutes Einkommen. »Das heißt, meine Lebenssituation ist so, dass ich nicht das Gefühl habe, dass ich mir nichts gönnen oder leisten könnte. Ich verdiene genug Geld, um zu sparen. Letztlich habe ich genau das mit dem Bedingungslosen gemacht. Gespart. Das ist aber eigentlich meiner Meinung nach nicht die Idee vom Bedingungslosen. Es sollte doch nicht einfach nur in ein Sparbuch fließen.«

Das Bedingungslose erhöht die Kluft zwischen Besitzenden und Besitzlosen, findet Julian, weil alle es erhalten. Auch all jene, die es eigentlich nicht brauchen. So sparte der Unternehmensberater, während Jannis seine Rechnungen damit bezahlte. Der ältere Bruder investierte das Geld in ETFs und baute sein Vermögen weiter aus. Jannis hingegen kaufte sich Käse, den er sich ohne das Grundeinkommen gar nicht leisten konnte. Die Kluft zwischen den Brüdern wuchs.

Vielleicht kann Julian besser mit Geld umgehen als Jannis. Döner essen und Käse kaufen, klingt jetzt nicht so, als hätte er das Bedingungslose besonders sinnvoll genutzt. Doch Armut sorgt dafür, dass wir schlechtere Entscheidungen treffen. Investment- oder Zukunftspläne, strategisches Denken, all das muss man sich leisten können, zeitlich, aber auch gedanklich. Untersuchungen zeigen, dass Mangelsituationen all das erschweren, weil Menschen mehr mit dem Stress und den Herausforderungen, die ihnen unmittelbar bevorstehen, beschäftigt sind, als über die Zukunft nachzudenken. Arm sein ist anstrengend. Es trübt den Blick nach vorn.

Wer weiß, wie sich Jannis nach einem weiteren Jahr bedingungsloses Grundeinkommen entwickelt hätte. Ab wann lässt eine Person das Trauma der Existenzangst hinter sich? Außerdem ist ein Jahr ein Jahr. Es ist eine begrenzte Zeitspanne.

Wofür sinnvoll Geld genutzt werden sollte, ist für jeden Menschen unterschiedlich. Gleichzeitig existieren gesellschaftliche Leitplanken, an denen wir uns zu orientieren haben. Zur Schule gehen, einen guten Job finden, Rechnungen bezahlen, vielleicht in den Urlaub fahren, eine Beziehungsperson finden, Kinder kriegen, weiterarbeiten, dann in Rente gehen, und das war's.

»Für mich ist das Grundeinkommen sinnvoll, wenn es Menschen, die permanente Angst nimmt, irgendwann ökonomisch in eine Situation zurückzufallen, in der sie ihre Grundbedürfnisse nicht abdecken können, wie genügend zu essen zu haben, aber auch soziale Grundbedürfnisse«, so Julian, »vor allem Menschen im Niedriglohnsektor, die keine Rücklagen haben. Sie sollten gestärkt werden.«

Wenn es ein bundesweites Grundeinkommen gäbe, dann wäre Julian für ein regressives. Je mehr Wohlstand die Person hat, desto geringer soll die Summe ausfallen, die auf dem Konto landet. Dann ist es jedoch nicht mehr bedingungslos, sondern Sozialhilfe. Das Spannende am Bedingungslosen ist, dass es keinen Unterschied macht. Alle erhalten Geld. Klassenunabhängig.

Auf welcher Basis das Grundeinkommen sinnvoller wäre, sind Details, die wichtig sind. Dieses Gedankenspiel dient vielmehr dazu, zu zeigen, dass es Möglichkeiten jenseits unserer aktuellen Haltung gegenüber Arbeit und der Distribution von finanziellen Ressourcen gibt. Lösungen, die uns als Gesellschaft helfen könnten, mit den bevorstehenden Herausforderungen, wie Jobverlusten durch technologische Fortschritte, umzugehen. Aber auch bessere Bedingungen für Menschen zu schaffen, die von *Bullshit Jobs* in Fachkräftemangelbereiche übergehen möchten. Dabei könnten wir das Wohlergehen der Menschen in den Mittelpunkt stellen statt die Jobs.

Doch ein Gedanke von Julian lässt mich nicht los: »Zwar hat sich für mich durch das bedingungslose Grundeinkommen nicht viel geändert, aber für meinen Bruder. Er lebte selbstständig finanziell abgesichert. Das beruhigt mich natürlich. Dadurch kann ich schon besser schlafen«, so Julian.

Der Berater wusste, dass auch ohne das Bedingungslose seine Eltern Jannis im Notfall unterstützen würden. Doch was, wenn die Brüder keine Familie hätten? Würde Julian als einziger Verwandter für Jannis finanziell sorgen? Würde er sich um ihn kümmern, oder findet er doch, dass jeder Mensch für sich selbst verantwortlich ist? Wie solidarisch sind wir – nicht nur in der Geschwisterbeziehung, sondern als Gesellschaft?

WAS IST FÜR ~~MICH~~ *UNS* DRIN?

An einem Morgen Ende April 1992 erfüllte sich Christopher McCandless seinen Traum: Allein in der Wildnis in Alaska zu leben. Im Gepäck hatte er ein Gewehr, ein Paar zu große Gummistiefel und einen Feldführer über essbare Pflanzen. Elf Monate später wurde seine Leiche von Elchjägern in einem verlassenen Bus entdeckt. Er war 19 Tage zuvor verhungert, nachdem er eine giftige Pflanze gegessen hatte.

Jon Krakauer erzählt in *Into the Wild* die wahre Geschichte von Christopher. Ein junger Mann aus Virginia mit herausragenden Noten, der nach seinem Uni-Abschluss sein bisheriges Leben hinter sich ließ. Sein Erspartes von 24 000 Dollar spendete er für wohltätige Zwecke, er verbrannte seinen Pass, trampte nach Alaska, um in der Wildnis zu leben. Weit weg von der Gesellschaft. Auf der Suche nach der ultimativen Freiheit. Auf dem Weg begegnete er einer Reihe von Personen, die sein Leben prägten. Die ihm auch Alternativen anboten, doch nichts und niemand konnte ihn von seinem Plan abbringen.

Es ist die Geschichte eines jungen Mannes, der auf der Suche nach Abenteuern und Selbsterkundung, jenseits seiner vornehmen Vorstadterziehung, aufbricht, um den Sinn des Lebens zu ergründen. Inspiriert wurde er von Henry David Thoreaus *Walden*. Das Buch erschien im Jahr 1854. Der Schriftsteller und Philosoph beschreibt darin die Erfahrungen, die er machte, während er zwei Jahre und zwei Monate in einer selbst gebauten Hütte in der Nähe des *Walden Pond* inmitten der Wälder seines Freundes lebte. In seinem Werk reflektiert der Philosoph das einfache Leben in einer natürlichen Umgebung.

Walden und *Into the Wild* sind Klassiker der Aussteigerliteratur. Sie zelebrieren das Alleinsein. Zusammen ist es kompliziert. Allein ist es leichter. Die Gesellschaft ist das Problem. Nicht der Mensch. Zumindest nicht in seiner ursprünglichen Form. In der Natur. Nur da ist er rein. Die Lösung liegt nicht darin, sich selbst einzubringen, um die Gesellschaft zu verändern, sondern sich selbst von ihr abzugrenzen. So weit wie möglich von ihr wegzukommen. Frei und unabhängig zu leben.

Henry David Thoreau und Christopher McCandless schotten sich von der Gesellschaft ab. Die softere Version davon ist bereits in der klassischen und aktuellen Mittelklasse angekommen. Sie gehen nicht mehr wählen, der Vierseitenhof ist nicht nur unter Hippies ein Traum, Selbstversorgung ist ihre Aspiration – was diese beiden Schichten eint, ist: Politisch zu sein, ohne in die Politik zu gehen.

Das bedeutet, dass sie sehr wohl aktuelle Themen verfolgen, analysieren und in ihrem Umfeld oder auf Social Media diskutieren, aber aus der Distanz, ohne selbst öffentliche Ämter zu bekleiden oder sonst in irgendeiner Hinsicht aktiv politisch zu intervenieren. Stattdessen setzen sie ihre Überzeugungen im Alltag um, indem sie bewusste Konsumentscheidungen treffen, manche, indem sie beispielsweise nachhaltige Marken kaufen, andere, indem sie Produkte konsumieren, die auf rechte Parolen als Marketingstrategie setzen. Alles, was sie tun, findet weit entfernt von politischen Institutionen statt. Frei und unabhängig. Ohne Verpflichtungen.

Im Selbst liegt die Veränderung, nicht im System. Dieser kurzsichtige Gedanke entspricht unserer Zeit. Wir stecken mitten im *Century of the Self*. Leben in einer vermeintlich hyperindividualistischen Gesellschaft. Ich muss niemanden um Hilfe bitten. Viele Fragen kann ich googeln, YouTube-Tutorials zeigen mir, wie ich einen Reifen wechsle oder eine Rechnung schreibe. All das suggeriert uns, unabhängig voneinander zu sein. Eindeutige, eigene Identitäten zu haben. Als sei unser wahres Selbst von Natur aus einzigartig und getrennt von anderen. Manche würden sogar so weit gehen zu sagen, dass die Gesellschaft uns in der einen oder anderen Form beim Streben nach persönlicher Freiheit und Individualität hemmt. An alldem ist auch etwas dran, aber der Soziologe Peter L. Callero ist überzeugt, dass Individualismus ein Mythos ist. Eine Geschichte, die wir uns erzählen. Untersuchungen zeigen: Das Individuum und die Gesellschaft sind ein und dasselbe, sie stützen sich gegenseitig und sind notwendigerweise miteinander verflochten. Ohne Individuen keine Gemeinschaft. Ohne Gemeinschaft keine Individuen. Die Tatsache, dass die meisten von uns etwas anderes glauben, ist ein Beweis für ein mächtiges kulturelles Märchen: den Mythos des Ichs.

Callero definiert Individualismus als ein Glaubenssystem, welches das Individuum gegenüber der Gruppe privilegiert, genau wie das Privatleben gegenüber dem öffentlichen Leben und den persönlichen Ausdruck gegenüber der sozialen Erfahrung. Es ist eine Weltanschauung, in der Autonomie, Unabhängigkeit und Selbstvertrauen hoch geschätzt und als natürlich angesehen werden. Und es ist eine Ideologie, die auf Selbstbestimmung basiert, in der davon ausgegangen wird, dass freie Akteur:innen Entscheidungen treffen, die direkte Konsequenzen für ihr eigenes einzigartiges Schicksal haben.

Die ehemalige Premierministerin Margaret Thatcher geht sogar noch weiter mit ihrem berühmten Satz: »There's no such thing as society.« Zu Deutsch: So etwas wie eine Gesellschaft gibt es nicht. Für sie gibt es nur das Individuum.

Thatcher sorgte während ihrer Regierungszeit in Großbritannien dafür, dass staatliche Industrien privatisiert und der Wohlfahrtsstaat drastisch reduziert wurde. Sie war überzeugt, dass in der Vergangenheit vielen Menschen vermittelt wurde, dass die Regierung ihre Probleme lösen sollte, indem sie Subventionen oder Unterstützung anbot. Nach Thatchers Philosophie liegt die Verantwortung bei den Menschen selbst, die sich in erster Linie um ihre eigenen Angelegenheiten kümmern sollten.

Eigenverantwortung ist natürlich wichtig. Doch nur auf das Individuum, ohne auf das System zu blicken, ist zu kurzsichtig. Denn viele Herausforderungen sind strukturell. Da kann eine Einzelperson noch so viel tun. Die Quelle des Problems kann nur gemeinsam gelöst werden, wie bei der vom Menschen verursachten globalen Erderwärmung.

»Wie groß ist Ihr CO_2-Fußabdruck?«, fragt eine Stimme im Hintergrund. Es handelt sich um einen Werbespot des Unternehmens BP aus dem Jahr 2004. Die Frage richtet sich an unterschiedliche Menschen auf der Straße. Jung, älter. Männer. Frauen. Der Fokus liegt auf ihnen. Nicht auf die Person, die diese Überlegung in den Raum wirft. Der *CO_2-Fußabdruck* ist die Summe an Kohlenstoffdioxid-Emissionen, die eine Person, eine Organisation, ein Unternehmen oder eine Gemeinschaft direkt oder indirekt durch ihre Aktivitäten verursacht. Was ich esse, wie ich wohne, mich fortbewege und wie viel ich reise, spielt dabei eine Rolle. Die Idee stammt von Mathis Wackernagel und William Rees, doch in den Mainstream gelangte dieses Konzept erst mit der 250 Millionen US-Dollar teuren Werbekampagne des Öl- und Gas-Konzerns BP. Der Journalist Mark Kaufman entdeckte, wie das Unternehmen die Wahrnehmung für die globale Erwärmung von der fossilen Energiewirtschaft hin zum individuellen Verbraucher lenkte. Der individuelle CO_2-Fußabdruck jedes Einzelnen ist der Schlüssel zur Lösung des Klimawandels. Nicht der CO_2-Fußabdruck der Industrie.

Das Geniale an der Idee ist, dass es nicht nicht stimmt. Wir alle tragen zum Klimawandel bei. Aber ob und wie viel ich recycle, wird nie mit einem Ölkonzern, der täglich 4 Millionen Barrel fördert, konkurrieren können. Veränderung findet nicht statt, wenn die Menschen zu Hause bleiben und brav sind. Sie entsteht gemeinsam. Wenn wir das System verändern.

Der radikale Individualismus fördert ein begrenztes Verständnis von Freiheit. Unsere individuelle Autonomie ist mit der Unabhängigkeit eines anderen verbunden. Die Freiheit einer Person zu rauchen kann die Selbstentfaltung der anderen einschränken, saubere Luft zu atmen und ein gesundes Leben zu führen. Die Liberalität, viel Geld für eine Immobilie zu verlangen, kann mit der Freiheit konkurrieren, bezahlbaren Wohnraum zu finden. Welche Freiheit steht über der anderen?

Wenn von Freiheit oder Individualismus gesprochen wird, dann von einem Prototyp Mensch. Hierbei geht es um einen »Prototyp«, der genau so vermeintlich neutral ist, wie der *Vitruvianische Mensch* von Leonardo Da Vinci – eine Zeichnung von 1490, die verdächtig unneutral aussieht. Das ist nicht irgendein Mensch, sondern eine ganz klar männlich zu lesende Person. Bei diesem »Prototyp« denkt niemand an die alleinerziehende Mutter, die auch noch ihre Großeltern versorgen muss, sondern an den gut ausgebildeten Mann.

Persönliche Freiheit zieht sich durch die Philosophie des

Westens. Auf Mandarin gibt es keinen Begriff für das Wort *Individualismus.* Die einzige Bezeichnung, die in China dem nahekommt, ist das Wort *Egoismus.* Das südafrikanische Sprichwort *Ich bin, weil wir sind* demonstriert die Lebensphilosophie von *Ubuntu.* Das Wort stammt aus den Bantusprachen der Zulu und der Xhosa. Es beschreibt das Bewusstsein, selbst Teil eines Ganzen zu sein. Statt auf *Ich denke, also bin ich* basiert es auf *Ich nehme teil, also bin ich.* Wir und ich. Statt ich und dann wir.

Untersuchungen zeigen, dass Menschen aus Ostasien dazu neigen, Geschehnisse in ihrer Umgebung bewusster wahrzunehmen: Sie sehen das ganze Bild, nicht nur sein Subjekt, schreibt schreibt der britische Autor und Journalist Will Storr. Während Menschen, die im kollektivistisch geprägten China sozialisiert werden, dazu neigen, das Verhalten eines Individuums auf die Faktoren in seiner Umgebung zurückzuführen, zeigen Untersuchungen über Menschen aus den USA, dass dort der Charakter und der Wille der Einzelperson verantwortlich gemacht werden.

Das liegt daran, dass der Gedanke von Liberalität nicht neu ist. Den hatten bereits die Griechen in der Antike. Sie lebten auf kleinen Inseln, segelten und reisten, tauschten sich mit unterschiedlichen Kulturen anderer Länder aus. Das weite, offene Meer, Autonomie, Solopreneure – sie waren davon überzeugt, dass jeder Mensch frei und für sein eigenes Leben verantwortlich sei. Eine Definition des Glücks für die Griechen war, dass es darin bestand, seine Kräfte in einem Leben frei von Zwängen für das Streben nach Vortrefflichkeit einsetzen zu können.

Die Athener strebten jedoch nicht nach Perfektion für das Individuum, sondern für die Gemeinschaft. Sie hatten sogar einen für uns immer noch geläufigen Begriff für einen Menschen, der seinen Pflichten als Bürger nicht angemessen nachkam, den wir heute jedoch anders verwenden. Wer sich nicht regelmäßig an Debatten beteiligte, wer ein schlechtes politisches Urteilsvermögen an den Tag legte und wer selbstsüchtig seine persönlichen Interessen über die Bedürfnisse der Gemeinschaft stellte, galt als *Idiot*.

Es ging, ähnlich wie heute, um die Perfektion des Einzelnen. Jedoch nicht für sich selbst, sondern für die Gemeinschaft. Ich arbeite an mir selbst, nicht für mich, sondern für uns alle.

Wissenschaftliche Erkenntnisse, demokratische Regierungsführung und letztlich das kapitalistische Wirtschaftssystem verstärkten das positive Image des Individualismus im Westen. Der *Econmic Man*. Mein Egoismus ist gut für uns alle, wurde zu einem unverrückbaren Glaubenssatz. Im Prinzip wandelte sich der antike Gedanke des Strebens nach Perfektion zu einem Streben nach Egoismus. Derselbe Kern, unterschiedlicher Ton.

Dabei gibt es nur ein Problem. Wir sind nicht so unabhängig, wie wir es gern glauben. Menschen fahren uns zur Arbeit, oder wir nutzen Autos, die so komplex sind, dass eine große Gruppe unterschiedlicher Disziplinen zusammenarbeiten muss, damit das technologische Wunderwerk funktioniert. Das Haus, in dem wir leben, wurde ebenso aufgrund der Verschmelzung der Fähigkeiten verschiedener Menschen gebaut – Statik, Elektrik, die Wasserversorgung. Die Liste könnte endlos weitergehen. Jeder Aspekt unseres Lebens entsteht im Kollektiv. Es braucht nicht nur ein ganzes Dorf, um ein Kind großzuziehen. Es braucht ein ganzes Dorf für alles. Wir brauchen einander. Die ganze Zeit.

Kollektivistischen Gemeinschaften wird vorgeworfen, dass sie hierarchisch sind, individualistische sind es auch. Nur dass es den Menschen weniger bewusst ist.

Was Thoreau und McCandless eint, ist, dass es sich um *weiße* Männer aus der aktuellen Mittelklasse handelt. Für sie liegt die Lösung in der Abgrenzung, weil ihnen diese überhaupt möglich ist. Eine Frau in der Wildnis – das könnte gefährlich werden. Nicht unbedingt wegen Bären. Sondern wegen Männern.

In der Zeit von Thoreau herrschte in den USA die Versklaverei. Freiheit war für Schwarze Menschen ein ferner Traum. Doch die Union, der Norden, zog gegen die Konföderierten, den Süden, in den amerikanischen Bürgerkrieg, um dem ein Ende zu setzen. Was ihr nach vier Jahren auch gelang. Das wäre ohne die unermüdliche Arbeit von vielen versklavten Personen und progressiven *Weißen,* die erkannten, wie brutal dieser Teil unserer menschlichen Geschichte ist, nicht möglich gewesen. Es dauerte 300 Jahre. Soziale Veränderung braucht kontinuierliche Arbeit. Sie ist ein Marathon, kein Sprint.

Gestern ein Versklavter. Heute nicht mehr. Die Stellung eines Menschen in unserer Gesellschaft kann sich ändern. Soziale Identitäten sind Konstrukte. Diese werden zu Symbolen mit mächtigen sozialen Auswirkungen. Sie definieren die Art und Weise, wie wir denken, sind tief mit unseren Emotionen verbunden und bilden die Grundlage für unsere soziale Interaktion. Die Identität ist nichts Selbstverständliches. Genau wie die Demokratie, wie das Oberste US-Gericht vor zwei Jahren bewies, indem es das landesweit gültige Recht auf Schwangerschaftsabbrüche aufhob. Aber auch hier vor Ort in Deutschland sollten wir niemals vergessen, dass Adolf Hitler und die NSDAP vor gut 90 Jahren mit ganz demokratischen Mitteln an die Macht gelangten.

Der historische Ursprung der sozialen Bewegungen fällt mit der Geburt der modernen Demokratie zusammen. Erst mit mehr Partizipation und Rechten für unterschiedliche Menschen, nicht nur für den Adel oder Herrscher, der Förderung der Meinungsfreiheit, der Möglichkeit, Kritik zu äußern und auf Ungerechtigkeiten aufmerksam zu machen, steigt die Gerechtigkeit in der Gemeinschaft.

Es ist wichtig, dass wir uns dieses Erbe immer wieder vor Augen führen. Nicht wählen. Nicht teilnehmen. Nicht interagieren. Nicht streiten. Nicht diskutieren. Nicht über Klasse reden. Sich zurückziehen. All das ist gefährlich. Nichts ist selbstverständlich.

Der Mythos des Individualismus trägt zum *Klassenunbewusstsein* bei. Wir sehen nicht die Struktur. Nur den Einzelnen.

Dieser Tunnelblick wird durch unsere Liebe zu Held:innengeschichten verstärkt. Schon in den antiken Mythologien fand sich die *Heldenreise*, doch insbesondere seit dem 18. Jahrhundert ist sie die dominante Erzählung, die wir für so selbstverständlich nehmen, dass wir sie kaum noch infrage stellen: die Geschichte eines beliebten Helden separiert von seiner Community. Der Protagonist – meist ein Mann aus dem Globalen Norden und *weiß* –, der allein aufbricht, und Abenteuer erlebt, was häufig mit der Rettung der Welt einhergeht.

Diese Erzählart trübt unseren Blick auf Vergangenes.

Am 1. Dezember 1955 saß Rosa Parks in der fünften Reihe eines Busses in Montgomery, USA. Die ersten vier Reihen waren für *Weiße* reserviert. Es war die Ära der Jim-Crow-Gesetze. Als an einer Station mehr *weiße* Passagiere einstiegen, forderte der Busfahrer James Blake die Schwarzen Personen in Reihe fünf auf, ihre Plätze abzugeben. Drei taten es. Rosa Parks blieb sitzen.

Das machte Parks zur Symbolfigur der Bürgerrechtsbewegung. Ihr Haftbild, wie sie mit ihrer rahmenlosen Brille, den geflochtenen, nach oben gesteckten Haaren und der Nummer 7053 in den Händen in die Kamera schaut, ging um die Welt.

»Wie bei vielen bekannten historischen Darstellungen wird auch bei der Geschichte von Rosa Parks, wie sie in den populären Medien und Schulbüchern erzählt wird, die Rolle des kollektiven Handelns heruntergespielt und die jahrelange Planung, Organisation und Ausbildung, die ihrer Tat vorausging, ignoriert. Rosa Parks wäre die Erste, die zugeben würde, dass kein Einzelner für die Auslösung der Bürgerrechtsbewegung verantwortlich ist«, schreibt Callero.

Vom *Wir* zum *Ich*. Rosa Parks ohne die *NAACP*, Malcolm X ohne die *Nation of Islam* oder Jesus ohne seine Jünger. The *Hero's Journey* sowie unser Individualismus-Fetisch bagatellisieren die Komplexität des sozialen Wandels. Die Einführung des Frauenwahlrechts im Jahr 1918 war das Ergebnis einer mehr als hundertjährigen, kontinuierlichen und gemeinschaftlichen Arbeit. Die Ehe für alle entstand in keinem Vakuum, genauso wenig wie die Anti-Atomkraft-Bewegung in den 70ern.

Es fällt uns schwer, das große Ganz zu sehen. Das liegt an der Art, wie wir Geschichten erzählen, dem Marketing, das unser Unbewusstes anzapft, unserer Obsession für Personenkult und daran, dass wir komplexe politische Prozesse simplifizieren.

Callero ist überzeugt, erst wenn wir uns vom Mythos des Individualismus verabschieden, erkennen wir, wie sehr wir Teil eines größeren sozialen Systems sind. Wir brauchen einander. Jeder Mensch möchte sich relevant fühlen. Zugehörig. Das hat auch Christopher McCandless, kurz bevor er starb, realisiert. Sein letzter Tagebucheintrag allein in der Wildnis in Alaska lautete: »Glück ist nur echt, wenn man es teilt.«

BEI START AUF NULL

»Eines Tages wirst du Millionärin«, sagte mein Opa zu mir, seit ich klein war. Das war sein größter Wunsch. Dass sein Nachwuchs frei von Geldsorgen sein würde. Wir sollten es besser haben. Uns nicht wund arbeiten, wie er es musste. Er glaubte ganz fest an Leistung, Fleiß, Hingabe und vor allem an harte Arbeit. Sein ganzes Leben widmete er seinen Kindern. Inzwischen ist mein Großvater verstorben. Kurz vor seinem Tod wurde er dement. Wenn ich ihn besuchte, stellte er mir nur noch zwei Fragen. »Wie läuft es beruflich?« Dann sagte ich: »Gut.« Woraufhin seine letzte Frage lautete: »Wie viel verdienst du?«

»Dein Opa denkt nur ans Geld«, sagte meine Oma dann immer genervt. Das war ihre Ping-Pong-Konversation. Er redete übers Geld. Das nervte sie. Dann ärgerte es ihn, dass sie so tat, als würde es keine Rolle spielen. Worauf sie sauer wurde, weil er dem Ganzen zu viel Raum gab. Ich verstehe beide. Wenn ein Mensch kein Geld hat, spricht er ständig davon. Es ist eine Hassliebe. Das Nicht-Haben, macht es präsenter. Dringlicher. Erst dann wird einem bewusst, wie sehr es ausschließt. Dass wir in keiner freien Welt leben, sondern in einer gefüllt mit Preisschildern. Die an allem hängen. Am Dating, an der Liebe, am Kinderkriegen, an der Wohnung, am Zugang zu Wasser, Essen und dem Leben im Alter. Selbst die eigenen Interessen und Leidenschaften sind an die eigenen finanziellen Mittel geknüpft. Das ist unfair. Geld regiert die Welt. Somit auch das Persönliche.

Obwohl Leistung nicht mehr der ausschlaggebende Faktor ist, wird sie zur Begründung unserer Wohlstandsverteilung deklariert. Der Gedanke lautet, dass wenn Menschen in einer Leistungsgesellschaft reich sind, haben sie es verdient. Wenn nicht heute, dann für die Arbeit von gestern. Dabei würde es, wenn wir wirklich in einer lebten, kein Erbe geben. Dann würde nur zählen, was *du* als Einzelperson in *deinem* Leben erreichst. *Deine* Leistung. Nicht die *deiner* Familie.

Für meinen Opa war die einzige Lösung, an der Idee des sozialen Aufstiegs festzuhalten. Wir müssen härter arbeiten als die anderen, damit wir wenigstens ansatzweise so viel erhalten. Eine individuelle Lösung für ein strukturelles Problem.

Dabei macht die ökonomische Differenz den Unterschied. Was wäre, wenn wir nicht mehr in einer Erbengesellschaft, sondern in einer richtigen Leistungsgesellschaft lebten? Einer radikalen Leistungsgesellschaft. Wenn das Geld der Großeltern keine Rolle mehr spielte, weil niemand irgendetwas vererben müsste. Dann wären wir zu Beginn alle bei null.

Vielleicht wäre mein Opa dann mal in den Urlaub gefahren, hätte sich ein Eis geholt und es genossen, statt jeden Pfennig zur Bank zu bringen. Mein Opa entspannte nicht. Er hatte dafür keine Zeit, denn er musste aufholen. Sicherstellen, dass es uns gut ging. Die anderen hatten schon ein Haus und ein Auto vor der Tür stehen. Meine Großeltern kamen erst mit 40 in die Bundesrepublik. Sie mussten sich beeilen. Da gab es keinen Raum für Entspannung oder Selbstverwirklichung.

Wir richten unseren Blick in die Zukunft. Heute arbeiten, für morgen. Das bedeutet leider nicht, dass sich jeder Mensch darüber Gedanken macht, wie es der Erde zukünftig geht oder wie er sie hinterlässt. Eher wie die eigenen Kinder abgesichert sind, sobald die Welt untergeht. Das liegt an unseren kapitalistischen

Werten. Die Wirtschaft ist nicht auf Langfristigkeit, sondern auf einen schnellen Profit ausgerichtet. Nach mir die Sintflut.

Doch wenn alle Kinder, wie es der Ökonom Thomas Piketty vorschlägt, 120 000 Euro als Erbe erhielten, unabhängig von ihrer sozialen Schicht. Wenn nicht ein paar erben, sondern alle. Dann wäre ja für den Nachwuchs schon gesorgt. Dann wäre dieser Gedanke vom Tisch. Was hätte mein Großvater wohl stattdessen getan? Im Hier und Jetzt gelebt? Mehr Zeit mit meiner Mutter und meiner Tante verbracht, statt zusätzlich zwei, drei Nebenjobs zu machen?

Wenn ich im Urlaub bin, in einem Land mit einer anderen Währung, bleibt manchmal am letzten Reisetag etwas übrig. Manche würden das Geld zurücktauschen, ich mache das meistens nicht. Ich gebe es aus. Dann passiert etwas Faszinierendes, ich teile es, indem ich ein höheres Trinkgeld gebe, und kaufe etwas, das ich mir sonst nie gönne. Wären Menschen, die dann viel Geld verdienen würden, auch so? Immerhin könnten sie das ganze Geld nicht mit ins Grab nehmen.

Eine Erkenntnis der Klassenreise dieses Buches lautet, dass die Wirtschaft eigentlich viele Menschen braucht, die Geld haben. *Überwohlstand* in den Händen einiger weniger ist schlecht für den *Wohlstand für alle.* Und dadurch auch irgendwann für die *Überwohlständigen.*

Überwohlständige müssten somit nicht mehr so viel Zeit und Energie darin investieren, ihr ganzes Geld um die Gesellschaft herum zu parken, statt es ins Kollektiv zu stecken. Sie müssten auch nicht unfaire Löhne bezahlen, weil exorbitante Summen anzuhäufen nichts bringen würde. Wären sie dann fairer? Würden sie teilen, statt zu horten?

Sie müssten sich nicht schämen, keine hohen Mauern bauen, keine Angst haben, entführt zu werden, und nicht heimlich nach Panama reisen, um Cocktails zu schlürfen und ihr Geld zu verstecken, das mehrere Generationen sowieso nicht schaffen auszugeben.

Denn das haben sie gemeinsam, die Menschen, die nichts haben, und diejenigen, die sehr viel besitzen. Sie möchten nicht darüber definiert oder darauf reduziert werden. Was nachvollziehbar ist. Jeder Mensch ist komplex und einzigartig. Doch nicht über Geld zu reden, während nur ein Teil es hat, zementiert Machtunterschiede.

Wenn wir wissen, dass die einen sich schämen, keiner über Geld definiert werden möchte und das Horten sogar schlecht für das System ist – das genau all dies begünstigt –, könnten wir doch einfach umverteilen?

Es zieht sich wie ein roter Faden durch das Thema Klasse. Das Festhalten an den Besitztümern. Bei der Französischen Revolution wurde zwar der Adel geköpft, doch die Hinterbliebenen durften über die Hälfte ihres Privateigentums behalten. Während im Nationalsozialismus viele Menschen von den Nazis ermordet wurden, stiegen Familienunternehmen wie die Quandts, Flicks, Fincks, Porsche-Piëchs, Oetkers und die Reimanns erst so richtig auf.

Politische Systeme wechseln, Gesetzeslagen ändern sich, doch das Privateigentum bleibt in den Händen der Überwohlständigen. Das Argument lautet, wenn wir an die Eigentumsrechte rangingen, würde das unsere Gesellschaft ins Chaos stürzen. Es sei zu kompliziert. Lieber alles beim Alten belassen. Wir leben in einer auf Eigentumsrechte fixierten Gesellschaft. Die Wirtschaft funktioniert, ob unter Nazis, in diktatorischen Regimen oder in einer Demokratie. Dabei scheint sie neutral zu sein. Fast schon ohne politische Agenda.

In einer Welt zu leben, die Profit über alles stellt, setzt einen moralisch-ethischen Rahmen. Kapitalismus ist eine Wirtschafts- und Gesellschaftsordnung, die auf der Idee des freien Wettbewerbs basiert und das Streben des Einzelnen nach Kapitalbesitz ins Zentrum rückt. Kapitalismus funktioniert durch Egoismus. Dadurch stehen wir in ständiger Konkurrenz zueinander. Das wirkt sich auf unser Miteinander aus. Gier, Geiz, Betrügen, Bestechen, Bestehlen, all das sind Konsequenzen davon. Deshalb beunruhigen uns Klassenunterschiede nicht. *The winner takes it all.* So ist das Leben. In dieser Matrix ist das Streben nach Profit wichtiger als Rassismus, Antisemitismus oder Sexismus.

Reichsein bedeutet, der Beste im Ausbeuten zu sein. Dabei möchte ich nicht sagen, dass reiche Menschen automatisch böse sind. Es ist schwer, Menschen von Strukturen zu trennen. Trotzdem bin ich davon überzeugt, dass der Mensch grundsätzlich gut ist, doch die Strukturen erschweren das. In einem inhumanen System gerecht zu sein, fühlt sich verrückt an. Als würde eine einzelne Person gegen einen riesigen Strom schwimmen. Wer da teilt, ist dumm.

Denn wir leben in einem wirtschaftlichen Darwinismus. Das hinterlässt Spuren. Nicht nur Narben, sondern auch Desillusionen. Dass all das gerecht sei. Dass Erfolg bedeutet, dass ich gut darin bin, am meisten aus den Menschen herauszupressen. Dass wir Egoismus feiern statt Humanismus. Auf dem Cover eines Magazins ist selten der Rettungssanitäter, der mal wieder Überstunden schieben musste, sondern der Topmanager, der dafür gesorgt hat, dass die Aktionär:innen mehr Dividenden ausgeschüttet bekommen haben.

Eine auf Konkurrenz statt auf Kooperation ausgelegte Gemeinschaft hilft sich zwar, wenn der Profit stimmt, sucht aber immer einen Weg, den anderen zu übertrumpfen. Dadurch reicht ein bedingungsloses Grundeinkommen nicht aus. Es hätte einen symbolischen Wert, steigert aber letztendlich den Abstand zwischen Menschen, die viel Geld haben, und jenen ohne noch weiter. Das bedeutet, gleich viel auszahlen, ändert nichts an der Machtkonzentrierung. Zumindest, solange die Vermögen so weit auseinander liegen. Das Grundeinkommen macht erst mit ähnlichen Erbverhältnissen Sinn.

Es gibt viele Untersuchungen, die zeigen, dass Geld uns verändert: Von einem Zusammenhang zwischen dem Besitz von teuren Fahrzeugen und einem riskanten Fahrstil bis hin zu Experimenten, die zeigen, dass Menschen, je mehr Geld sie haben, desto weniger teilen. Die *Psychologie des Geldes* sollten wir nicht unterschätzen, findet der Vermögensforscher Thomas Druyen: »Wenn jemand 30 Jahre mit 500 Millionen umgeht, dann verändern sich auch neuronale Strukturen. Wenn ich mir nie Gedanken machen muss, ob ich mir etwas kaufen kann oder nicht, dann ändert das meinen Zugriff auf die Umgebung. Die mich umgebende Welt erscheint materiell verfügbar und auch die Menschen, denen ich begegne. Das muss nicht so sein, aber die Gefahr ist groß.«

Geld macht ungeselliger. Je mehr Geld Personen haben, desto weniger verbringen sie Zeit mit anderen. Arbeiter:innen brauchen einander. Weniger Geld, dafür mehr Freund:innen, die beim Dachreparieren helfen können oder wenn das Auto stehen bleibt. Wenn ich viel Geld habe, kann ich mir all das kaufen. Ich brauche keine Hilfe, sondern bezahle Menschen für ihre Dienstleistungen. Doch je weiter wir uns voneinander entfernen, desto weniger verstehen wir uns. Das verstärkt unsere Klassenparallelgesellschaft.

Doch nicht nur das. In einer Demokratie ist es wichtig, dass jede Stimme gleich viel wert ist. Aktuell ist das nicht der Fall. Die Haltung von Überwohlständigen spiegelt sich in den Entscheidungen der Politiker:innen wieder. Anscheinend verdirbt Geld wirklich den Charakter. Nicht nur von denen, die es haben, sondern auch von allen darum herum.

Es ist ein Trugschluss zu glauben, dass die Welt gerechter würde, wenn ich gerecht konsumiere. Die Wirtschaft reagiert auf unsere Gefühle. Sie nutzt unser Unwohlsein. Anstatt faire Löhne und Arbeitsbedingungen in globalen Lieferketten sicherzustellen, sollten wir *faire* Mode kaufen. Es bräuchte eigentlich eine Umstrukturierung des Finanzsystems, aber lieber sollten Verbraucher:innen ethische Bankprodukte wählen, um soziale Gerechtigkeit zu fördern.

Thomas Piketty schreibt, dass jede Gesellschaft selbst festlegen kann, wie ihr Zusammenleben geregelt werden soll. Wir haben es eigentlich selbst in der Hand, wie stark oder schwach soziale Ungleichheit ausgeprägt ist. Das bedeutet auch, dass die Welt, in der wir heute leben, eine ist, für die wir alle verantwortlich sind, auch wenn wir sie nicht befürworten.

Ungleichheit ist nicht naturgegeben. Sie ist auch nicht der Preis des Fortschritts. Ungleichheit ist das Resultat von Politik und Ideologie. Eine Entscheidung. Bewusst und unbewusst.

In der *Phänomenologie des Geistes* beschreibt der Philosoph Georg Wilhelm Friedrich Hegel, der mit seinen rassenideologischen Schriften mit Vorsicht zu genießen ist, wie das Bewusstsein seine Befriedigung nur in einem anderen Bewusstsein erreicht. Er nutzt den Herrschaft-Knecht-Vergleich, in dem zwei Menschen miteinander ums Überleben kämpfen. Der Gewinner wird zum Herrscher und hat die Kontrolle über den Verlierer, der dann der Knecht wird. Der Knecht arbeitet auf dem Feld und gibt dem Herrscher das, was er anbaut.

Dabei entwickelt der Knecht eine besondere Verbindung zu seiner Arbeit. Er wird kreativ und ist zufrieden mit seinen Erfolgen. Der Herrscher freut sich natürlich über die Erträge, aber indem er den Knecht zum Knecht degradiert, verliert er – ohne sich dessen bewusst zu sein – seine Bestätigung. Somit wird der Herrscher abhängiger vom Knecht. Der Knecht sorgt dafür, dass der Herrscher versorgt wird. Das macht ihn langfristig freier und lässt ihn mit der Zeit eine höhere Stufe erreichen. Der Knecht merkt, dass er den Herrscher nicht unbedingt braucht, um zu überleben. Der Herrscher ihn umgekehrt aber schon.

Wir denken, in einer kapitalistischen Welt liegt die Macht in den Händen derer, die das Geld haben. Das stimmt. Doch nur, solange wir daran glauben. Klasse ist eine Geschichte. Ein menschengemachtes System, das reale Konsequenzen hat. Es funktioniert, weil wir daran glauben. Aber der Knecht ist derjenige, der eigentlich den Wohlstand des Herrschers sichert und das System am Laufen hält. Ohne ihn ginge gar nichts. Ohne den Herrscher schon.

WAS JETZT?

Ich habe dieses Buch für meinen Großvater geschrieben. Er arbeitete bereits im Alter von sechs Jahren und tat es bis zu seiner Rente. Als der älteste Junge von insgesamt sechs Kindern, musste er die Schule früh verlassen. Bei so vielen Geschwistern und einem einzigen Gehalt von meinem Urgroßvater war das Geld immer zu knapp, und als erster Sohn musste er eben mit anpacken. Das führte dazu, dass seine Schullaufbahn viel zu früh endete.

So wie es meinem Opa erging, läuft es bei vielen Menschen. Ihre Geschichten finden nicht im Zentrum unserer Erfolgserzählungen statt. Sie gewinnen keine Preise und werden nicht in Gemälden festgehalten.

Ganz im Gegenteil, sie bleiben im Verborgenen. Pflegen, handwerkern, putzen, reparieren, räumen auf und bereiten vor. Sie sind das Fundament unserer Gesellschaft.

Mein Großvater liebte seine Familie. Er genoss es, wenn wir zusammenkamen. Meist saß er ruhig und still dabei, nickte hier und da, wenn ihm ein Gedanke gefiel. Nach meinem Studium veränderte sich allerdings unsere Familiendynamik. Wenn dann am Tisch diskutiert wurde, unterbrach mein Opa jede Person – von meiner Tante, meinem Onkel, meiner Mutter bis hin zu meiner Oma –, zeigte mit seinem gold-beringten Finger auf mich und fragte:

»Was denkst du, Ciani?«

Ich habe dieses Buch geschrieben, um zu verstehen, warum das Leben meiner Familie auf diese Weise verlaufen ist. Warum waren meine Gedanken auf einmal mehr wert, nur weil ich studiert habe?

Ich wollte Klassen verstehen. Zwar wusste ich im Vorfeld, was für eine große Rolle die soziale Herkunft spielt, doch ich habe letztlich selbst unterschätzt, wie stark sie sich auf unser Zusammenleben auswirkt.

Klassen sind ein Ist-Zustand. Eine Beschreibung, um zu verstehen, dass vermeintliche Chancengleichheit nicht jedem die gleichen Möglichkeiten bietet. Sondern dass viele andere Faktoren das Leben jedes Einzelnen beeinflussen.

Mein Großvater hatte ganz andere Startbedingungen als der Lidl- und Kaufland-Gründer Dieter Schwarz. Eine Frau ist nicht einfach nur eine Frau. Sie kann eine alleinerziehende Mutter sein, mit Migrationserfahrungen, mit Behinderung. Ihre Chancen sehen ganz anders aus als die eines jungen Mannes mit Studienabschlüssen von diversen Elite-Unis, der aus einem überwohlständigen Zuhause kommt, ein über Generationen gepflegtes Netzwerk vorweist und den Laden seines Daddys übernimmt.

Diese Dimensionen spielen eine Rolle. Die Beispiele zeigen, dass Deutschland nicht so sozial mobil ist, wie es auf den ersten Blick erscheint. Dass die Rollen eigentlich schon vorverteilt sind. Wir wissen, es gibt Klassen, aber gleichzeitig glauben wir, dass die Leistung über den Erfolg einer Person entscheidet. Diese beiden Gedanken widersprechen sich. Das macht unser Klassenunbewusstsein aus. Ein *Eigentlich-Aber*.

Das Problem ist, dass diese Erzählung so langsam bröckelt. Was wir sehen, sind Skandale. Maskenaffären, in einer Zeit, in der andere Menschen am Limit arbeiteten oder starben. US-Banken, die sich obsessiv an die Philosophie des *Economic Man* klammerten, was zur Immobilienkrise in den Staaten führte und gleich mit dazu die globale Finanzkrise auslöste. Wir erleben, dass Wirtschaftsbosse betrügen, dass sie aber mit Unternehmensgeldern – VW-Dieselgate – oder Steuergeldern – Hypo Real Estate oder Commerzbank – gerettet werden.

Die prekär lebende Familie aus Neukölln aber nicht. Arme Menschen müssen in unserer Gesellschaft die besseren Individuen sein. Ihnen wird ihre Menschlichkeit abgesprochen, denn sie müssen sich beweisen. Sie müssen hart arbeiten, weil wir an die Ideologie der Begabung glauben, erst dann verdienen sie unsere Wertschätzung. Bei Überwohlständigen ist das anders.

Wir stecken mitten in einer Klassenwut. Dabei werden vor allem zwei Schichten gegeneinander aufgebracht. Die klassische Mittelklasse und die aktuelle. Dorf gegen Stadt. Ausbildung gegen Studium. Dabei ähneln sich viele ihrer Herausforderungen.

Der türkische Einwanderer hat mehr mit dem Handwerker aus Thüringen gemeinsam als Letzterer mit einem Doktortitel sammelnden AfD-Politiker. Aber auch die umweltschützende Aktivistin aus der Stadt hat ähnliche Interessen wie der Bio-Bauer aus Niedersachsen. Sie sprechen nur unterschiedliche Klassensprachen.

Diese Gruppen brauchen einander. Wir brauchen einander. Das wurde mir im Herbst letzten Jahres bewusst. Nachdem mein Opa gestorben war, erlitt meine Oma einen Schlaganfall. Sie kam ins Krankenhaus, und aufgrund der großartigen Arbeit der Menschen auf der Schlaganfallstation ging es ihr schnell besser. Sie sollte zur Reha. Zwar gab es genug Plätze, aber kaum

Personal, das sich um sie hätte kümmern können. Wir mussten warten.

Die Verzögerung war natürlich frustrierend, aber nicht lebensbedrohlich. Was werden wir tun, wenn wir Menschen abweisen müssen, die dringend Hilfe benötigen?

Das ist der immer häufiger sichtbar werdende Fachkräftemangel. Busse fallen aus. Baustellen bleiben. Die klassische Mittelschicht richtet ihre Wut gegen die prekäre Klasse, statt die Wohlstandsverteilung in unserer Gesellschaft zu betrachten. Die Überwohlständigen, Wohlständigen und die aktuelle Mittelklasse wundern sich, dass Menschen aus der prekären und der klassischen Mittelschicht keine systemrelevanten Berufe mehr machen und Kinder aus diesen Klassen lieber Influencer:innen werden möchten, nachdem wir mehrere Jahrzehnte von der Wirtschaftsideologie des *Economic Man* hinter uns haben. Die eine Klasse soll sich aufopfern, pflegen, sich den Körper wund arbeiten, während die andere Schlupflöcher nutzt, um Steuern zu sparen. Die einen wollen nicht teilen. Die anderen sollen sich aber trotzdem kaputt arbeiten. Die Wut darüber, dass die einen moralischer sein sollen, während die anderen sich einen Scotch on the Rocks einschenken.

Ich will nicht, dass Menschen aus einer Klasse sagen, was Menschen aus einer anderen zu tun haben. Ich möchte, dass Menschen aus einer Klasse sich überlegen, was sie tun können, um Menschen in ihrer eigenen Klasse zum Nachdenken anzuregen.

Ich möchte, dass wir anfangen, über soziale Schichten zu sprechen. Das *Klassenunbewusstsein* zu erkennen. Es aus der Unsichtbarkeit herauszuholen. Es zu betrachten, zu bemängeln und zu kritisieren. Wo Rassismus schlummert, ist auch oft ein

Klassenproblem. Vor allem beim neoliberalen Feminismus ist das der Fall, aber auch in queeren Kreisen.

Wir müssen über das Persönliche und Strukturen gleichzeitig debattieren, um zu demonstrieren, dass alles politisch und miteinander verknüpft ist. Es zeigt, wie weitreichend Strukturen ins Private eingreifen. Es adressiert den Kopf und das Herz. Beides ist essenziell für eine Veränderung. Die brauchen wir.

Denn es gibt Möglichkeiten. Von Konzepten wie dem bedingungslosen Grundeinkommen über höhere Besteuerung von Wohlstand, Restutitionszahlungen von Vermögen mit Nazihintergrund bis hin zur radikalen Leistungsgesellschaft.

Wir alle sitzen an diesem Familientisch. Nicht nur mein Opa, meine Oma, mein Geschwister, Onkel, Tante, meine Mama und ich. Wir müssen anfangen miteinander zu reden. Mit Herz und Verstand. Und, um meinen Großvater zu zitieren: Wir sollten nicht nur labern, sondern auch machen.

QUELLENVERZEICHNIS

WIE ALLES BEGANN

DER EINE PUTZT, DER ANDERE DENKT

»Sozialer Aufstieg in Deutschland bleibt die Ausnahme – OECD fürchtet Vergeudung von Talent« von Donata Riedel in *Handelsblatt*, 2018. https://www.handelsblatt.com/politik/deutschland/studie-zur-chancengerechtigkeit-sozialer-aufstieg-in-deutschland-bleibt-die-ausnahme-oecd-fuerchtet-vergeudung-von-talent/22690454.html?ticket=ST-2479440-4CcjgpdaQCYcqEnSzNIT-ap6, abgerufen am 02.08.2021.

»Klassismus. Eine Einführung« von Andreas Kemper & Heike Weidenbach, Unrast Verlag, 2021.

»Politik« von Aristoteles, dtv, 1998.

»Adam Smith und der freie Markt«, arte, 2011. https://www.youtube.com/watch?v=fQJDIjEFcKA, abgerufen am 02.06.2022.

»The Wealth of Nations« von Adam Smith, Penguin Classics, 1982.

»Who Cooked Adam Smith's Dinner? A Story of Women and Economics« von Katrine Marçal, Pegasus Books, 2016.

WENN ALLE DIE MITTE SIND

»Most millionaires say they're middle class« von Robert Frank in *CNBC*, 2015. https://www.cnbc.com/2015/05/06/naires-say-theyre-middle-class.html, abgerufen am 07.02.2024.

»Das Unheil des Überreichtums« von Martin Schürz & Shalini Randeria, 2019. https://www.youtube.com/watch?v=a2fiBZsAADA, abgerufen am 21.12.2023.

»Klassismus. Eine Einführung« von Andreas Kemper & Heike Weinbach, Unrast Verlag, 2021.

»Prekariat, Mittelschicht, Elite: Zu welcher Einkommensgruppe zählen Sie?« von Tatjana Grassl in *Focus Online*, 2018. https://www.focus.de/finanzen/karriere/machen-sie-den-check-prekariat-mittelschicht-elite-zu-welcher-einkommensgruppe-zaehlen-sie_id_8379973.html, abgerufen am 21.12.2023.

»Corona-Pandemie macht Milliardäre noch reicher« in *TAGESSPIEGEL*, 2021. https://www.tagesspiegel.de/politik/corona-pandemie-macht-milliardare-noch-reicher-4294741.html#:~:text=%22Nach%20mehr%20als%2018%20Monaten,in%20die%20extreme%20Armut%20abgerutscht, abgerufen am 30.01.2024.
»Euer größter finanzieller Aha-Moment: Die Rentenlücke zu kennen« von Madame Moneypenny, 2022. https://www.youtube.com/watch?v=wCf7Q4nnqjw, abgerufen am 18.12.2023.
»Deutsche Einheit: Ost-West-Angleichung durch Tarifverträge!«, DGB, 2021. https://www.dgb.de/uber-uns/dgb-heute/wirtschafts-finanz-steuerpolitik/++co++173223ca-26af-11ec-9a0d-001a4a160123, abgerufen am 06.09.2022.
»Kapitalismus schafft soziale Ungleichheit« von Til Knipper in *Cicero Online*, 2014. https://www.cicero.de/wirtschaft/kapitalismus-kapitalismus-schafft-soziale-ungleichheit/57182, abgerufen am 17.10.2022.
»Was ist die Arbeiterklasse?« von Raphael Lins in *derfunke*, 2018. https://derfunke.at/10993-abc-des-marxismus, abgerufen am10.12.2023.

KLASSENUNBEWUSSTSEIN

DU WIRST NICHT REICH, DU BIST ES

https://www.youtube.com/watch?v=RVTixzuLnUY, abgerufen am 05.02.2024.
»10 Greatest Batman Quotes from the Comics« von Chloe Gabrielle in *CBR*, 2022. https://www.cbr.com/best-batman-comics-quotes/, angerufen am 05.02.2024.
Blog »Frugalisten. Reicher leben«: https://frugalisten.de/so-gehe-ich-mit-40-in-rente-mein-masterplan-fuer-die-finanzielle-unabhaengigkeit/, abgerufen am 02.02.2024.
»Vom Drogen-ETF bis zum Franziskaner-Fonds: Diese ungewöhnlichen Anlagen bringen Renditen, aber auch Gewissensfragen mit sich« von Margarethe Honisch in *Business Insider*, 2021. https://www.businessinsider.de/wirtschaft/finanzen/vom-drogen-etf-bis-zum-franziskaner-fonds-diese-ungewoehnlichen-anlagen-bringen-renditen-aber-auch-gewissensfragen-mit-sich/, abgerufen am 04.12.2023.
»Nur wer wählt, zählt?« von Lea Elsässer & Armin Schäfer, 2017. https://www.mpg.de/11473153/wahlverhalten, abgerufen am 02.06.2023.
»Zwölf Tage, die zwei Milliardäre zum Schweigen brachten« von Susanne Amann & Janko Tietz in *SPIEGEL*, 2010. https://www.spiegel.de/wirtschaft/

unternehmen/aldi-entfuehrung-zwoelf-tage-die-zwei-milliardaere-zum-schweigen-brachten-a-708950.html, abgerufen am 03.05.2023.

»Die Gangster hielten ihn erst für den Buchhalter – vor 50 Jahren wurde Theo Albrecht entführt« von Annette Berger in *STERN*, 2021. https://www.stern.de/wirtschaft/vor-50-jahren-wurde-aldi-gruender-theo-albrecht-entfuehrt-30962816.html, abgerufen am 08.04.2023.

»In Deutschland wird jede Woche ein Mensch entführt« von Anna Fischhaber in *Süddeutsche Zeitung*, 2015. https://www.sueddeutsche.de/panorama/fall-anneli-in-deutschland-wird-jede-woche-ein-mensch-entfuehrt-1.2613309, abgerufen am 02.01.2023.

»Traudl Engelhorn & family«, Forbes Profil: https://www.forbes.com/profile/traudl-engelhorn/?sh=31b54d644c3f, abgerufen am 08.03.2023.

»Millionen-Erbin Marlene Engelhorn über Vermögensbesteuerung«, Jung & Naiv, 2023, https://www.youtube.com/watch?v=n6a1v9cn_A4, abgerufen am 04.03.2023.

BASF-Website: https://www.basf.com/global/de/who-we-are/strategy/employees.html, abgerufen am 19.01.2024.

»Erbschaftsteuer in Deutschland«, DIW Wochenbericht, 2016. https://www.diw.de/documents/publikationen/73/diw_01.c.524688.de/16-3.pdf, abgerufen am 03.04.2023.

»Öffentliche Finanzen stärken, Ungleichheit abbauen: OECD-Studie unterstreicht die Bedeutung von Erbschaft-, Nachlass- und Schenkungssteuern«, OECD, 2021. https://www.oecd.org/berlin/presse/oecd-studie-unterstreicht-bedeutung-von-erbschaft-nachlass-und-schenkungssteuern.htm, abgerufen am 03.04.2023.

»5.100.000.000 Euro für mehr Steuergerechtigkeit!«, Finanzwende e.V., 2022. https://www.finanzwende.de/kampagnen/steuerprivilegien-kippen/aktionen-zur-kampagne/5100000000-euro-fuer-mehr-steuergerechtigkeit, abgerufen am 03.04.2023.

»BMF Steuerbericht – Januar 2023«: https://www.bundesfinanzministerium.de/Monatsberichte/2023/01/Inhalte/Kapitel-3-Analysen/3-2-steuereinnahmen-2022.html, abgerufen am 19.01.2024.

»Ausgaben im Bundeshaushalt nach Ressorts[1] im Jahr 2023«: https://de.statista.com/statistik/daten/studie/449433/umfrage/bundeshaushalt-ausgaben-nach-ressorts/, abgerufen am 16.01.2024.

»Mythencheck zu einer gerechten Erbschaftsteuer«, Netzwerk Steuergerechtigkeit, 2022. https://www.netzwerk-steuergerechtigkeit.de/mythencheck-zu-einer-gerechten-erbschaftsteu/?cn-reloaded=1, abgerufen am 03.04.2023.

»30 Prozent der Deutschen ohne jegliche Ersparnisse«, Tagesschau, 2022.

https://www.tagesschau.de/wirtschaft/studie-ing-ruecklagen-101.pdf, abgerufen am 03.04.2023.
»Vermögen nach Einkommensverteilung«, Bundeszentrale für politische Bildung, 2020. https://www.bpb.de/kurz-knapp/zahlen-und-fakten/soziale-situation-in-deutschland/317063/vermoegen-nach-einkommensverteilung/, abgerufen am 03.04.2023.
»VW-Chef Winterkorn kassiert 17 Millionen Euro« in *SPIEGEL*, 2012. https://www.spiegel.de/wirtschaft/unternehmen/rekordgehalt-vw-chef-winterkorn-kassiert-17-mllionen-euro-a-820743.html, abgerufen am 03.04.2023.
»Er schreit vor Glück« von Caspar Busse in *Süddeutsche Zeitung*, 2022. https://www.sueddeutsche.de/wirtschaft/zalando-rubin-ritter-rekordgehalt-1.5563375, abgerufen am 10.01.2024.
»Die Höhe von Managergehältern. Was ist gerechte Entlohnung?« von Stefan Schellenbeck, GRIN, 2018. https://www.grin.com/document/388820, abgerufen am 03.04.2023.
»Faktor 300 – was Chefs in USA und Deutschland verdienen« von Helene Endres in *Manager Magazin*, 2015. https://www.manager-magazin.de/unternehmen/karriere/ceos-verdienen-300-mal-so-viel-wie-arbeiter-a-1041409.html, abgerufen am 03.04.2023.
»Gender Pay Gap 2023: Frauen verdienten pro Stunde 18 % weniger als Männer«, Pressemitteilung Statistisches Bundesamt, 2024. https://www.destatis.de/DE/Presse/Pressemitteilungen/2024/01/PD24_027_621.html, abgerufen am 19.01.2024.
»Das sind die Gründe, warum ich so viel Geld verdiene!« in *Handelsblatt*, 2014. https://www.handelsblatt.com/meinung/gastbeitraege/plaedoyer-fuer-hohe-managergehaelter-das-sind-die-gruende-warum-ich-so-viel-geld-verdiene-/10281822.html, abgerufen am 03.04.2023.
»Entwicklung der Arbeitszeiten treibt die Ungleichheit der Erwerbseinkommen«, DIW Berlin, 2022. https://www.diw.de/de/diw_01.c.849908.de/entwicklung_der_arbeitszeiten_treibt_die_ungleichheit_der_erwerbseinkommen.html, abgerufen am 03.04.2023.
»Das Ende des Kapitalismus. Warum Wachstum und Klimaschutz nicht vereinbar sind – und wie wir in Zukunft leben werden« von Ulrike Herrmann, Kiepenheuer & Witsch, 2022.
»Geld macht Macht« von Imke Dierßen in *SPIEGEL*, 2017. https://www.spiegel.de/politik/deutschland/lobbyismus-in-deutschland-geld-macht-macht-a-1170410.html, abgerufen am 03.04.2023.
»Geschlossene Gesellschaft« von Christoph Neßhöver in *Manager Magazin*, 2015. https://www.manager-magazin.de/unternehmen/artikel/soziale-

ungleichheit-schadet-zu-viel-reichtum-der-demokratie-a-1061106.html, abgerufen am 03.04.2023.

Guter Rat-Website: https://guterrat.info/, abgerufen am 05.02.2024.

»Überdurchschnittlich viele Registrierungen für Engelhorns ›Guten Rat‹« von Lisa Nimmervoll in *Der Standard*, 2024. https://www.derstandard.de/story/3000000205393/ueberdurchschnittlich-viele-registrierungen-fuer-engelhorns-guten-rat, abgerufen am 05.02.2024.

»Chimamanda Adichie: Die Gefahr einer einzigen Geschichte«, TED, 2009. https://www.youtube.com/watch?v=D9Ihs241zeg, abgerufen am 03.04.2023.

BILDUNG IST KEINE LÖSUNG. SIE IST EIN PROBLEM.

»DGB-Expertise: Schulsystem ist mittelmäßig und unsozial«, Deutscher Gewerkschaftsbund, 2021. https://www.dgb.de/++co++b4d92e28-0aff-11ec-b945-001a4a160123, abgerufen am 05.06.2023.

PISA-Studie von OECD »Germany – Country Note PISA 2022«: https://www.oecd.org/media/oecdorg/satellitesites/berlincentre/pressethemen/GERMANY_Country-Note-PISA-2022_DEU.pdf, abgerufen am 05.06.2023.

»Hochschulbildung in der Transformation«, Hochschul-Bildungs-Report 2020: https://www.hochschulbildungsreport.de/sites/hsbr/files/hochschul-bildungs-report_abschlussbericht_2022.pdf, abgerufen am 04.05.2023.

»Kita-Plätze werden ungerecht verteilt« von C. Katharina Spieß in *Deutschlandfunk Kultur*, 2023. https://share.deutschlandradio.de/dlf-audiothek-audio-teilen.html?audio_id=dira_DRK_d7c5a52c, abgerufen am 02.12.2023.

»Das leere Versprechen vom Aufstieg durch Bildung« von Silke Fokken in *SPIEGEL*, 2018. https://www.spiegel.de/lebenundlernen/schule/deutschland-das-leere-versprechen-vom-aufstieg-durch-bildung-a-1234211.html, abgerufen am 04.06.2023.

»Allein- und Getrennterziehende fördern und unterstützen«, Bundesministerium für Familie, Senioren, Frauen und Jugend, 2023. https://www.bmfsfj.de/bmfsfj/themen/familie/chancen-und-teilhabe-fuer-familien/alleinerziehende, abgerufen am 05.06.2023.

»Bevölkerung – Armutsgefährdung sowie materielle und soziale Entbehrung bei älteren Menschen«, Statistisches Bundesamt, 2024. https://www.destatis.de/DE/Themen/Querschnitt/Demografischer-Wandel/Aeltere-Menschen/armutsgefaehrdung.html, abgerufen am 05.02.2024.

»Aktuelle statistische Daten zur Kindertagesbetreuung« von Martin R. Textor, WiFF, 2016. https://www.kindergartenpaedagogik.de/fachartikel/kita-politik/bildungspolitik/1650/, abgerufen am 04.05.2023.

»Die 30-Millionen-Wörter-Lücke und eine frühe Katastrophe« von Walter

Dorsch & Klaus Zierer in *Pädiatrie*, 2012. https://www.researchgate.net/publication/355375745_Die_30-Millionen-Worter-Lucke_und_eine_fruhe_Katastrophe, abgerufen am 04.06.2023.

»Unequal Childhoods. Class, Race, and Family Life« von Annette Lareau, University of California Press, 2011.

»Zwischen den Klassen. Über die Nicht-Reproduktion sozialer Macht« von Chantal Jaquet, Wallstein Verlag, 2018.

»Presse – Zahl der Studienberechtigten 2021 um 3,5 % gestiegen«, Statistisches Bundesamt,2022. https://www.destatis.de/DE/Presse/Pressemitteilungen/2022/02/PD22_079_21.html, abgerufen am 05.06.2023.

»Zahl der Studienberechtigten deutlich höher als die offizielle Statistik« von Sigrun Nickel, CHE, 2022. https://www.che.de/2022/zahl-der-studienberechtigten-deutlich-hoeher-als-die-offizielle-statistik/, abgerufen am 04.08.2023.

»Bildung allein ist für kein Problem die Lösung« von Aladin El Mafaalani, Friedrich-Ebert-Stiftung, 2020. https://www.fes.de/themenportal-bildung-arbeit-digitalisierung/bildung/artikelseite-bildungsblog/bildung-allein-ist-fuer-kein-problem-die-loesung, abgerufen am 24.01.2024.

»Das Ende der Illusionen. Politik, Ökonomie und Kultur in der Spätmoderne« von Andreas Reckwitz, Suhrkamp, 2019.

»Bildungsstand – Bevölkerung im Alter von 15 Jahren und mehr nach allgemeinen und beruflichen Bildungsabschlüssen nach Jahren«, Statistisches Bundesamt, 2020. https://www.destatis.de/DE/Themen/Gesellschaft-Umwelt/Bildung-Forschung-Kultur/Bildungsstand/Tabellen/bildungsabschluss.html, abgerufen am 02.02.2024.

»Ein Studium lohnt sich immer« von Parvin Sadigh in *ZEIT Online*, 2017. https://www.zeit.de/gesellschaft/zeitgeschehen/2017-03/ifo-bildungsstudie-lebenseinkommen-studium-ausbildung, abgerufen am 18.10.2022.

SOZIALER AUFSTIEG? ABER BITTE NUR IN HÄPPCHEN

»Frederick Douglass, self-made man« von Rich Lowry in *New York Post*, 2013. https://nypost.com/2013/07/02/frederick-douglass-self-made-man/, abgerufen am 05.02.2023.

»Kylie Jenner«, Forbes Profil: https://www.forbes.com/profile/kylie-jenner/, abgerufen am 04.03.2023.

Ein Tweet von harnidh, Twitter, 2018: https://twitter.com/chiaseedpuddin/status/1017059257722732544?ref_src=twsrc%5Etfw%7Ctwcamp%5Etweetembed%7Ctwterm%5E1017059257722732544%7Ctwgr%5E5966a6283c552c373ddf2d2986489d3435f0aaab%7Ctwcon%5Es1_&ref_url=https%3A%2F%2Fwww.

marieclaire.com%2Fcelebrity%2Fa22119900%2Fkylie-jenner-net-worth-self-made-forbes%2F, abgerufen am 02.02.2024.
»Trump claimed he turned a ›small‹ $1 million loan from his father into an empire. The New York Times says it was more like $60.7 million in loans« von Kevin Breuninger in *CNBC*, 2018. https://www.cnbc.com/2018/10/02/trumps-small-loan-from-his-father-was-more-like-60point7-million-nyt.html, abgerufen am 01.05.2023.
»Jeff Bezos got his parents to invest nearly $250,000 in Amazon in 1995 – they might be worth $30 billion today« von Zameena Mejia in *CNBC*, 2018. https://www.cnbc.com/2018/08/02/how-jeff-bezos-got-his-parents-to-invest-in-amazon--turning-them-into.html, abgerufen am 02.05.2023.
»Sozialer Aufstieg in Deutschland bleibt die Ausnahme – OECD fürchtet Vergeudung von Talent« von Donata Riedel in *Handelsblatt*, 2018. https://www.handelsblatt.com/politik/deutschland/studie-zur-chancengerechtigkeit-sozialer-aufstieg-in-deutschland-bleibt-die-ausnahme-oecd-fuerchtet-vergeudung-von-talent/22690454.html, abgerufen am 03.07.2023.
»Wir Erben. Warum Deutschland ungerechter wird« von Julia Friedrich, Piper, 2016.
»Warum Menschen Lotto spielen – trotz der geringen Gewinnchancen« von Elena Everding in SPIEGEL, 2018. https://www.spiegel.de/psychologie/eurojackpot-warum-spielen-menschen-lotto-trotz-geringer-gewinnchance n-a-00000000-0003-0001-0000-000002063741, abgerufen am 09.04.2023.
»Migranten in Deutschland sind überdurchschnittlich gründungsaktiv«, Kfw, 2018. https://www.kfw.de/%C3%9Cber-die-KfW/Newsroom/Themen-kompakt/Gr%C3%BCndungen-durch-Migranten/, abgerufen am 04.02.2023.
Website Statisches Bundesamt: https://www.destatis.de/DE/Themen/Gesell schaft-Umwelt/Einkommen-Konsum-Lebensbedingungen/Lebensbedin gungen-Armutsgefaehrdung/Tabellen/armutsschwelle-gefaehrdung-mz-silc.html, abgerufen am 19.01.2024.
»Working Poor: Wege raus aus der Erwerbsarmut« von Jochen Mai, Karrierebibel, 2024. https://karrierebibel.de/working-poor/, abgerufen am 04.02.2024.
»Fleiß und Bildung allein reichen nicht mehr« von Heiner Kiesel in *Deutschlandfunk Kultur*, 2019. https://www.deutschlandfunkkultur.de/sozialer-aufstieg-fleiss-und-bildung-allein-reichen-nicht-100.html, abgerufen am 09.03.2023.
»Zwischen den Klassen. Über die Nicht-Reproduktion sozialer Macht« von Chantal Jaquet, Wallstein Verlag, 2018.
»Sozialer Aufstieg: Der Preis ist Einsamkeit« von Volkan Ağar in *taz*, 2021. https://taz.de/Sozialer-Aufstieg/!5767803/, abgerufen am 04.02.2023.

Website Berliner Tafel: https://www.berliner-tafel.de, abgerufen am 04.02.2023.

Tafel Deutschland. Hintergrundinformation: https://www.tafel.de/fileadmin/media/2021-05-03_Zahlen_und_Fakten.pdf, abgerufen am 04.02.2023.

»Die Bedeutung von Klasse« von bell hooks, Unrast Verlag, 2022.

»Berliner Tafel: Absahnen statt helfen«, RTL, 2017. https://www.rtl.de/videos/berliner-tafel-absahnen-statt-helfen-5a081fbaa2ea50087137ce94.html, abgerufen am 04.02.2023.

»Die Tafel feiert 30. Geburtstag. Zahl der Bedürftigen in Berlin enorm gestiegen« von Frank Bachner in *TAGESSPIEGEL*, 2023. https://www.tagesspiegel.de/berlin/die-tafel-feiert-30-geburtstag-zahl-der-bedurftigen-in-berlin-enorm-gestiegen-10401454.html, abgerufen am 07.02.2024.

»Teilhabe für alle« von Antje Troelsch in *taz*, 2022. https://taz.de/Ansturm-bei-der-Berliner-Tafel/!5880159/, abgerufen am 03.02.2023.

»Die Vorschläge der Hartz-Kommission zur Arbeitsmarktreform« von Monika Köpcke in *Deutschlandfunk*, 2022. https://www.deutschlandfunk.de/hartz-komission-peter-hartz-bericht-100.html, abgerufen am 04.04.2023.

»Hartz IV gehört abgeschafft« von Ulrike Heidenreich *in Süddeutsche Zeitung*, 2018. https://www.sueddeutsche.de/wirtschaft/hartz-iv-abschaffen-1.4218884, abgerufen am 04.09.2023.

»Deutschlands frechster Arbeitsloser will endlich arbeiten« von Sybill Schneider in *Bild*, 2022. https://www.bild.de/regional/hamburg/hamburg-aktuell/deutschlands-frechster-arbeitsloser-arno-duebel-job-im-tv-80047972.bild.html, abgerufen am 04.04.2023.

»STARS – Kult-TV-Star Arno Dübel ist tot!« von Mona Maija-Eichler, Männersache, 2023. https://www.maennersache.de/arno-duebel-heute-50395.html, abgerufen am 03.08.2023.

»Kein Pausenbrot, keine Kindheit, keine Chance, Wie sich Armut in Deutschland anfühlt und was sich ändern muss« von Jeremias Thiel, Piper, 2020.

»Millionen Kinder und Jugendliche von Armut bedroht«, Tagesschau, 2023. https://www.tagesschau.de/wirtschaft/verbraucher/armut-kinder-jugendliche-deutschland-100.html#:~:text=Armutsgef%C3%A4hrdet%20waren%20danach%20im%20vergangenen,8%20Prozent%2C%20so%20die%20Statistiker, abgerufen am 09.10.2023.

»Was Armut mit der Psyche macht« von Anna Carthaus, *DW*, 2022. https://www.dw.com/de/armut-und-depression/a-63400662, abgerufen am 09.11.2023.

»Vor dem Gesetz sind nicht alle gleich. Die neue Klassenjustiz« von Ronen Steinke, Piper, 2022.

https://www.ardalpha.de/wissen/geschichte/urzeit/homo-sapiens-evolution-geschichte-moderner-mensch-102.html, abgerufen am 19.01.2024.

»Inequality Dates Back to Stone Age: Earliest Evidence Yet of Differential Access to Land«, University of Bristol, *ScienceDaily*, 2012. https://www.sciencedaily.com/releases/2012/05/120528154956.htm, abgerufen am 17.05.2022.

»Der größte Betrug der Geschichte« von Yuval Noah Harari in *Welt*, 2013. https://www.welt.de/print/die_welt/literatur/article119569454/Der-groesste-Betrug-der-Geschichte.html#:~:text=Das%20Ergebnis%20war%20eine%20Revolution,zun%C3%A4chst%20auf%20kleine%20Regionen%20beschr%C3%A4nkt, abgerufen am 04.09.2023.

»Roots of inequality traced back to Neolithic ox-drawn plows«, University of Oxford, 2019. https://www.ox.ac.uk/news/2019-09-18-roots-inequality-traced-back-neolithic-ox-drawn-plows, abgerufen am 26.05.2022.

»The Journey of Humanity: Die Reise der Menschheit durch die Jahrtausende. Über die Entstehung von Wohlstand und Ungleichheit« von Oded Galor, dtv, 2022.

https://datacommons.org/place/Earth?utm_medium=explore&mprop=count&popt=Person&hl=de, abgerufen am 02.06.2022.

https://www.statistik-bw.de/Service/Veroeff/Monatshefte/20070302#ft-nr-ref3, abgerufen am 19.01.2024.

»Diskurs über die Ungleichheit. Discours sur l'inégalité« von Jean-Jacques Rousseau, utb, 2008.

»Wohlstand und Armut der Nationen, Warum die einen reich und die anderen arm sind« von David S. Landes, Pantheon, 2009.

»Socialism. A Very Short Introduction« von Michael Newman, OUP Oxford, 2005.

https://www.blinkist.com/de/nc/reader/socialism-en, abgerufen am 09.11.2023.

»Das kommunistische Manifest« von Karl Marx und Friedrich Engels, Severus Verlag, 2015.

»Deutschland: Entwicklung des Außenhandels«, Bundeszentrale für politische Bildung, 2023. https://www.bpb.de/kurz-knapp/zahlen-und-fakten/globalisierung/52842/deutschland-entwicklung-des-aussenhandels/, abgerufen am 09.11.2023.

»Who Cooked Adam Smith's Dinner? A Story of Women and Economics« von Katrine Marçal, Pegasus Books, 2016.

»Das Ende des Kapitalismus. Warum Wachstum und Klimaschutz nicht vereinbar sind – und wie wir in Zukunft leben werden« von Ulrike Herrmann, Kiepenheuer & Witsch, 2022.

»Singles in Deutschland« von Juliane Rietzsch, Elite Partner, 2023. https://www.elitepartner.de/magazin/finden/singles-in-deutschland/, abgerufen am 09.11.2023.

»Paragraph 175 StGB: Verbot von Homosexualität in Deutschland«, Lesben- und Schwulenverband Deutschland. https://www.lsvd.de/de/ct/1022-Paragraph-175-StGB-Verbot-von-Homosexualitaet-in-Deutschland, abgerufen am 09.09.2023.

»Single, Dating, Sehnsucht: Sind wir glücklich ohne Beziehungen? – RABIAT!«, Y-Kollektiv, 2023. https://www.youtube.com/watch?v=S7Z8B_k9FhE, abgerufen am 22.12.2023.

»Die Bedeutung des Kapitalismus im Kontext zeitgenössischer soziokultureller Konzipierungen von ›romantischer Liebe‹« von Ann-Kristin Mehnert, GRIN, 2016. https://www.grin.com/document/346795, abgerufen am 09.04.2023.

»Wie die Liebe in die Welt kam« von Rainer Harf und Bertram Weiß in *GEO*, 2009. https://www.geo.de/wissen/gesundheit/6155-rtkl-romantische-revolution-wie-die-liebe-die-welt-kam#:~:text=Romantische%20Revolution%20Wie%20die%20Liebe%20in%20die%20Welt%20kam&text=Die%20Forscher%20sezieren%20Lust%20und,denen%20sich%20Menschen%20ineinander%20verlieben, abgerufen am 09.02.2023.

»20 years after ›The Notebook,‹ Sparks keeps the hits coming« von Jocelyn McClurg in *USA TODAY*. https://eu.usatoday.com/story/life/books/2016/10/12/20-years-after-notebook-sparks-keeps-hits-coming/91867536/, abgerufen am 09.02.2023.

»The Power of the Past: Class, Marriage, and Intimate Experiences with Inequality« von Jessi Streib, 2013. https://deepblue.lib.umich.edu/bitstream/handle/2027.42/98046/jessis_1.pdf?sequence=1, abgerufen am 09.09.2023.

»Wie Frauen die soziale Spaltung vorantreiben« von Viktoria Unterreiner in *WELT*, 2008. https://www.welt.de/wirtschaft/article1987626/Wie-Frauen-die-soziale-Spaltung-vorantreiben.html, abgerufen am 09.10.2023.

»Gegensätze ziehen sich eben doch nicht an – das vertieft die sozialen Gräben« von Thomas Fuster in *Neue Züricher Zeitung*, 2019. https://www.nzz.ch/wirtschaft/gegensaetze-ziehen-sich-eben-doch-nicht-an-das-vertieft-die-sozialen-graeben-ld.1460982, abgerufen am 09.10.2023.

»Social Class and Cultural Mobility. Reconfiguring the Cultural Omnivore Thesis« von Michael Emmison in *Sage Journals* Vol. 39, Issue 3, 2003. https://journals.sagepub.com/doi/10.1177/00048690030393001, abgerufen am 05.06.2023.

»Akademikerkinder planen sogar, wie und wann sie Gefühle äußern« von Celia Parbey in *ZEIT online*, 2023. https://www.zeit.de/zett/liebe-sex/2023-01/klassenunterschiede-beziehung-ehe-konflikte-umgang, abgerufen am 06.02.2023.

»Heiraten zementiert soziale Spaltung« von Alexander Hagelüken in *Süddeutsche Zeitung*, 2014. https://www.sueddeutsche.de/wirtschaft/partnerwahl-und-ungleichheit-heiraten-zementiert-soziale-spaltung-1.1875581, abgerufen am 15.09.2023.

»Anzahl der DINKS* (Double Income No Kids) in Deutschland von 2019 bis 2023«, Statista, 2023. https://de.statista.com/statistik/daten/studie/264140/umfrage/dinks--anzahl-in-deutschland/, abgerufen am 18.09.2023.

WURST UND MORAL

»The Physiology of Taste; Or, Transcendental Gastronomy« von Brillat-Savarin, Project Gutenberg, 2004. https://www.gutenberg.org/cache/epub/5434/pg5434.html, abgerufen am 17.09.2023.

»›Du isst, was Du bist‹ – Ein soziologischer Kommentar zum Essen als Gegenstand sozialer Differenzierung am Beispiel der Fernsehserie ›Das Perfekte Dinner‹« von Kristina Greißl, Soziologieblog Hypotheses, 2017. https://soziologieblog.hypotheses.org/10410, abgerufen am 09.11.2023.

»Essen im Spannungsfeld zwischen Genuss und Askese – Kulturhistorische Perspektiven« von Eva-Maria Endres, DGS, 2015. https://publikationen.soziologie.de/index.php/kongressband_2014/article/view/125, abgerufen am 19.11.2023.

»Soziologie des Essens. Eine sozial- und kulturwissenschaftliche Einführung in die Ernährungsforschung« von Eva Barlösius, Beltz Juventa, 2016.

»Dicksein. Wenn der Körper das Verhältnis zur Gesellschaft bestimmt« von Eva Barlösius, Campus, 2014.

»Übergewicht und Adipositas im Kindes- und Jugendalter in Deutschland – Querschnittergebnisse aus KiGGS Welle 2 und Trends – Fact Sheet«, Robert Koch Institut, 2018. https://www.rki.de/DE/Content/Gesundheitsmonitoring/Gesundheitsberichterstattung/GBEDownloadsJ/FactSheets/JoHM_01_2018_Adipositas_KiGGS-Welle2.pdf?__blob=publicationFile, abgerufen am 19.12.2023.

»Übergewicht bei Kindern – Generation Pommes« von Constanze Löffler in *stern*. https://www.stern.de/gesundheit/ernaehrung/uebergewicht-abnehmen/uebergewicht-bei-kindern-generation-pommes-3084356.html, abgerufen am 30.01.2024.

»Alice Weidel bierernst: ›Niemand geht an mein Schnitzel!‹«, *watson*, 2013.

https://www.watson.ch/international/deutschland/772309697-alice-weidel-fordert-niemand-geht-an-mein-schnitzel, abgerufen am 02.02.2024.

»CDU-Politiker Diener: Jeder muss ein Recht auf Schnitzel haben«, Wir sind Müritzer, 2023. https://www.wir-sind-mueritzer.de/allgemein/cdu-politiker-diener-jeder-muss-ein-recht-auf-schnitzel-haben/, abgerufen am 02.02.2024.

»Warum soll immer alles verboten werden? Was die Menschen essen, sollen sie selber bestimmen. Wir leben in einer Demokratie.«, X, Markus Söders Account, 2023. https://twitter.com/Markus_Soeder/status/1662446043101896704?ref_src=twsrc%5Etfw%7Ctwcamp%5Etweetembed%7Ctwterm%5E1662446043101896704%7Ctwgr%5E431c20b248550f17a4eda7cb748b2f05502ac1b5%7Ctwcon%5Es1_&ref_url=https%3A%2F%2Fwww.zdf.de%2Fnachrichten%2Fpolitik%2Flanz-oezdemir-fleischkonsum-soeder-kritik-100.html, abgerufen am 09.11.2023.

»Nur noch eine Wurst pro Monat für jeden!« von Meike Wirsel in *Bild*, 2023. https://www.bild.de/politik/inland/politik-inland/ernaehrungsverband-will-weniger-fleischkonsum-nur-noch-eine-currywurst-im-monat-84075944.bild.html, abgerufen am 17.11.2023.

»Gut ein Zehntel isst vegetarisch oder vegan«, Tagesschau, 2023. https://www.tagesschau.de/wirtschaft/verbraucher/ernaehrung-vegetarisch-vegan-100.html#:~:text=Nach%20einer%20repr%C3%A4sentativen%20Forsa%2DUmfrage,wie%20aus%20der%20Befragung%20hervorgeht, abgerufen am 09.12.2023.

SCHLUSS MIT DER EINSEITIGKEIT

BYE-BYE, ELITEFEMINISMUS

»Who Cooked Adam Smith's Dinner? A Story of Women and Economics« von Katrine Marçal, Pegasus Books, 2016.

»Warum Frauen im Sozialismus besseren Sex haben« von Kristen R. Ghodsee, Suhrkamp, 2019.

»The Feminism of the 1 Percent Has Associated Our Cause With Elitism« von Rebeca Martínez in *jacobin*, 2019. https://jacobin.com/2019/08/feminism-for-99-percent-nancy-fraser, abgerufen am 09.12.2023.

»Die können Sie sich nicht leisten« von Sophia Lindsey in Süddeutsche *Zeitung*, 2013. https://www.sueddeutsche.de/panorama/rassismus-gegen-oprah-winfrey-die-koennen-sie-sich-nicht-leisten-1.1742625, abgerufen am 09.12.2023.

»Sister Outsider. Nicht Unterschiede lähmen uns, sondern Schweigen« von Audre Lorde, Carl Hanser Verlag, 2021.

GELD, OHNE WENN UND ABER

»Das Bedingungslose Grundeinkommen – ein tragfähiges Konzept?« von Thomas Straubhaar et al. in *Wirtschaftsdienst*, 2013. https://www.hwwi.org/fileadmin/hwwi/Leistungen/Gutachten/Grundeinkommen-Studie.pdf, abgerufen am 21.11.2023.

»Arbeit als Lebensinhalt – Noch erfüllt oder schon überlastet?« von Catalina Schröder in *Deutschlandfunk Kultur*, 2022. https://www.deutschlandfunkkultur.de/arbeit-als-lebensinhalt-noch-erfuellt-oder-schon-ueberlastet-100.html, abgerufen am 22.09.2023.

»Bullshit Jobs. Vom wahren Sinn der Arbeit« von David Graeber, Klett-Cotta, 2023.

»Erwerbstätige nach Wirtschaftssektoren«, Bundeszentrale für politische Bildung, 2020. https://www.bpb.de/kurz-knapp/zahlen-und-fakten/soziale-situation-in-deutschland/61698/erwerbstaetige-nach-wirtschaftssektoren/, abgerufen am 09.12.2022.

»Mangel lässt uns falsche Entscheidungen treffen« von Jan Dönges in *Spektrum.de*, 2012, https://www.spektrum.de/news/mangel-laesst-uns-falsche-entscheidungen-treffen/1169381, abgerufen am 09.02.2022.

»The Myth of Individualism. How Social Forces Shape Our Lives« von Peter L. Callero, Rowman & Littlefield Publishers, 2017.

WAS IST FÜR ~~MICH~~ *UNS* DRIN?

»Walden« von Henry David Thoreau, Reclam, 2022.

»Into the Wild« von Jon Krakauer, MacMillan, 2011.

»The Myth of Individualism. How Social Forces Shape Our Lives« von Peter L. Callero, Rowman & Littlefield Publishers, 2017.

https://www.margaretthatcher.org/document/106689, abgerufen am 29.01.2024.

»Selfie. How We Became So Self-Obsessed And What It's Doing To Us« von Will Storr, Picador, 2017.

BEI START AUF NULL

»Vermögensforscher: ›Reichtum hat einen Einfluss auf unser Gehirn‹« von Isabel Strassheim in *St. Galler Tagblatt*, 2013. https://www.tagblatt.ch/leben/forschung-technik/vermogensforscher-reichtum-hat-einen-einfluss-auf-unser-gehirn-ld.1771980, abgerufen am 09.08.2023.

»Eine kurze Geschichte der Gleichheit« von Thomas Piketty, C. H. Beck, 2023.

»Phänomenologie des Geistes« von G. W. F. Hegel, Werke 3, Suhrkamp, 1986.

DANK

Ich danke meiner Mama. Du warst die Erste, die meine Texte las und mir diesen verrückten Gedanken mitgab, dass ich alles schaffen kann. Deine Liebe ist so groß, dass sie mich in Zeiten voller Unsicherheiten über meine Vorstellungen hinauswachsen lässt. Mein Opa. Du fehlst mir so sehr. Ich wünschte, du könntest noch miterleben, wie dieses Buch fertig wird. Ohne deinen Glauben, deine Hilfe, deine Liebe, dein Geld, deine Wärme und auch deine Wut wäre ich nicht so politisch geworden. Meg, du bist Familie, Freund:in und Seelenverwandte:r zugleich. Ich liebe dich bis zum Mond und wieder zurück. Dani, deine Güte und Zuversicht spendet mir immer Kraft, und das schon seit über zwanzig Jahren, mein Käsekuchen. Danke, Tilly, mein Seelenmensch, für all die dampfenden Tee- und Kaffeetassen, die du neben meinen Laptop gestellt hast. Dass du mit mir diskutiert, meine Tränen getrocknet hast, mit mir wütend, traurig und fasziniert warst. Du bist mein Mond. Ich liebe unsere kleine Familie, mit Baby K und Prinz Pollrich von Schleckenstein.

Danke an meine Agentin Christine Härle dafür, dass du mir den Rücken frei hältst und an meine Ideen glaubst, mögen sie noch so grob und roh sein. An meine Lektorin Alexandra Hummel. Du Detailengel mit deiner unverrückbaren Geduld. Danke auch an die hanserblau-Crew.

Ein riesen Dank geht auch an all die Menschen, die sich die Zeit genommen haben, um mit mir zu sprechen, und für die große Ehre, ihre Gedanken aufschreiben zu dürfen: Katharina, Johannes, Winnie, Maimouna, Julian, Janis, Maria, das Team von Mein Grundeinkommen, die Berliner Tafel und ihre Helfenden, Marlene, Manja und Chris, Verena und Sophia.

Eine große Wertschätzung geht an all diese genialen Menschen, die vor mir über Klasse geschrieben haben. Meine Arbeit baut auf eurer auf.

Und danke an Dich, dass Du dieses Buch liest!

Deine Ciani

Ciani-Sophia Hoeder ist freie Journalistin sowie Gründerin von *RosaMag*, dem ersten Online-Lifestylemagazin für Schwarze FLINTA* in Deutschland. Sie studierte Politik und Journalismus in Berlin und London. 2021 erschien ihr erstes Buch *Wut und Böse* bei hanserblau.